DEINE INNERE INTELLIGENZ

Der schlummernde Kontinent

Das **mara**-System und die **BioPsychoSymmetrie**-Therapie

Rainer Binder

D1665282

ISBN 3-8311-0905-2

Made in Germany. 3/2001

Umschlaggestaltung + Satz Autor

Illustration: Brigitte Higgins

Herstellung: Books on Demand GmbH

© by Rainer Binder 2000

Inhaltsverzeichnis

Vorwort

Das in diesem Buch vorgestellte **mara**-Denkmodell erhielt seine Namensgebung aus der Zusammenstellung der Vornamen der Frau des Verfassers, Margot, und dem des Verfassers selbst, Rainer. Beide haben über einen Zeitraum von 25 Jahren dieses Denkmodell aus der Praxis heraus entwickelt, d.h. ihm die Alltagserfahrungen zugrunde gelegt und sie mit einem theoretischen Gerüst versehen, um die Zusammenhänge des Netzwerkes Mensch besser verstehen zu können.

Doch selbst bei noch so präziser Beschreibung und Begründung verbleibt die wirkliche Alltagserfahrung nur an der Oberfläche des Wissens, also dem reduktionistischen Denken zugänglich. Die eigentliche Dimensionen des Menschen sind in keinem Fall theoretisch treffend zu beschreiben, denn jede Theorie muß gelebt werden, um sie aus der flachen Zweidimensionalität in das wirkliche, mehrdimensionale Leben zu transformieren.

Das **mara**-Denkmodell haben bis zur Abfassung dieses Buches etwa 1300 Menschen in Seminaren kennengelernt, obwohl für diese Seminare keinerlei Werbung erfolgte. Die Teilnehmer haben lediglich durch ihre persönliche Berichterstattung diese Seminare empfohlen, was wohl bedeutet, das sie gute Erfahrungen damit gemacht haben müssen. Auch die BPS-Therapie hat ihre Verbreitung nur durch die persönliche Empfehlung gefunden. In der Zwischenzeit haben 62 BPS-Therapeuten die Ausbildung erfolgreich abgeschlossen. Zusammengenommen bedeutet dies, daß das **mara**-Denkmodell praktikabel ist. Sichtbar wurde hierbei, daß nicht Begabungen, Konditionierungen oder Anlagen für den Erfolg entscheidend waren, sondern in erster Linie das Einlassen auf ein neues Denken.

Dieses Buch soll einen Einblick in die Grundlagen des **mara**-Denkmodells geben; es bietet u.a. auch praktische Anleitungen, um eigene Erfahrungen zu sammeln. Machen Sie diese Erfahrungen und Sie werden feststellen, daß alle Theorie stets nur ein schwaches Hilfsmittel sein kann, um das Fenster in eine Welt zu öffnen, in der die Lebensprobleme besser bewältigt werden können.

Rainer Binder, im Januar 2001

Ergänzung zur Einführung

Das **mara**-Denkmodell und die BPS-Therapie haben zwei wissenschaftlich fundierte Grundlagen. Die Aussagen von führenden Forschern der modernen Physik (Quantenphysik) zeigen ein Denkmodell, das zum theoretischen Verständnis der BPS-Therapie herangezogen werden kann. Viele Phänomene, die bei der Umsetzung des **mara**-Denkmodells auftauchen und der allgemeinen Alltagserfahrung widersprechen, können mit diesem theoretischen Gerüst verstehbar werden.

Aus der Psycho-Neuroimmunologie (PNI), einem Teilbereich der Medizin, ist bekannt, daß eine enge Koppelung zwischen Psyche, Hormonsystem und Immunsystem besteht.

Die BPS-Therapie geht auch von diesem Zusammenhang als Grundlage aus. Es handelt sich um eine ganzheitliche Körpertherapie, die solche Erkenntnisse umsetzt. Sie wirkt darauf ein, daß die biologischen und psychischen Vorgänge wieder harmonisch ablaufen können. Dadurch wird einerseits das gesamte biochemische System zur Selbsthilfe angeregt, andererseits das psychische Wohlbefinden unterstützt.

Teil I

A Grundlagenerörterung

Die Auseinandersetzung mit dem **mara**-Denkmodell bedingt grundlegende Kenntnisse hinsichtlich der Einwirkung des Unbewußten, weshalb es zum tieferen Verständnis erforderlich ist, das was in ihm mit innerer Intelligenz oder universeller Intelligenz bezeichnet wird, im umfassenden Sinne zu begreifen und zu verinnerlichen. Das Verständnis dafür ist essentieller Natur und ermöglicht erst die gezielte Einflußnahme auf die seelisch-körperliche Befindlichkeit des einzelnen.

A 1 Das Unbewußte

Die Bezeichnung *„unbewußt"* oder *„Das Unbewußte"* wird im weitesten Sinne für jene Phänomene gewählt, die dem bewußten Erleben nicht zugänglich sind, jedoch unsere Handlungen beeinflussen und unser Erleben formen.

Schon früh wurde versucht, über das Unbewußte zu einem tieferen Verständnis des menschlichen Wesens zu gelangen, so durch Herbart, Leibniz, Nietzsche, Plotin u.a. Von den Verfechtern der Bewußtseinspsychologie und den Positivisten wurde dies als *„unwissenschaftlich und spekulativ"* verworfen.

Heute indes wird die Vorhandenheit des Unbewußten weitgehend anerkannt; über Entstehung, Inhalt und Bedeutung hingegen wird nach wie vor kontrovers diskutiert.

Worüber Einigkeit besteht, sind physische Prozesse wie beispielsweise Haarwuchs, hormonale Ausschüttung u.ä.; sie unterliegen keiner Kontrolle des Willens und dessen bewußter Steuerung und werden nur wahrgenommen, sofern Unregelmäßigkeiten im Ablauf auftreten.

Ohne bewußte Einflußnahme erfolgen ebenfalls solche differenzierten Aktivitäten wie Gehen, Schreibmaschineschreiben, Skifahren; während des Erlernens allerdings mußten die einzelnen Bewegungen bewußt koordiniert werden, doch einmal konditioniert, bedürfen sie nur in Ausnahmesituationen der dem Willen unterworfenen Kontrolle.

Als im engeren Sinne unbewußt sind Vorgänge und Tatbestände zu bezeichnen, die dem direkten Zugriff des Bewußtseins entzogen sind: Einstellungen, Dispositionen und Bezugssysteme, die das Verhalten permanent steuern und nur indirekt oder durch psychologische Verfahren erschlossen werden können.

Viele Wahrnehmungsprozesse gehören ebenfalls in diese Kategorie. Psychologische Experimente haben ergeben, daß Reize, welche nur kurz einwirkten, so daß sie nicht mehr bewußt wahrzunehmen waren, dennoch vom Organismus gespeichert werden. Als Erinnerungsspuren vermögen sie spätere Wahrnehmungen zu beeinflussen. Dieses Forschungsergebnis haben sich Werbung und Marketing zunutze gemacht, indem sie den Umstand subliminaler Wahrnehmung instrumentalisieren, um zum Konsum zu animieren.

Eine zentrale Rolle spielt das Unbewußte in der psychoanalytischen Theorie. Ihrem Inhalt nach ist das menschliche Denken durch unbewußte Vorgänge determiniert. Sigmund Freud verwendete als Sinnbild einen Eisberg, um zu verdeutlichen, daß dessen aus dem Wasser ragende Spitze unser Bewußtsein und der gewaltige, dem Auge verborgene Rest das Unbewußte symbolisiert.

Das Reich des Unbewußten umfaßt das von ihm so benannte „Es", dem Triebkräfte und -wünsche immanent sind. Deren Ziele seien dermaßen egoistisch und realitätsfern, daß sie vom bewußten Erleben ferngehalten und nur in zensierter Form - d.h. sublimiert und in gesellschaftlich akzeptierter Weise - in das Tagesbewußtsein (Ich) eintreten. So sind nach Freud auch die höchsten kulturellen Werke letztlich in diesem Kontext nichts anderes als umgeformte aggressive und sexuelle Triebimpulse.

Fernerhin beinhaltet das Unbewußte alle jene Gedanken, Gefühle, Wünsche, Sehnsüchte des „Ich", die aus Angst vor Bestrafung als Zwangshandlungen, Depressionen, somatische Störungen u.s.f. oder als Deformationen des Charakters den Weg ins Bewußtsein finden. In sogenannten Fehlhandlungen, wie Versprechern (im Volksmund „Freudsche Fehlleistung" genannt) drängt andererseits Unbewußtes in relativ unverzerrter - unzensierter - Form zum Bewußtsein.

A 2   Das Unbewußte und die Phantasie bei C.G.Jung

»Nur durch die spezifische Lebenstätigkeit der Psyche erreicht
die Sinneswahrnehmung jene Eindruckstiefe, und die Idee jene
treibende Kraft, welche beide unerläßlich Bestandteile einer lebendigen Wirklichkeit sind. Diese Eigentätigkeit der Psyche, die
sich weder als reflektorische Reaktion auf den Sinnesreiz noch
als Exekutivvorgang ewiger Ideen erklären läßt, ist, wie jeder Lebensprozeß, ein beständiger Schöpferakt.

Die Psyche erschafft täglich die Wirklichkeit. Ich kann diese Tätigkeit mit keinem anderen Ausdruck als mit Phantasie bezeichnen. Die Phantasie ist ebenso sehr Gefühl, wie Gedanke; sie ist
ebenso intuitiv wie empfindend. Fantasie ist dabei eine reale
Utopie.

Es gibt keine psychische Funktion, die in ihr nicht ununter-
scheidbar mit den anderen psychischen Funktionen zusammen-
hinge. Sie erscheint bald als uranfänglich, als letztes und kühnes
Produkt der Zusammenfassung alles Könnens. Die Phantasie erscheint mir daher als der deutlichste Ausdruck der spezifischen
und psychischen Realität. Sie ist vor allem die schöpferisch Tätigkeit, aus der die Antwort auf alle beantwortbaren Fragen hervor-
gehen, sie ist die Mutter aller Möglichkeiten, in der auch als
psychologischen Gegensätze die Innenwelt und Außenwelt lebendig verbunden sind. Die Phantasie war es und ist es immer,
die Brücken schlägt zwischen den unvereinbaren Ansprüchen
von Objekt und Subjekt, von Extraversion und Introversion. In
der Phantasie sind die beiden Mechanismen verbunden.

Wenn Abälard bis zur Erkenntnis der psychologischen Verschie-
denheit der beiden Standpunkte durchgedrungen wäre, so hätte
er folgerichtigerweise die Phantasie zur Formulierung des verei-
nigenden Ausdruckes heranziehen müssen. Aber die Phantasie
ist tabu im Reich der Wissenschaft, gleichermaßen wie das Gefühl. Wenn wir aber den grundlegenden Gegensatz als einen
psychologischen anerkennen, so wird sich die Psychologie genö-
tigt sehen, nicht nur den Gefühlsstandpunkt, sondern auch den
vermittelnden Gefühlsstandpunkt anzuerkennen.

Hier aber kommt die große Schwierigkeit: Die Phantasie ist größtenteils Produkt des Unbewußten. Sie enthält zwar zweifelslos
bewußte Bestandteile, aber es ist doch ein besonderes Charakte-
ristikum der Phantasie, daß sie im wesentlichen unwillkürlich ist

und dem Bewußtseinsinhalt eigentlich fremd gegenübersteht. Sie hat diese Eigenschaft mit dem Traum gemeinsam, welch letzterer allerdings in noch weit höherem Maße unwillkürlich und fremdartig ist.

Das Verhältnis des Menschen zu seiner Phantasie ist in hohem Maße bedingt von seinem Verhältnis zum Unbewußten überhaupt. Und diese letztere Beziehung ist wiederum besonders bedingt durch den Zeitgeist; je nach dem Grade vorherrschenden Rationalismus wird der einzelne mehr oder weniger geneigt sein, sich auf das Unbewußte und dessen Produkte einzulassen.

Die christliche Sphäre, überhaupt jede geschlossene Religionsform, hat die unzweifelhafte Tendenz, das Unbewußte im Individuum möglichst zu unterdrücken, und damit auch seine Phantasie lahmzulegen. An ihrer Statt gibt die Religion festgeprägte symbolische Anschauungen, welche das Unbewußte des Individuums vollgültig ersetzen sollen. Die symbolischen Vorstellungen aller Religionen sind Gestaltungen unbewußter Vorgänge in typischer, allgemeinverbindlicher Form. Die religiöse Lehre gibt sozusagen endgültige Auskunft über die *letzten Dinge*, über das Jenseits des menschlichen Bewußtseins. Wo immer wir Religion im Entstehen beobachten können, da sehen wir wie beim Stifter selbst die Figuren seiner Lehre ihm als Offenbarungen, d.h. als Konkretisierungen seiner unbewußten Phantasie zufließen. Die aus seinem Unbewußten heraus entstandenen Formen werden für allgemeingültig erklärt und ersetzen solchermaßen die individuellen Phantasien anderer. Das Evangelium Matthäi hat uns ein Fragment dieses Vorganges aus dem Leben Christi aufbewahrt: in der Versuchungsgeschichte sehen wir, wie die Idee des Königstums aus dem Unbewußten an den Stifter herantritt in Form der Vision des Teufels, der ihm die Macht über die Reiche der Erde anbietet.

Hätte Christus die Phantasie konkretisch mißverstanden und somit wörtlich genommen, so wäre ein Verrückter mehr in der Welt gewesen. Er wies aber den Konkretismus seiner Phantasie ab und trat in die Welt als ein König, dem die Reiche des Himmels untertan sind. Darum war er kein Paranoiker, wie auch der Erfolg bewiesen hat. Die von psychiatrischer Seite gelegentlich geäußerten Ansichten über das Krankhafte der Psychologie Christi sind nichts als ein lächerliches rationalistisches Gerede, fern von jeglichem Verständnis für derartige Vorgänge in der

Geschichte der Menschheit. Die Form, in der Christus den Inhalt seines Unbewußten der Welt vorstellte, wurde angenommen und für allgemeinverbindlich erklärt.

Damit verfallen alle individuellen Phantasien der Ungültigkeit und Wertlosigkeit, sogar der Ketzerverfolgung, wie das Schicksal der gnostischen Bewegung und aller späteren Häretiker zeigt.[1]

Das Unbewußte und die Verarbeitung von Reizen und Informationen haben für den Menschen unvorstellbare Dimensionen. Wenn wir bedenken, daß all dies im Unbewußten gespeichert ist, müssen wir wie zwangsläufig zum Schluß kommen, daß das Speichervolumen des Unbewußten in einem kaum vorstellbaren Umfang ständig zunimmt; (vgl. ›Aufnahme und Verarbeitung von Reizen‹).

Bedenken wir des weiteren, daß die gesamte Steuerung des biochemischen und mechanistischen Vorgangs des menschlichen Körpers in der Regel reibungslos funktioniert, so stellt sich die Frage wie von selbst: Welche Intelligenz ist fähig, ein derart synchrones Zusammenspiel im *„Netzwerk Mensch"* mit dieser unglaublich niedrigen Fehlerquote zu installieren und zu steuern?

Um diese gewaltige Dimension wenigstens einigermaßen abschätzen zu können, werden nachfolgende Fakten zur Aufnahme und Verarbeitung von Reizen herausgestellt. Sie sind in der Tat atemberaubend.

A 3   Wahrnehmungsumfang + Bewußtseinsbreite

Mit den Sinnesorganen nehmen wir aus der Umwelt sehr viele Informationen (10'9 bits) auf, doch wird uns nur ein sehr kleiner Teil davon (10'1 - 10'2 bit/s) bewußt; der Rest wird unbewußt verarbeitet oder verwendet. Es werden also wichtige interessante Informationen für das Bewußtsein ausgewählt, was beim Lauschen und Spähen besonders stark zum Ausdruck kommt. Umgekehrt geben wir über die Sprache und die Motorik Mimik Informationen von rund 10'7 bits an die Umwelt ab. Bit (engl. binaray digit) ist ein Maß für den Informationsinhalt, bits also ein Maß für den Informationsfluß. (Ein Buchstabe hat ca. 4,5 bits,

---

1. Sprenger Christiane: Lexikon, Seite 493; Wissen Verlag Stuttgart

eine Buchseite ca. 1000 bits; liest man sie in 20 Sekunden, nimmt man 1000/20 = 50 bits auf; ein Fernsehbild überträgt mehr als 10'6 bits.)

Reize treffen in unterschiedlichen Energieformen auf den Körper (elektromagnetische Energie bei Sehreizen, mechanische Energie beim Tasten usw). Für sie gibt es spezifische Rezeptoren (Sensoren), die entweder zu Sinnesorganen (Auge, Ohr) zusammengefaßt oder über die Körperoberfläche (Hautrezeptoren) oder im Körperinnern (Druckrezeptoren) verstreut sind. Umgekehrt hat jedes Sinneszelle ihren adäquaten Reiz, der jeweils spezifische sensorische Eindrücke (Modalitäten) hervorruft, innerhalb derer oft verschiedene Qualitäten des Reizes unterschieden werden können (z.B. Stärke und Frequenz des Schalls); bei der Reizaufnahme ›wählt‹ sozusagen der Rezeptor aus den Informationen der Umwelt jeweils die für ihn geeigneten aus; die Druckrezeptoren der Haut z.B. Informationen über das Ausmaß des Drukkes. Im Rezeptor verändert der Reiz die Membraneigenschaften der Rezeptorzelle (Transduktion), was dort wiederum zur Entstehung eines Rezeptor- (Generator-Sensor-) Potentials führt: Je stärker der Reiz, desto höher das Rezeptorpotential. Erreicht dieses einen bestimmten Schwellenwert, kommt es zur Auslösung eines in der Nervenfaser weitergeleiteten Aktionspotentials.

In der Schwerpunktklinik Klausenbach (Schwarzwald), wird „Gehirnjogging" betrieben; Patienten verrichten dies mit Hilfe des Computers, andere mittels Buchlektüre. Trainingsziel: in einen optimalen, unspezifischen Aktivationszustand zu gelangen; (vgl. **mara**-Seminare). Der allzu Entspannte, Antriebsarme, soll angeregt und der Angespannte, Gestreßte, entspannt werden. Im Kopf soll also ein angenehmes Klima herrschen, eines, das eine „Gehirnselbstgespräche" erst möglich macht. Das Ergebnis: Im Vergleich bei den Kontrollpersonen stieg die „flüssige Intelligenz" von 50- bis 70jährigen „Gehirnjoggern" innerhalb von 14 Tagen um 15 IQ-Punkte an und die Gedächtnisleistung erhöhte sich im vergleichbaren Ausmaß. Die emotionale Stabilität nahm enorm zu.

Das neueste Ergebnis ist, daß sich sogar bei Patienten mit Hirnfunktionsstörung die Intelligenzleistung erhöhte. All dies belegt, daß „selbst denken" die heilende Wirkung haben kann nicht nur wenn es um Hirnkrankheiten geht. Unser Gehirn nämlich beeinflußt auch unser gesamtes Immunsystem und entscheidet damit auch über unsere Gesundheit mit. Welche erstaunliche Macht unsere Gedanken dabei entfalten können, zeigt eine Untersuchung des Psychologen Howard Hall von der Pennsylvania-Universität in den USA. Versuchspersonen wurde unter Hypnose befohlen, sich ihre weißen Blutzellen als mächtige Haifische vorzustellen, die in ihrem Blutstrom schwimmen und die schwachen umherirrenden Krankheitskeime angreifen.

Die Probanden wurden angewiesen, diese Visualisierung einzuüben. Ergebnis: Die Personen wiesen eine erhöhte Anzahl weißer Blutkörperchen auf - und dies bei minimaler geistiger Anstrengung!

Noch Verblüffenderes über die Macht des Gehirns brachte ein Versuch des Psychologen David Mc.Clelland zutage. Der Wissenschaftler zeigte Studenten einen Film über die Nonne Mutter Teresa, die Kranke und Sterbende in Kalkutta betreut. Schlagartig verbesserte sich bei den Zuschauern die Immunfunktion gemessen als steiler Anstieg der Immunglobin A-Werte. Das bloße Betrachten einer selbstlosen Handlung scheint also schon Auswirkungen auf das Gesundheitssystem zu haben. Erstaunlich dabei: Der Immuneffekt trat sogar bei solchen Versuchspersonen auf, die Mutter Teresa und ihre Arbeit ablehnten.

Mc.Clelland: *„Die Ergebnisse deuten darauf hin, daß Mutter Teresa auch bei solchen, die sie bewußt ablehnen, irgendeinen Teil im Gehirn erreicht hat. Sie reagierten also trotz der rationalen Ablehnung ihrer Person auf die Kraft ihrer Fürsorge"*.

Dies eröffnet eine neue Gehirn-Dimension. Die Zahl der Verknüpfungen im Gehirn ist größer als die Zahl der Atome im All. Reagiert demnach unser Gehirn, das als entscheidende Instanz zwischen Körper und Umwelt vermittelt, auch auf seine Stellung in einer größeren sozialen Gruppe?

Kann es sein, daß unsere Zuwendung zu anderen, unser Gefühl für Zugehörigkeit, unsere Fürsorge, eine wichtige Rolle im Gesundheitssystem des Körpers, mithin des Gehirns, spielt? Ist es dann aber letztlich nicht müßig, Bewußtsein und ähnliche geistige Leistungen ausschließlich im Gehirn einzelner Menschen zu suchen? Ist nicht die Entstehung von *„Geist"* dann ein unendlicher Prozeß des Austauschs mit anderen Gehirnen, das heißt, der Kommunikation mit anderen Menschen?" [2]

A 4 Das mara-Denkmodell und Impuls

Wenn man die Informationen überdenkt, wird deutlich, daß es keine im klassischen Sinn *„wissenschaftliche"* Methode geben kann, um die Gesamtdimension der materiellen Ebene und des Nichtbewußten auch nur annähernd zu beschreiben. Unter diesem Aspekt ist es legitim, auf den Erfahrungsschatz einer mehr als fünfzehnjährigen BPS-Anwendungs-Praxis sowie Seminar- und Ausbildungstätigkeit zurückzugreifen, um das Phänomen näher zu erläutern.

Machen wir uns nochmals deutlich, daß die Steuerungsmechanismen im *„Netzwerk Mensch"* so ungeheuer komplex sind, daß man bedenkenlos von einer *„inneren Intelligenz"* sprechen darf.

Die konservative Betrachtungsweise ist hierbei die Annahme, daß von Steuerungsmechanismen ausgegangen wird, die sich nach der Zeugung entwickelt und ausgebildet haben, also nicht im pränatalen Zustand vorauszusetzen sind.

Im **mara**-System wird nun diese ›innere Intelligenz‹ aktiviert, um die Entwicklung der für den einzelnen wichtigen Schritte zu erkennen.

Was bedeuten diese *„wichtigen Schritte"*?

 Nach der **BioPsychoSymmetrie** sind sie durch innere Impulsgebung erfahrbar zu machen. *„Innerer Impuls"* könnte auch mit *„innerer Stimme"* verglichen werden. Da jedoch in der Esoterik mit dem Terminus *„innere Stimme"* gearbeitet wird und zu oft, eigene Beobachtungen liegen dem zugrunde, leichtfertig Selbstmanipulationen vorgenommen werden, verwendet das **mara**-Denkmodell den Begriff Impuls.

Impuls wird hierbei als ein *„plötzlich auftretender, unwillkürlicher Antrieb oder eine Handlungstendenz, die regulierenden Charakter hat und langfristig eine positive Veränderungen einleiten kann"* definiert. Der Schweizer Psychologe C.G.Jung sagt in seinem Buch „Psychologische Typen" *„Impulse beinhalten schlussendlich objektive Informationen"*. Nach den Vorstellungen des **mara**-Denkmodells sind Impulse *„spontane Hinweise aus dem Unbewußten, die auf aktuelle Veränderung hinweisen und jedoch immer für den betroffenen Menschen positiv gelagert sind"*. Soweit die Erfahrung im gesund-

---

2. Burkhard Heim: Realitäten, Seite 233 München 1990

heitlichen Bereich gezeigt hat, zeigen Impulse was not-wendend ist um die reibungslose Funktion der körperlichen und psychischen Abläufe zu erhalten oder wieder herzustellen. Impulse können jedoch auch Hinweisgeber auf den eigenen geistigen Weg sein. Darunter ist nach dem **mara**-Denkmodell *„ein scheinbar linearer Ablauf von Lernsituationen, der dem Menschen dazu verhilft, wieder näher an sein Selbst zu gelangen, oder wieder zum eigenen Selbst zu werden"* zu verstehen. Die Impulse des geistigen Weges sind offenbar in der Lage, auch die Positionierungen und den Zustand von Parasigien und Herisigien (vergl. Seite 38) zu erkennen. Folgt ihnen der Betroffene, können durch geeignete Maßnahmen Parasigien und Herisigien aufgelöst werden.

In welcher Form zeigt sich eine solche Lernstrategie?

Menschen werden und bringen sich in Situationen, die sie später als unbewußt oder ungewollt verstehen; anders gesagt, sie erleben Situationen, in denen sie ihren Verhaltensmustern oder auch *„Schicksalsmuster"* begegneten.

Darunter ist zu verstehen, daß sich im Umfeld des Menschen eine Konstellation begibt, die zu lösen zwingend erforderlich ist. Wird sie nicht mit der *„inneren Intelligenz"* gelöst, wiederholt sie sich, möglicherweise in anderer Gestalt. Diese Wiederholungen erfolgen so oft, bis die Konstellation im Sinne der inneren Intelligenz und der Strategie des geistigen Weges aufgelöst ist.

Gelingt es, die Problematik der Konstellation zu erkennen und aufzulösen, wiederholt sie sich nicht mehr. Genauso wie die innere Intelligenz die biochemischen Prozesse im Netzwerk Mensch mit einer kaum begreiflichen Präzision steuert, dürfte sie auch für die Steuerung anderer Prozesse verantwortlich sein.

Die innere Intelligenz muß, bevor sie steuernd in einen biochemischen Prozeß eingreift (Wissenschaftler sprechen von 1 Trillion chemischer Reaktionen pro Sekunde) [3], Informationen über das zu bewältigende Problem erlangen, um sodann die für den Organismus optimale Reaktion zu veranlassen.

Somit erkennt die innere Intelligenz Funktionsstörungen ebenso wie sie Parasigien und Herisigien erkennt, welche noch nicht ins Bewußtsein gelangen, da die Reizstärke nicht ausreicht, um die

---

3. Karl Sommer: Anatomie,Physiologie,Ontogenie; Verlag Volk und Wissen, 1986 Berlin

Bewußtseinsschwelle zu überspringen. Eine präventive Gesundheitspflege kann demnach nur dann erfolgen, wenn der Betroffene eine Methode entwickelt, die diese noch unter der Bewußtseinsebene liegenden, schwachen Impulse ins Bewußtseins zu transferiert.

A 5   Therapie und innere Intelligenz

Es existieren verschiedene Arten von Therapien und jede findet genauso wie jeder Therapeut ihre Patienten. Bringt der Zufall oder der *„geistige Weg"* beide zusammen, ist damit sicherlich die optimale Therapielage geschaffen. Da es für das **mara**-Denkmodell keinen Zufall gibt, ist somit der geistige Weg mit seinen Impulsgebern beteiligt.

Der Autor des **mara**-Denkmodells hat die Vorstellung, daß jeder Mensch in sich ein Bild der Person hat die ihn heilen kann. Begegnet er einem Therapeuten, Mediziner, oder Heiler der diesem Bild entspricht, oder dieses Bild annimmt, kann er den Erkrankten bei dementsprechenden fachlichen Qualifikationen heilen.

Die entscheidende Frage lautet: In welchem Umfang läßt der Therapeut die Impulse des Patienten und somit die Realisation seines geistigen Weges zu?

Gemäß des Denkmodells gibt es keine Möglichkeit, einen Menschen eindeutig zu beurteilen. Das liegt daran, daß die unvorstellbare Masse an Informationen der nichtbewußten Ebene nur bruchstückhaft bewußt werden können, doch die Individualität des Menschen aus der Gesamtmenge der im Nichtbewußten gespeicherten Informationen mit ihren Parasigien und Herisigien besteht.

Die BPS-Intensiv-Anwendung unterscheidet sich daher grundlegend von anderen Therapien dadurch, daß der Therapeut hochkonzentriert auf die inneren Impulse des Patienten achtet und sie als absolut führend für den Verlauf der Therapie anerkennt.

Somit wird gewährleistet, daß die Therapie der Individualität des Patienten angepaßt ist und keine Fremdeinwirkung und dadurch Deformation der Individualität erfolgt. Die innere Intelligenz allein ist dafür entscheidend, welche Veränderungen stattfinden und welche nicht erfolgen sollen.

Die Impulse sind durch Muskelspannungen, die sich während der Arbeit aufbauen und sich ständig der momentanen Situation während der Therapie angleichen, zu erkennen.

Impulse und Muskelwiederstände des Patienten werden niemals übersehen oder *„gebrochen"*. Schlußendlich bestimmt überwiegend der Patient den Ablauf der Therapiesitzung.

A 6   Symbol und semiotische Bedeutung nach C.G.Jung

„Der Begriff eines Symbols ist in meiner Auffassung streng zu unterscheiden von dem Begriff eines bloßen Zeichens. Symbolische und semiotische Bedeutung sind ganz verschiedene Dinge. Ferrero spricht in seinem Buche („Les lois psychologues du symbolisme‹„ S. 180ff) streng genommen nicht von Symbol, sondern von Zeichen. z.B. der alte Gebrauch, beim Verkaufe eines Grundstückes ein Stück Rasen zu überreichen, läßt sich vulgär als „symbolisch" bezeichnen, ist aber seiner Natur nach durchaus semiotisch. Das Stück Rasen ist ein Zeichen, gesetzt für das ganze Grundstück. Das Flügelrad des Eisenbahnbeamten ist kein Symbol der Eisenbahn, sondern ein Zeichen, die die Zugehörigkeit zum Eisenbahnbetrieb kennzeichnet.

Das Symbol dagegen setzt immer voraus, daß der gewählte Ausdruck die bestmögliche Bezeichnung oder Formel für einen relativ unkannten, jedoch als vorhanden erkannten oder geforderten Tabestand sei. Wenn also das Flügelrad des Eisenbahnbeamten als Symbol erklärt wird, so wäre damit gesagt, daß dieser Mann mit einem unbekannten Wesen zu tun habe, das sich nicht anders und besser ausdrücken ließe, als durch ein beflügeltes Rad.

Jede Auffassung, welche den symbolischen Ausdruck als Analogie oder abgekürzte Bezeichnung einer bekannten Sache erklärt, ist semiotisch. Eine Auffassung, welchen den symbolischen Ausdruck als bestmögliche und zunächst gar nicht klarer oder charakteristischer darzustellende Formulierung einer relativ unbekannten Sache erklärt, ist symbolisch. Eine Auffassung, welchen den symbolischen Ausdruck als absichtliche Umschreibung oder Umgestaltung einer bekannten Sache erklärt, ist allegorisch. Die Erklärung des Kreuzes als Symbol der göttlichen Liebe ist semiotisch, denn göttliche Liebe bezeichnet den auszudrückenden Tatbestand treffender und besser als ein Kreuz, das noch viele andere Bedeutungen haben kann.

Symbolisch hingegen ist die Erklärung des Kreuzes, welche es über alle erdenkbaren Erklärungen hinaus als einen Ausdruck eines bis dahin unbekannten und unverstehbaren mystischen oder transzendenten, d.h. also: zunächst psychologischen Tatbestandes, der sich schlechthin am treffendsten durch das Kreuz darstellen läßt, ansieht. Das Symbol ist nur lebendig, solange es bedeutungsschwanger ist." (Was Jung mit *„bedeutungsschwanger"* meint, wird in Bezug auf das Symbol als *„affektive Kraft"* verstanden.) [4]

Der Begriff Symbol

C.G.Jung: Goethe macht im Symbol ein ästhetisches Universalprinzip aus: »Alles, was geschieht, ist Symbol, und indem es sich vollkommen selbst darstellt, deutet es auf das Übrige.«

Die subjektive Ichaussage und ein irrationales Lebensgefühl sind die symbolischen Aussagen der Kunst des 19 Jhs. Im literarischen Symbolismus ist das Symbol nur noch aus dem jeweiligen ästhetischen Kontext erschließbar.

Der Begriff ›Symbol‹ hat letztlich auch der Wissenschaft bedeutende Anstöße gegeben; die Religionswissenschaft hat die magischen und kultischen Symbole untersucht z.B. das buddhistische ›Rad‹ des Lebens; der Phönix als Symbol für Wiedergeburt und Auferstehung; und für die Psychologie haben Freud und Jung bestimmte Traumbilder als Symbole des Unbewußten erklärt: u.a. die Schlange als Symbol der Sexualität.

Symbole und symbolische Handlungen in der BPS-Intensiv-Anwendung

In diesem Anwendungsverfahren werden symbolische Handlungen vorgenommen, die eine sehr starke Wirkung auf den Verlauf des Gesundungsprozesses bei den Patienten haben.

Das Symbol oder die symbolische Handlung ist beim **mara**-BPS-Anwendung ein Mittel, um der nicht bewußten Ebene Informationen zukommen zu lassen, die sie als solche annimmt.

---

4. C.G.Jung: Psychologische Typen, Seite 729 ff.Rascher Verlag Zürich

Die nicht bewußte Ebene ist über symbolische Handlungen dann gut zu erreichen, sobald verbale Äußerungensformen keine Anwendung finden. Verbale Informationen werden überwiegend dadurch wahrgenommen, daß die linke Gehirnhälfte dominierend arbeitet.

Professor Günter Schulter (Graz) [5] hat hierüber umfangreiche Erhebungen und Untersuchungen mit dem BEAM-System (Brain Electric Activity Maping Machine) vorgenommen. Er stellte dabei fest, daß bei nonverbaler Kommunikation mit einem anderen (z.B. durch Berühren) die rechte Gehirnhälfte dominierend an der Wahrnehmung beteiligt ist.

Werden non-verbale Kommunikationen über symbolische Handlungen vorgenommen, dürfte der Zugang zu den nicht-bewußten Schichten noch effizienter sein.

Bei der BPS-Intensiv-Anwendung wird sehr viel mit symbolischen Handlungen gearbeitet; beispielsweise wird eine Hand im ›Zeitlupentempo‹ über eine ›große‹ Entfernung bewegt und anschließend mit beiden Händen umfaßt.

Diese symbolische Handlung bedeutet soviel wie ›Ich bin nach einer langen Reise angekommen‹ (Aussage von Patienten.) Oder der Kopf wird am Nacken berührt und langsam gedreht. Der Nacken ist der Körperteil, der bei der Geburt den ersten Kontakt mit einem Menschen außerhalb des Mutterleibes erhält. Die Berührung durch warme Hände wird von Patienten als ›Geborgensein‹ empfunden.

Eine Vielzahl symbolischer Handlungsweisen ist in diesem Anwendungsverfahren integriert; sie werden übereinstimmend als sehr wohltuend empfunden. Es ist anzunehmen, daß hierbei Parasigien und Herisigien teilweise aufgelöst werden können. (Diese Ergebnisse wurden verbal von den Ärzten mitgeteilt). Die teilweise atemberaubenden Erfolge zeigen die hohe Effektivität der BPS-Methode.

Die Erfahrung hat gezeigt, daß die BPS-Therapie hilfreich bei Menschen ohne ausgeprägtes Krankheitsbild ist als Präventivmaßnahme oder wenn das Bedürfnis besteht, sich einfach gene-

---

5. J.C.Smuts in „Metaphysik+Biologie sind eins"; Vortrag Pennsylvania University USA, 7.3.1960 .Mc.Clelland

rell wohler in der eigenen Haut zu fühlen, auf Anforderungen im Alltag leichter zuzugehen oder dringend notwendige Veränderungen endlich anpacken zu können.

Nach dem bisherigen Wissensstand ist die BPS-Therapie weniger bzw. nur in enger Zusammenarbeit auf Verordnung des behandelnden Arztes anzuraten bei manisch-depressiven Erkrankungen, bei allen Formen von Schizophrenie, unmittelbar nach Operationen sowie bei schweren Erkrankungen des Bewegungsapparates.

Selbstverständlich ist die grundsätzliche Einstellung des Patienten zu sich und der Therapiemethode für den Erfolg ausschlaggebend.

A 7   Bewußtseinsstufen

Das menschliche Bewußtsein speist sich aus den Sinnen; es ist demzufolge darunter zu verstehen, daß Bewußtsein eine Instanz ist, die uns über die Sinne das bewußte Wahrnehmen und Erleben der Außenwelt ermöglicht.

Als Beispiel dafür soll ein alltäglicher Vorgang dienen: Jemand überlegt, wie er eine Niederschrift vornehmen soll. Ihm stehen hierfür Schreibmaschine, Computer oder Papier und Bleistift zur Verfügung.

Das Abwägen der für sein Vorhaben dienlichsten Vorgehensweise ist ein Denkprozeß; er ist in der sogenannten Beta-Ebene angesiedelt. Die Entscheidung ist gefallen, es soll die Arbeit mittels Computer erledigt werden. Das Tickern der Tasten dringt ins Bewußtsein, das Denken während des Schreibvorganges ist deutlich und konzentriert. Es wird das Geschriebene gelesen, korrigiert und neu verfaßt. Das alles wird bewußt erlebt und ist daher Teil des Bewußtseins, welches sich aus Wahrnehmungen der Sinnesorgane zusammensetzt.

Es erfährt jedoch auch weitere Informationen: die Raumtemperatur (ob sie als angenehm empfunden wird); Geräusche (ob sie störend und beeinträchtigend wirken); Gerüche (desgleichen); Helligkeit (desgleichen); usf. Diese Wahrnehmungen jedoch gelangen nicht in voller Präsenz ins Bewußtsein, sondern gehen dort als Information nur teilweise ein; (vgl. Ausführungen über das Überschreiten der Reizschwelle).Daraus können wir ableiten, daß wir nur Bewußtsein jenen Zustand nennen, den wir wirklich bewußt wahrnehmen; das unbewußt Wahrgenommene wird jedoch gespeichert. Ob dies nunmehr in den Gehirn- oder Körperzellen erfolgt, darüber ist sich die Wissenschaft noch nicht einig geworden, neuere Forschungen legen allerdings die Vermutung nahe, daß das Gedächtnis in jeder Zelle des Körpers seinen Sitz hat, was auch die Methode des Rolfing und die Erkenntnisse der Teilchenphysik verständlich machen würden.

Das Fazit bisheriger Erkenntnis indes bleibt bestehen: Was nicht bewußt wahrgenommen wird, nennt man das Unbewußte, was je nach psychologischer Schule verschiedene Stufen unterteilt und entsprechend deklariert wird. Das Gehirn erzeugt verschiedene elektrische Ströme in Form von Wellen. Diese werden mit den Elektro-Enzephalogramm gemessen und in Beta-, Alpha-, Theta- und Delta-Wellen eingeteilt. Die Bezeichnung der Wellenzahl mit in Hertz vorgenommen. Ein Hertz ist eine negative und positive Schwingung in der Sekunde.

Beta-Ebene ›Frequenz 14-30 Hertz‹

Sofern wir bewußt denken, erzeugt das Gehirn Beta-Wellen, die zwischen 14-30 Hertz liegen können. Denken wir in der Beta-Ebene, wird überwiegend die linke Gehirnhälfte aktiviert. Die überwiegende Zeit des Tagesbewußtseins erfolgt im Beta-Bereich.

Alpha-Ebene ›Frequenz 8-13 Hertz‹

Für die Lösung besonders komplizierter Probleme wird die Verbindung von Beta- und Alpha-Ebene benötigt. Die Alpha-Ebene ist die Ebene, auf der kreativ gedacht wird und Zusammenhänge erkannt werden; in der Beta-Ebene würde dies nur mühsam zu erfassen möglich. Auf der Alpha-Ebene wird der ungeheuer große Erfahrungsschatz des Unbewußten verwendet.

Beim **mara**-Entspannungstraining lernen die Teilnehmer in zwei Tagen, augenblicklich auf die Alpha-Ebene zu gelangen, um sie optimal auszuschöpfen. Dies geschieht durch die Auslösung eines ›bedingten Reflexes‹. Darunter ist u.a. die Auslösung der Speichelproduktion (z.B. beim Erkennen einer Zitrone) zu verstehen. »Die Auslösung der Speichelproduktion geschieht reflektorisch. Reize sind u.a. Geruch und Geschmack der Speisen,

Berührung der Mundschleimhaut und Kauen. Eventuell spielen auch sogenannte bedingte Reflexe eine Rolle.« (Sie müssen erlernt werden; ›**mara**-Körpersignal‹. Ein ursprünglich nebensächlicher Begleitumstand, z.B. Tellerklappern vor dem Essen würde später allein als Reiz genügen).

Auf der Alpha-Ebene wird die rechte Gehirnhälfte sehr stark aktiviert.

Theta-Ebene ›Frequenz 4-7 Hertz‹

Die Theta-Ebene ist die Ebene des Schlafens und der Erholung. Auf ihr werden durch Träume die Bewußtseinsinhalte des Tages verarbeitet.

Delta-Ebene ›Frequenz 0,5-3 Hertz‹[6]

Die Delta-Ebene ist die Ebene des Tiefschlafes, in dem die Zellen eines grundlegende Regenerierung erfahren.

---

6. Taschenatlas der Physiologie - Seite 274 Silbernagel/A.Despoppulus

B Die Grundlagen der mara-BPS-Anwendung

Der Körper jedes Menschen ist entweder ›links‹ oder ›rechts‹ betont. Dieses Einteilungsprinzip geht auf Alexander Lowen, Begründer des Denkmodells ›Bioenergetic‹ zurück. Demnach manifestieren sich die Erlebnisse des Menschen, die er während seiner Lebenszeit hat, am oder in seinem Körper.

Der Körper wird in eine rechte und eine linke Seite eingeteilt. Rechts: das männliche Prinzip; links: das weibliche Prinzip.

Wenn man sich nun vor den Spiegel stellt, wird man erkennen, daß beide Körperseiten verschieden ausgebildet sind. Auf der einen werden sich z.B. Hautveränderungen in größerem Ausmaße, wie Leberflecke, Narben etc. finden lassen, als auf der anderen. Man wird feststellen, daß körperliche Verletzungen, die ein Mensch während seines Lebens erhält, überwiegend auf einer Körperseite erfolgt sind. Das gilt ebenso für Körperzeichnungen, die verschiedenseitig verteilt sind. Diese Betonung einer Körperhälfte entsteht dadurch, daß der Mensch eine seelische ›Problemseite‹ hat, welche überwiegend an Vater oder Mutter orientiert ist.

Zusammenfassend kann gesagt werden, daß jeder Körper wichtige Ereignisse seiner Lebenszeit speichert. Solche Speicherungen werden auch Engramme genannt.

1973 gelang es zwei Neurophysiologen, dem Briten Imothy Bliss und dem Norweger Terje Lomo, künstlich das zu erzeugen, was einem Engramm, einer Gedächtnisspur, zu gleichen schien. Der Begriff Engramm hat demnach die Bedeutung von ›Gedächtnispartikel‹, oder, wie C.F.Chantary 1979 in seinem Buch Neurophysiologie (S.77) schrieb, »Engramm ist eine Art ›Zellsuggestion mit Gedächtnischarakter‹.

Bei der **mara**-BPS-Anwendung wird die enge Verbindung von Psyche und Körper genutzt und in diesem Sinne mit dem Körper gearbeitet. Das Erstaunliche ist dabei, daß über solche Körperarbeit tiefe seelische Konflikte erspürt werden und diese durch einfache, systematisch aufgebaute Körperbewegungen gelöst werden können.

Wichtig ist zu Wissen, daß seelische Konflikte beim Patienten sehr selten während der Behandlung in sein Bewußtsein kommen. Ein wichtiger Bestandteil der BPS-Therapie ist, daß die Begründer die Meinung vertreten, daß über das Bewußtwerden von früheren Konflikt-Situationen selten positive Veränderungen entstehen können. Anders gesagt *„ein bewußtes Aufarbeiten der eigenen Vergangenheit scheint nicht möglich zu sein"*.

Über die Impulse werden die im Moment anstehenden, vom Unbewußten als wichtig erfaßten Situationen erkannt und somit nonverbal dem Therapeuten mitgeteilt. Über die vorgehend schon beschriebene Methode können sich dann diese Konstellationen der Tiefenschichten positiv verändern.

Langzeituntersuchungen haben die hohe Wirkungsweise und Effektivität des BPS-Verfahrens bestätigt.

B 1   Denkmodelle

Denkmodelle werden benötigt, um abstrakte innere Dimensionen auf eine Ebene zu bringen, auf welcher real gehandelt werden kann. Es ist daher, um Mißinterpretationen auszuschließen, ratsam, über die Energieformen, aus denen der Mensch in seinen Strukturen zu bestehen scheint, zu sprechen. Gleichfalls bedeutsam ist die Herausarbeitung der verschiedenen Wahrnehmungsebenen.

Die Veranschaulichung eines Denkmodells bedeutet, den Versuch zu unternehmen, Erscheinungen und Erfahrungen transparent, d.h. ›durchsichtig‹ zu machen und Verständnis für seinen Inhalt zu erzeugen.

Jedes Denkmodell, das man auch mit der Errichtung und dem Ausbau eines Gebäudes vergleichen kann, entspringt einem Denkprozeß. Es ist und kann nur stets eine von vielen Sichtweisen sein, die zu einer Vielzahl von Möglichkeiten in der praktischen Umsetzung führt.

Beachtenswert hierbei ist, daß die Leistung des Gehirns durch seine Materialität begrenzt ist; die Vielzahl der Menschen hingegen hat ihre Wahrnehmungsfähigkeit nicht bis zu dieser Leistungsbegrenztheit geführt. Die Zukunft scheint daher die Heranführung an eben diese Grenze zu sein; alles was ein Mensch zu Lebzeiten erfährt, ist darauf abgestimmt, sich weiter und weiter dem Gipfel seiner Leistungsfähigkeit zu nähern.

B 2   Begrenzung

Die Aussage, besonders der neueren Esoterik, ist, daß der Mensch seine Begrenzung aufzuheben in der Lage sei, ›andere‹, d.h. transzendentale Erfahrungen zu machen. Dem Wesen der Leistungsbegrenzung entspricht dies jedoch nicht.

Ein Bildnis soll dies verdeutlichen: Die Begrenzung unserer Leistung entspricht dem eines Segelflugzeuges. Aus ihr ausbrechen zu können würde bedeuten, mit einem Segelflugzeug einen Düsenjet überholen zu können.

Natürlich läßt sich die Wahrnehmungsmöglichkeit trainieren, und es können dadurch andersartige, teilweise noch unbekannte Wahrnehmungen gemacht werden. Es gibt unter diesem Aspekt keine außersinnlichen Wahrnehmungen, sondern lediglich solche, die für unsere Sinne unbekannt sind.

Die Wahrnehmung ist eindeutig begrenzt durch die Materialität der Wahrnehmungsorgane des Menschen.

Wichtig ist jedoch das richtige Verständnis für den Kern der Wahrnehmungen im Sinne des hier vorgestellten Denkmodells. Mit dem Beginn des Zeitpunktes, da man sich mit ihm befaßt, wird es wahrnehmbar, wirksam, und zur ›Realität‹, genauso subjektiv, wie jedes anderes Modell auch. Allein die Entscheidung für das eine oder andere und die Bündelung der Energie ist maßgebend für die Wirksamkeit. Dessen Qualität allerdings sollte an der praktischen Anwendbarkeit im Alltag gemessen werden. Keine Frage daher, daß die Übereinstimmung möglichst groß zu sein hat.

Jene Anforderung an die praktischen Wirksamkeit zeigt zugleich die eigentliche Dimension auf, da der Alltag zentrale Bedeutung erlangt. Trennen wir das Wort in ›All‹ und ›Tag‹, also All-Tag, bedeutet das, daß wir in Situationen, die alltäglich erlebt werden, das All wirksam werden lassen, also die Energie, die statisch vorhanden ist, in Bewegung versetzen.

Es gibt viele Denkmodelle, die mehr oder minder gut ›funktionieren‹. Eines von ihnen ist die ›Programmierung des Unbewußten‹. Wichtig bei solchen Programmieren ist, daß

• der Sinngehalt der verwendeten Worten genau erkannt wird,

• die programmierte ›Wirklichkeit‹ möglichst nahe bei der Erfahrungsrealität liegt.

Hierzu ein praktisches Beispiel: In die Praxis kommt eine abgemagerte Frau namens Helena und berichtet von ihrer Programmierung. Sie suggerierte sich: »Ich esse weniger«.

Ursprünglich war Helena korpulent, doch durch die Programmierung hatte sie begonnen, weniger zu essen. Allmählich stellte sich kein Hungergefühl mehr ein und sie entwickelte eine Magersucht. Das Unbewußte konnte nicht wissen, bis zu welchem Stadium Helena weniger essen sollte. Die Programmierung müßte deshalb korrekt lauten: Ich will mein Normalgewicht erzielen. Gleichgültig, wie das Gewicht von Helena von der ›inneren Intelligenz‹ bestimmt wurde, die Programmierung kann in diesem Fall eventuell dann beim Normalgewicht wirksam werden.

Zwei weitere Beispiele in diesem Kontext; es handelt sich um Originaltexte aus Affirmations-Kassetten.

Beispiel Raucherentwöhnung:

Affirmation:

»Ich bin kerngesund, bin ein Vorbild für die Menschheit«

Beispiel Fettleibigkeit: Affirmation:

»Ich bin schlank, rank, wendig und bei voller Gesundheit.«

Die Diskrepanz zwischen der körperlichen Realität eines Rauchers und dieser Affirmation ist zu groß, um realisierbar zu sein.

Das gleiche trifft auf die Menschen zu, die unter Fettleibigkeit leiden. Somit dürfte das vorgenannte Denkmodell nicht erfolgversprechend anwendbar, d.h. unpraktikabel sein. Ein Musterbeispiel sind auch die Affirmationen der in den USA weitverbreiteten ›Positiv-Denker‹. Langzeituntersuchungen der Psychic Research Toronto zeigen bei über 72 Prozent aller der über einen Zeitraum von 25 Jahren beobachteten Probanden »Gedächtnisstörungen und hohe Neigung zur zerstörerischen Aggressivität«.

In der **mara**-Praxis zeigt sich, daß Menschen, die ähnliche Affirmationen absolviert haben, bei hoher psychischer Belastung ›abstürzen‹ können.

Ein praktisches Beispiel hierzu:

Lina hat sich mit Autosuggestion, Affirmation und Programmierung befaßt und sich dabei immer wieder die Affirmation gegeben: »Es geht mir von Tag zu Tag besser und besser.« Ihre Situation: Lina war Abiturientin und besaß dadurch einen besseren Bildungsabschluß als ihr Ehemann. Beide beschlossen, daß sie für die schulischen Belange der Kinder vorrangig zuständig sein solle.

Die Affirmation wirkte bei Lina, es ging ihr ›sehr gut‹. Als der Sohn jedoch in der Realschule das Klassenziel verfehlte und nicht versetzt wurde, machte ihr Mann ihr Vorwürfe. Für sie entstand der subjektive Eindruck des Versagens. Sie entwickelte daraufhin eine tiefe Depression, die eineinhalb Jahre anhielt. Lina lehnte Hilfe ab. In ihrem Fall lag die Realität der Affirmation (Denkmodell) von der häuslichen Realität soweit entfernt, daß Lina in die Depression abstürzen mußte.

Das **mara**-Denkmodell ist hingegen aus der Alltagspraxis für den Alltag entwickelt worden. Die theoretischen Hintergründe wurden erst erhellt, als sich das Modell praxisbezogen realisieren ließ und sich in etwa 12 Jahren im privaten Alltag. bei Seminaren und der BPS-Praxis als brauchbar herausstellte.

Der Begründer und seine Frau haben die eigenen und die Erfahrungen der von ihnen ausgebildeten BPS-Therapeuten analysiert und daraus das hier vorgestellte Denkmodell entwickelt. In ihm wird der Begriff Energie verwendet, wobei darunter Gedanken-Energie zu verstehen ist. Die Erläuterung der verschiedenen Energieformen erfolgt in einem späteren Kapitel; an dieser Stelle soll auf das **mara**-Denkmodell eingegangen werden.

Die Erwähnung einer materiellen und nicht geistig-seelischen Ebene ist hierbei absichtsvoll. Die Erscheinung unserer (materiellen) Ebene ist Energie, was bedeutet, daß die Unterteilung in Psyche, Seele, Geist nur der Versuch ist, diese Energie und ihre Wirkungsformen gewissermaßen greifbar zu machen.

Solche Einteilungen basieren jedoch nur auf einem anderen Denkmodell und stellen keine objektiven ›Wahrheiten‹ dar. Um allerdings einen Zugang zu den verschiedenen Formen der Energie zu finden, müssen wir diese Erscheinungsformen klassifizieren, um die scheinbaren Zusammenhänge erhellen zu können. Dabei wird deutlich, daß dies ein theoretisches Konstrukt ist und somit ein Paradoxon darstellt. Harald Almanspacher sagt dazu: »Es entsteht das Paradoxon, daß die Theorie sozusagen nur dann vollständig wird, wenn sie eben keine Theorie mehr ist, sondern das Konkrete mit einhält. Aber das tut sie natürlich nicht, weil sie Theorie ist« [7]

Die Arbeit mit solchen ›Konstrukten‹ kann allerdings, sobald sie verinnerlicht werden, durchaus zur ›Realität‹, d.h. zur subjektiven Richtigkeit einer Theorie bzw. eines bestimmten Denkmodells werden. Durch die Umsetzung des Denkens (des Theorieentwurfs) in praktisches Handeln wird Energie erfahr- und damit wahrnehmbar, was nichts anderes bedeutet, als daß sie durch solche Vorgänge zur erfahrbaren ›Realität‹ werden.

Die Therapeuten, die das **mara**-Denkmodell verinnerlichten und konsequent in die Praxis umsetzten, hatten mit dieser Behandlungsmethode qualitativ vergleichbare Erfolge wie die Begründer der **B**io**P**sycho**S**ymmetrie. Daraus schließt, daß es keiner besonderen Begabung oder Befähigung bedarf, um das **mara**-Denkmodell erfolgreich zu praktizieren, sondern lediglich eine grundsätzliche Aufnahmebereitschaft für dessen geistiges Fundament erforderlich ist.

B 3   Grundlagen der BPS-Intensiv-Anwendung

Das Verfahren erfolgt auf der Grundlage einer Körpertherapie, die sich die enge Verflechtung der geistig-seelischen Ebene mit der Materialität des Körpers zunutze macht. Diese Methode nach der BioPsychoSymmetrie, nach der auf der Grundlage des **mara**-Denkmodells biologische Abläufe symmetrisch mit den psychischen Abläufen zu sehen sind, ist so ungewöhnlich wie einfach. Ungewöhnlich insofern, als sich für den behandelten Menschen scheinbar wenig ereignet, da er passiv bleibt, dennoch geschieht viel durch die Arbeit des Therapeuten.

---

7. Harald Almanspacher: Die Vernunft der methlis Theorie und Praxis einer integralen Wirklichkeit, Seite 497; Metzler Stuttgart+Weimar 1993

B 4   Verwicklung-Entwicklung

Konservativ betrachtet, entstehen bereits von der Zeugung an psychische Einflüsse auf den sich allmählich entwickelnden Menschen. Sie beeinflussen die Verwicklung des Selbst als des noch nicht geborenen Kindes auf vielfältige Weise.

Unter dem ›Selbst‹ verstehen wir eine seelisch-geistige Dimension, die der Mensch in diese Welt, d.h. auf die materielle Ebene, mitbringt.

Nach der Geburt erfolgt eine massive Beeinflussung des heranwachsenden Kindes, und es wird mehr und mehr in Programme, die ihm Eltern und Mitmenschen aufgrund seines Eingebundenseins mitgeben, ›verwickelt‹.

Das Selbst ist jedoch noch angeschlossen an das universelle Wissen und eingebettet in das holistische System (grch. to holon = das Ganze). Der Zugang zu diesem Wissen wird aber im Laufe der Zeit durch jene Verwicklungen erschwert und blockiert.

Die bedauerliche Folge davon ist, daß der erwachsene Mensch, mit den Programmen der Eltern und den seine Kindheit bestimmenden gesellschaftlichen Strukturen versehen, mit eben diesen Programmen reagiert. Seine Reaktionen haben selten mit dem Selbst zu tun und sind nicht Ausdruck universellen Wissens.

Was ein solcherart ›programmierter‹ Mensch sodann als Realität erlebt, ist in Wirklichkeit nichts anderes als die ›Verwicklung‹ aus seiner Kindheit. Die Tragik solcher Entwicklung ist, daß er gegen seinen Willen Programme erhält und gewissermaßen wie ein Computer programmiert wird; derlei erfolgt zum größten Teil im Alter von drei bis vier Jahren.

Um sich von den Programmen zu befreien und sie allmählich aufzulösen, ist ein relativ hoher Einsatz psychischer Energie erforderlich, doch gelangt der Mensch nur auf diesem Wege wieder näher an sein Selbst heran.

Leider verhält es sich so, daß die meisten Erwachsenen ihre eigenen Programme weitgehend unaufgelöst lassen und die Kinder mit diesen ›veralteten‹ Programmen versehen. Arbeiten diese nun nicht an ihrer inneren Struktur und behalten ihre Grundprogrammierungen und werden sie an die Kinder weitergegeben, müssen sich jene wohl oder übel damit auseinandersetzen und ihrerseits Abhilfe schaffen, sofern sie sich ent-wickeln wollen.

Dieser Umstand zeigt deutlich auf, woraus Probleme erwachsen und Konflikte entstehen können, die den Alltag entsprechend belasten.

Um zum Selbst vorzustoßen, bietet sich vor diesem Hintergrund als einzige Möglichkeit an, sich zu ent-wickeln, wobei die praktische Bedeutung dieser Aufforderung darin liegt, daß die alten Programme geändert und gewissermaßen hinausgeworfen, ausgemistet werden müssen, damit der ver-wickelte Mensch endlich wieder er selbst zu sein vermag.

Der damit verbundene Prozeß des Entwickelns erfolgt nicht durch eine vordergründige Umstellung, beispielsweise durch die Nahrungsumstellung auf Müsli und Haferflocken und die Aufgabe von Fleischnahrung, sondern muß durch die innerliche Bereitschaft, sich von Tradiertem zu ent-wickeln, erfolgen.

Interessant ist in diesem Zusammenhang, wie die Hopi-Indianer ›Verwicklungen‹ lösen. Bei ihnen und einigen anderen indianischen Ureinwohnern nehmen die alten Männer die Knaben, wenn sie das 12. Lebensjahr erreicht haben, mit, um sie zur Kiwa zu führen (d.i. das sogenannte Werdehaus, eine unterirdische Zermonienkammer). Dort muß er sechs Wochen verbleiben; seine Mutter hingegen darf er eineinhalb Jahre nicht wiedersehen.

Während dieser Zeit wird der Jugendliche von den Älteren zum ›Mannwerden‹ angeleitet, zu seinem Selbst zu finden und die ›Verwicklungen‹ abzustreifen.

Auch jeder von uns verfügt über Möglichkeiten, mittels vieler kleiner Schritte seine ›Verwicklungen‹ zu erkennen, um sie zu lösen. Das geschieht, indem das universelle Wissen re-aktiviert wird.

Die BPS-Sitzung ist dabei eine der Möglichkeiten, den Kontakt zum Selbst herzustellen und Verwicklungen teilweise aufzulösen. Dabei wird davon ausgegangen, daß der Mensch stets innere Impulse erhält, die aufzeigen, wann er die Möglichkeit besitzt, in das System seiner Verwicklungen einzugreifen, um eine Entwicklung zu erreichen. Die BPS-Anwendung versetzt in die Lage, jene bedeutsamen inneren Impulse deutlicher wahrzunehmen.

Die Methode geht davon aus, daß der Klient, gesteuert durch seine ›innere Intelligenz‹ und sein spirituelles Niveau, die für den nächsten Lernschritt notwendige Informationen selbst (ohne zu

›channeln‹) erhält und dadurch die Sicherheit gegeben ist, daß es sich hierbei um Informationen handelt, die für ihn hilfreich und heilwirksam sind.

Diese Grundhaltung ist bedeutsam, um Projektionen von BPS-Therapeuten auf den Behandelten zu verhindern.

C Parasigien und Herisigien

C 1 Parasig

Der Begriff setzt sich zusammen aus paraios = alt und sigillum = Siegel. In unsere moderne Sprache übersetzt, könnte man ihn als ›Altes Siegel‹ bezeichnen. Die Inhaltsgebung bezieht sich auf die tief im Nichtbewußten verankerten Hemmnisse, die mittels Gedankenenergie verhärtet sind und durch bestimmte Therapiemethoden wieder gelöst werden können.

Eine solcherart wirkende Methode stellt die BPS-Anwendung dar. Sie wird an anderer Stelle beschrieben.

Ein Parasig setzt sich aus Erlebnissen zusammen, die oft in früher Kindheit zustandekamen und durch Gedankenenergie solange versorgt wurden, bis sie sich ›verkapselt‹ haben, so daß ihr eigentlicher Kern nicht mehr erkennbar ist. Solche Erlebnisse werden durch Gedankenenergie versiegelt.

Um diesem Vorgang die ihm zukommende Bedeutung zu geben, wurde der Begriff Parasig = Siegel geschaffen, um eine Assoziation zum tatsächlichen Siegel herzustellen, das zuerst aus einer form- und prägbaren weichen Masse besteht, die nach dem Erhitzen erkaltet und spröde wird.

Ein Parasig ist demnach kein Indikator für ein Verhaltensmuster. Diese entstehen, dem **mara**-Denkmodell zufolge, durch frühkindliche Nachahmung der Erwachsenen oder durch Vorbilder, die entsprechend einwirken. Hierbei werden diese Muster solange ›nachgespielt‹, bis sie als eigene Verhaltenseigenheiten angenommen und verinnerlicht werden.

Der Unterschied zwischen Parasigien und Verhaltensmustern liegt hauptsächlich darin, daß Verhaltensmuster beispielsweise durch Psychotherapien oder artverwandte Methoden gelöst werden können. Das ist deswegen möglich, da Verhaltensmuster jeweils durch die Art des Tuns erkannt zu werden vermögen und dadurch dem Bewußtsein zugänglich sind. Der Unterschied zu Herisigien besteht wiederum darin, daß Parasigien vorrangig in der frühen Kindheit erwuchsen und Herisigien erst später, sozusagen erst ›gestern‹ (lat. heri = gestern).

C 2   Wo sind Parasigien plaziert?

Die Grundlagenbildung beginnt in der Lebenszeit der Seele auf der materiellen Ebene. Parasigien sind nicht auf der Ebene der Psyche und der Archetypen angesiedelt. Sie sind an der Stelle des Übergangs vom nichtbewußten Niveau zum spirituellen Vorbewußtsein plaziert, d.h. dort, wo spirituelles Bewußtsein noch nicht definierbares Empfinden ist, oder anders ausgedrückt, wo noch nicht die Reizschwelle zum Bewußtsein übersprungen werden kann.Parasigien sind mitentscheidend für den Umfang des bewußt erlebbaren spirituellen Potentials.

Im **mara**-Denkmodell wird davon ausgegangen, daß jeder Mensch ein uneingeschränktes universelles Wissen bewahrt und dadurch den Zugang zur Spiritualität erhalten kann.Diese innere Situation, die jeden Menschen auf der materiellen Ebene betrifft, ist dem Bewußtsein und dem Handeln nur wenig erfahrbar. Der Umfang der Begrenzung wird durch die im **mara**-Denkmodell Parasigien genannten Hemmnisse bestimmt.

Ein Sinnbild soll uns eine Vorstellung, was darunter zu verstehen ist, geben: Stellen wir uns ein Faß, gefüllt mit Wein, vor. Der Wein symbolisiert das spirituelle Gesamtpotential. Die Menge, die nach dem Öffnen durch den Hahn fließt, ist jenes, was wir wahrnehmen, was uns also bewußt ist. Hat sich nun an einer Stelle des Hahnes Weinstein gebildet oder sind Verunreinigungen entstanden, wird dadurch die Durchflußmenge vermindert, d.h. vom Volumen her begrenzt. Weinstein und Verunreinigungen stehen hierbei für die Parasigien.

Die ›spirituelle Realität‹ ist für den betroffenen Menschen gleichbedeutend mit der Durchflußmenge des Weins durch den Hahn. Da sie dem Menschen aus Erfahrung bekannt ist, stellt sie für ihn die Normalität dar.

C 3   Wie ein Parasig entsteht

Parasigien weisen verschiedene ›Lebensalter‹ auf. Sie können in der frühen Kindheit entstehen. Nehmen wir an, daß die Koordination der Bewegungen bei einem Kind noch nicht ausgebildet ist. Es wirft ein gefülltes Glas um und das Glas zerbricht. Die Mutter wird vielleicht in ärgerlichem Ton sagen, daß es man so etwas nicht tue, weil dadurch etwas entzwei gehen könne.

Ein solches Ereignis wird im Nichtbewußten gespeichert und bindet die Gedankenenergie der Mutter wie des Kindes.

Zu einem späteren Zeitpunkt spielt es möglicherweise mit Bauklötzen und wirft einen davon einem Spielkameraden an den Kopf. Der Vater des Kindes bemerkt verärgert, daß man so etwas nicht tue, denn es können dabei etwas entzwei gehen. Durch die Struktur des Nichtbewußten wird jene Rüge mit ihrer negativen Ladung mit der ersten der Mutter gekoppelt und ab diesem Augenblick besteht die latente Bereitschaft, Erlebnisse mit (scheinbar) negativem Inhalt an vergleichbare Ereignisse zu binden. Geschieht das genügend lange und ist die investierte Gedankenenergie groß genug, entseht ein Parasig. Der Kern der Parasigien ist in diesem Fall der Überbegriff „so etwas tut man nicht, du machst alles entzwei". Ein Parasig kann somit in jeder Phase des frühen Alters entstehen.

Entscheidend jedoch ist, daß alle Lebenssituationen ihren Sinn darin haben, Spiritualität erlebbar werden zu lassen. Die enge Koppelung zwischen unserem Dasein und dem spirituellen Hintergrund gelingt im forschreitendem Erkenntnisprozeß und hat zur Folge, daß wir diese Erkenntnis durch Handeln realisieren. Die spirituelle Ebene hat demzufolge die Aufgabe, sich des Bewußtseins des Menschen zu bemächtigen, um durch Handeln die spirituelle Ebene auf der materiellen erfahrbar zu machen oder, anders ausgedrückt, die Spiritualität in der Materialität zu aktivieren, sie also zu transformieren.

Der Umfang der spirituellen Anteile von Lebensinformationen entscheidet, ob ein Parasig entstehen kann oder nicht. Maßgebend am Parasig ist, daß es am Anfang als ›warmes, bildbares‹ Parasig allmählich Form annimmt, größer wird und später wie ein Siegel erhärtet. Dieser Vorgang wird durch Gedankenenergie gesteuert. Sie stellt gewissermaßen das Material dar, das sich um den Kern der Erlebnisse legt und ihn bis zur Unkenntlichkeit einhüllt. Beides zusammen, Kern und Umhüllung, machen ein Parasig aus. Ist es alt genug, ist es so ›spröde‹, daß es wieder gesprengt werden kann.

Der Mensch ist nicht in der Lage, sich vor Parasigien zu schützen. Ihre Entstehung erfolgt zwangsläufig und sie kann selbst durch eine noch so gut gemeinte Erziehung nicht verhindert werden.

C 4   Auflösung von Parasigien

Da Parasigien durch Gedankenenergie entstehen, liegt es nahe, daß sie auch mittels Gedankenenergie aufzulösen sind.

Das Problem stellt sich indes, wie Parasigien überhaupt aufzuspüren sind. Die Antwort darauf ist allerdings sehr einfach, gleichgültig welche Methode angewandt wird. Für den geistigen Weg oder das spirituelle Selbstverständnis kann es aber wichtig sein, Parasigien aufzulösen. Wenn wir uns vorzustellen bemühen, wie viele Parasigien in einem Seelenleben entstehen, müssen wir erkennen, daß wir hoffnungslos überfordert sind, auch nur einigermaßen ihre Zahl zu beziffern oder gar die Dimension zu benennen.

Wäre es möglich, alle Parasigien aufzulösen, könnte dies mit der totalen ›Erleuchtung‹, soweit überhaupt die Möglichkeit besteht diesen Begriff zu definieren, gleichgesetzt werden.

Bei allen Versuchen, Parasigien aufzulösen, ist es wichtig, daß die Vorstellungskraft vom Wissen geleitet wird, daß nur jene Parasigien ›gesprengt‹ werden können, die den nächsten Schritt auf dem Weg zur bewußten Spiritualität verhindern würden.

Alle Bemühungen, beispielsweise durch besondere Lebensweisen Parasigien aufzulösen, müssen scheitern, da die massive Gedankenenergie, die im Parasig gebunden ist, nur auf dem Wege äußerster Konzentration durch einen Therapeuten freigesetzt werden kann.

Dieses Freisetzen kann nur dann erfolgen, sobald im ›Programm des geistigen Weges‹ die Auflösung angezeigt ist. Dieser Weg ist gekoppelt an die ›Superintelligenz‹, die man auch als holistisches System oder Gott bezeichnen kann. In jedem Menschen ist eine solche ›Superintelligenz‹ angelegt. Parasigien haben keinen direkten Einfluß auf die morphogenetischen Felder, jedoch deren Auswirkungen; (vgl. Seite 38)

C 5   Herisig

Der Begriff setzt sich zusammen aus heri = gestern und sigillum = Siegel. In die moderne Sprache übertragen, kann man Herisig als ›Gestriges Siegel‹ bezeichnen. Die Inhaltsgebung bezieht sich auf die in unserem Nichtbewußten verankerten Hemmnisse, die durch Gedankenenergie verhärtet sind und mittels bestimmer Therapiemethoden gelöst zu werden vermögen.

Eine derartige Therapie ist der hochwirksame BPS-Anwendung.

Der Unterschied zwischen Parasigien und Herisigien besteht darin, daß erstere hauptsächlich in der frühen Kindheit entstanden sind, letztere hingegen später, also ›gestern‹. Bei beiden jedoch bewirken hohe Gedankenenergien die Versiegelung des Erlebniskernes.

Ein Beispiel aus der Praxis: Hans ist 37 Jahre alt und von Beruf Hundezüchter. Er ist sehr erfolgreich und hat mit seinem Zuchtrüden viele internationaler Preise gewonnen. Er lebt jedoch privat in einer schwierigen Beziehung und sagt, daß er die Hundezucht begann, um dadurch eine Ablenkung von seiner ehelichen Situation zu bewirken.

Der Zuchtrüde wurde jedoch durch einen Unfall getötet, so daß Hans damit seine ›Lebensgrundlage‹ verlor. Diese ›Lebensgrundlage‹ wurde ihm schon einmal durch den Tod des Vaters genommen. Der Schmerz über den Verlust des Zuchtrüden koppelte sich mit dem Schmerz über den Tod des Vaters, und hinzu kamen noch die Schmerzen aus der schwierigen Ehe. Alles zusammen hatte ein Hersig entstehen lassen.

Auf der materiellen Ebene zeigte sich der Schmerz als Rückenbeschwerden im Bereich der drei Lendenwirbel. Hans kam in die Praxis wegen dieses Rückenleidens. Das Herisig konnte durch die BPS-Anwendung gelöst werden.

Ein weiteres Beispiel:

Erika fühlte sich sehr unwohl und hatte Aggressionen gegen ›alles‹. Sie hatte einen strengen Vater, der sie stets zu vieler Arbeit zwang. Sie empfand es so, daß sie hart arbeiten mußte, damit der Vater Geld anhäufen konnte.

Erika befand sich in einer schwierigen Lage. Sie hatte sich nach elf Ehejahren scheiden lassen, doch der Vater des Kindes zahlte keinen Unterhalt. Sie selbst hatte keine Berufsausbildung, was sie dem Geiz ihres Vaters zuschob.

Sie entschloß sich jetzt zu einer Ausbildung als Industriekauffrau und erzielte hierbei stets überdurchschnittlich gute Prüfungsergebnisse. Erika hatte in der Jugend finanzielle Not gelitten, empfand dies jedoch als ›normal‹ in ihrer Kindheitssituation. In der Ehe aber standen ihr genügende finanzielle Mittel zur Verfügung. Erst durch die Scheidung erlebte sie ihre vormalige Notsituation wieder. Das war, was ein Herisig entstehen ließ. Es konnte durch die BPS-Anwendung gelöst werden.

Herisigien haben in der Hierarchie des Nichtbewußten dort ihren Platz, wo die Verhaltensmuster angesiedelt sind und verfügen über eine hohe energetische Ladung, die aus der zugeführten Gedankenenergie stammt. Daraus resultiert ein starkes energetisches Feld. Herisigien wirken wie Parasigien.

Zum besseren Verständnis dessen, was Energie ist, sei erwähnt, daß nach Albert Einstein alles Sichtbare und Unsichtbare aus Energie besteht. Seine Formel lautet E = m.c'2. Seiner Lehrmeinung nach ist Materie Energie, welche sich langsamer als mit Lichtgeschwindigkeit bewegt.

Energieformen können recht plastisch am Beispiel fließenden Wassers veranschaulicht werden. Wird Wasser durch eine Turbine geleitet, dreht sich die Turbine. Es entsteht Bewegungsenergie. Sie wird auf einen Stromgenerator übertragen. Der dort erzeugte Strom stellt wieder eine andere Energieform dar, ebenso wie der elektrisch betriebene Heizofen, den diese Elektrizität aufheizt. Die daraus hervorgehende Wärme ist eine weitere Form von Energie.

Übertragen auf die Energieabläufe des Menschen ist zu sagen, daß Lebensprozesse ohne Energie gar nicht erfolgen können. Im physischen Bereich ist jede Bewegung an Muskeln gekoppelt; diese benötigen Energie, um ihre Arbeitsleistung zu vollbringen. Gedanken nun werden üblicherweise auf die Tätigkeit des Gehirns zurückgeführt. Aber auch dort haben wir es mit Energie in Form von Elektrizität durch biochemische Vorgänge zu tun. Demnach stellen sich Gedankenabläufe als Form einer bestimmten Energie dar. Da das Bewußtsein verschiedene Ausdrucksmöglichkeiten beinhaltet, kann man darauf schließen, daß jeder Ausdruck über einen eigenen Energiereich verfügt und eine jeweils unterschiedliche Struktur aufweist.

So hat der Bereich der Empfindungen eine Energiestruktur, ebenso wie der Gedankenbereich und der des Handelns. Als Beispiel dafür kann die Entstehung einer Vase dienen. Bevor sie materiell anfaßbar wird, entsteht sie durch kreatives (Nach-)

Denken. Das Gedachte wird über Energie in eine Handlung (der Erschaffung der Vase als materielles Objekt) umgesetzt, die wir als ›Tun‹ bezeichnen.

Das verdeutlicht, daß alle Erscheinungen, mit denen wir es auf der materiellen Ebene zu tun haben, zuerst in Gedanken entstanden und in diesem Bereich von Energie gespeist wurden. Da auch das Universum, wie alle sichtbaren Erscheinungen, Form einer bestimmten Energie ist, existiert eine enge Verbindung von Gedanken- zu materieller Energie. Auch das, was der deutsche Physiker Burkhard Heim als ›höhere Dimension‹ - den sogenannten Transbereich (d.i. jenseits unserer Realität) bezeichnet, ist nur wieder eine besondere Energieform.

Er führt aus: »Im Transbereich existieren geistige Strukturen, die ei-einerseits von der realen Welt beeinflußt werden, umgekehrt auch diese beeinflussen.« [8]

Dieser ›Transbereich‹ ist das, was im **mara**-Denkmodell als spirituell bezeichnet wird: Der Mensch ist grundsätzlich ein spirituelles Wesen, ebenso wie es alle materiellen Erscheinungen sind. Die Aufgabe des Menschen ist nun, wieder das Bewußtsein herzustellen, welches ihm Zugang zur spirituellen Ebene ermöglicht, um durch sein Tun die spirituelle Energie auf der materiellen Ebene (wieder) erfahrbar werden zu lassen.

Vor diesem Hintergrund gilt die Aussage von Jane. E. Scharon: »Alle Erscheinungen im Menschen wie im Kosmos sind ›Geist‹.« [9]

Spiritualität wird erst in dem Moment sichtbar oder erfahrbar, in dem wir durch die Qualität des Tuns die Energieform Spiritualität (als Liebe) erlebbar werden lassen.

Die nicht bewußt als Liebe erlebte Spiritualität ist in diesem Sinne ›ruhende Spiritualität‹ oder das ›spirituelle Potential‹.

Ruhende Spiritualität läßt sich mit der Elektrizität vergleichen. Sofern sie ruhend ist, kann sie weder wahrgenommen noch gemessen werden. Erst dann, wenn ein Potentialunterschied im Leiter entsteht, fließt der Strom, der nunmehr gemessen und wahrgenommen werden kann. Bei ruhender Spiritualität tritt die

---

8. Burkhard Heim: Realitäten, Seite 236; München 1990
9. Jane E.Charon „Komplexe Relativitätstheorie" S. 137 12/88 Goldmann

gleiche Situation ein. Sie wird erst durch Aktivierung wahrnehmbar, d.h. sobald im Menschen jener Potentialunterschied wirksam wird.

Herisigien und Parasigien erzeugen einen solchen Potentialunterschied.

Im **mara**-Denkmodell wird er als ›spiritueller Strom‹ bezeichnet. Da unsere ruhende Spiritualität ein Teil des holistischen Systems bildet, hat der spirituelle Strom in uns Auswirkungen auf das Gesamtsystem und damit wiederum auf die Potentiale in uns.

Dort, wohin der spirituelle Strom als Energiestrom hinfließt, löst er Reaktionen aus. Herisigien sind in der Lage, den spirituellen Strom auf bestimmte Muster zu lenken, welche dadurch verstärkt werden, also in der Gesamtmusterstruktur als hervorgehoben beobachtet werden können.

Durch die Auflösung von Herisigien werden diese verstärkten Muster auf das ›Normalmaß‹ reduziert, was bedeutet, daß ihre Vorrangstellung im Mustergefüge des Menschen aufgehoben wurde. Solche Auflösung führt aber oftmals zur Betonung anderer Muster, wobei es ohne weiteres möglich ist, daß diese neu hervortreten und wiederum durch Herisigien ›Energie‹ erhalten und deswegen im Vordergrund stehen.

(Herisigien haben wie Parasigien keinen direkten Einfluß auf morphogenetische Felder, jedoch deren Auswirkungen; vergl. Seite 41).

Herisigien sind nach der Auflösung insofern erkennbar, als daß sich ein Verhaltensmuster plötzlich in seiner Gesamtposition verändert.

C 6 Gedankenenergie

Wissenschaftliches Denken gründet auf einer Ebene, die völlig anders als die der Gedankenenergie ist.

Bis heute gibt es kein wissenschaftliches Instrumentarium, das auch nur annähernd zu messen imstande wäre, was große Einflüsse auf die ›Realität‹ und den Realitätssinn hat. Stets steht die Wissenschaft vor dem Problem, inwieweit das Denken eines Versuchsleiters Einfluß auf den Versuchsverlauf nimmt. Die Placebo-Forschung befindet sich hierbei in besonders exponierter Lage. Weiß der Versuchsleiter um den Placebo-Versuch, ist das Ergebnis ein anderes, als wäre er ahnungslos.

Die Quantenphysik berichtet [10] von den Ergebnissen der Teilchenphysik und deren Phänomenen. Sie können am ehesten dabei behilflich sein zu vermitteln, was unter Gedankenenergie zu verstehen ist.

(Die Teilchenphysik ist der Teil der Physik, die sich mit den kleinsten Teilchen der Materie befaßt; sie wird auch als Quantenphysik bezeichnet.) Professor Anton Neuhäusler sagt aus, daß Gedankenenergie in der Lage sei, sich auf materieller Ebene zu realisieren.

In einer wissenschaftlichen Dokumentation (›Eine Gruppe erzeugt Philipp‹) [11] wird beschrieben, wie eine Gruppe Psychologen der Society of Psychical Research in Toronto (Kanada) 1973 durch intensives Denken und Meditieren und zielgerichteter Gedanken etwas erschuf, das sie den Namen ›Philipp‹ gaben.

Kann es demzufolge möglich sein, daß eine starke (Gedanken-) Energiebündelung einen Gedankenkörper zu erzeugen in der Lage ist, der Einfluß auf Reaktionen und Wahrnehmungen ermöglicht? Erzeugen wir selbst, was im Spiritismus als ›Geist‹ bezeichnet wird? Sind die Seelen Verstorbener unsere eigenen Gedankenbilder, etwa lebendig gewordene Parasigien und Herisigien?

Hierzu eine Zen-Geschichte:

Auf ihrem Sterbebett nimmt eine junge Frau ihrem Mann das Gelöbnis ab, sich nach ihrem Tode nie wieder mit einer anderen Frau einzulassen. »Wenn du dein Versprechen brichst, werde ich als Geist zurückkommen und dir keine Ruhe geben«, drohte sie.

Der Mann hält sich zunächst an sein Versprechen, aber einige Monate nach dem Tode seiner Frau lernt er eine andere kennen und verliebt sich in sie.

Bald darauf erscheint ihm jede Nacht ein Geist und beschuldigt ihn des Bruchs seines Gelöbnisses.

---

10. Jane E. Charon „Komplexe Relativitätstheorie" S. 111 12/88 Goldmann
11. Paul Davies Vortrag 11.7.93 London

Daß es sich bei der Erscheinung um einen Geist handelt, steht für den Mann außer Frage, da dieser über alles unterrichtet ist, was zwischen ihm und seiner neuen Frau vorgeht. Auch die geheimsten Gedanken, Hoffnungen und Gefühle sind nicht zu verbergen. Die Lage wird ihm schließlich unerträglich, weshalb der Mann zu einem Zen-Meister geht und ihn um Rat bittet.

»Eure erste Frau wurde zu einem Geist und weiß alles, was ihr tut«, erklärte der Zen-Meister.

»Was immer ihr tut oder sagt, was immer ihr eurer Geliebten gebt, er weiß es. Es muß ein sehr weiser Geist sein. Fürwahr, ihr solltet einen solchen Geist bewundern. Wenn er das nächstemal erscheint, macht einen Handel mit ihm aus. Sagt ihm, daß er soviel weiß und daß ihr nichts vor ihm verbergen könnt, und daß ihr eure Verlobung brechen und ledig bleiben werdet, wenn er euch eine Frage beantworten kann.«

»Was ist das für eine Frage, die ich stellen muß?« erkundigte sich der Mann.

Der Meister erwiderte:

»Nehmet eine gute Handvoll Bohnen und fragt ihn, ohne die Bohnen zu zählen, nach der genauen Anzahl der Bohnen in eurer Hand. Wenn er es euch nicht sagen kann, so werdet ihr wissen, daß er eine Ausgeburt der Phantasie ist, und er wird euch nicht länger stören.«

Als der Geist in der nächsten Nacht wieder erschien, schmeichelte der Mann ihm und sagte, daß er ja wirklich alles wisse.

»In der Tat«, antwortete der Geist, » und ich weiß, daß du heute bei jenem Zen-Meister warst.«

»Und da du soviel weißt«, erwiderte der Mann, »kannst du mir auch sicherlich sagen, wie viele Bohnen ich in meiner Hand halte?«

Da war kein Geist mehr, um diese Frage zu beantworten.

C 7   Gedankenenergie und Gedankenkörper

Ein anderes Beispiel zur praktischen Bedeutung dessen, was Quantenphysiker über Gedankenenergie berichten:

Eines Tages kam Maria aus Teneriffa zu Besuch. Sie ist Psychologin. Als sie nach einer Woche weiterreiste, sagte sie: *„Bei euch geht es ganz lustig zu."*

Sie wurde gefragt, wie sie das denn meine und sie erwiderte: *„Ja, bei euch wohnt ein altes Weiblein, das jeden Tag anders gekleidet ist. Einmal trägt sie ein Kopftuch mit gelben Blümchen und eine ebensolche Schürze, ein andermal das gleiche mit roten Blümchen."*

Man hörte es sich an und dachte, da man das *„alte Weiblein"* nicht sehen könne, sei es für einen auch nicht vorhanden. Doch es war die Frage entstanden, ob Maria nun unter Halluzinationen oder Visionen litt oder über Möglichkeiten einer erweiterten Wahrnehmung verfügte.

Wochen vergingen, als Marion zu Besuch kam. Sie war zu dieser Zeit sehr in Sachen Emanzipation engagiert und sehr realistisch orientiert. Sie war Oberinpektorin beim Finanzamt, hatte jedoch gekündigt und absolvierte zur Zeit eine Ausbildung zur Sozialpädagogin. Beim Kaffeetrinken sagte sie plötzlich: *„Da drüben im Stuhl sitzt jemand."*

Auf die Bitte, zu schildern, was sie sehe, sagte sie: *„Da sitzt eine alte Frau, die trägt ein Kopftuch. Sie hat blaue Blümchen, und sie hat eine Schürze umgebunden, die auch solches Muster hat."*

Wie konnte Marion von etwas berichten, was andere nicht sahen?

Gibt es demnach eine Realität, die nur von bestimmten Menschen wahrgenommen zu werden vermag?

Die Frage wurde gelöst, als Monate später Liba zu Besuch eintraf.

Liba, eine junge Frau aus der Tschechien, berichtete von derselben älteren Frau mit geblümtem Kopftuch und Schürze. Doch dann erfolgte eine Überraschung. Liba sagte: *„Da ist noch eine alte Frau, die sieht aus wie eine distinguierte Engländerin und hat schütteres weißblondes Haar und eine Brille auf der Nase."*

Wiederum vergingen Wochen, dann war Liba erneut zu Besuch. Zugleich waren ein Freund des Hauses, eine Pater, mit seiner russischen Freundin zu Gast; später traf auch Frieda ein, eine 67jährige Esoterikerin.

Als Liba sie erblickte, wurde sie kreidebleich. *„Das ist ja die Frau, die damals bei euch war"*, stammelte sie.

Frieda war offenbar als Gedankenkörper anwesend.

Die Essener sprachen von *„Gedankenkörper"*, der nach ihrer Vorstellung bis in den Kosmos reicht und über den jeder Mensch verfügt. Jesus war angeblich ein Essener; waren somit die sogenannten Wunder, die er vollbrachte, realisierte Gedankenenergien?

Löste Jesus bei seinen *„Wunderheilungen"* – heute nennen wir sie Spontanheilungen – durch Gedankenenergien Parasigien und Herisigien auf? Stellten die *„Wunder"* nichts anderes als solchen Auflösungsprozeß dar?

Zur Erinnerung: Parasigien entstehen durch Gedankenenergien und können durch dieselbe Energieform aufgelöst werden.

Hat unser Denken eine viel größere Einwirkungskraft, als wir annehmen?

Daraus entsteht die Frage, welche Dimension das Denken überhaupt aufweist. Was ist eigentlich *„Denken"*?

Sind diese Dimensionen, in die der Mensch verflochten ist, eigentlich beschreibbar? Ist Gedankenkraft eine Dimension, die uns vorstellbar ist?

Das Thema *„Feuerlauf"* (ein Lauf auf ca. 1000 Grad heißen Kohlen, barfuß über eine Strecke von sechs Metern) kann zum tieferen Verständnis dessen, was die Kraft der Gedanken vermag, beitragen.

Die Vorbereitung zum Feuerlauf war denkbar einfach. Man saß sich in Zweiergruppen gegenüber und sollte zuerst die Ängste offenbaren, die in Verbindung mit dem bevorstehenden Ereignis entstanden.

Sodann sollten die Teilnehmer schildern, was ihrer Meinung nach im schlimmsten Fall geschehen könnte. Man setzte sich im Kreis um einen Bergkristall und bat, daß das Feuer gnädig mit einem umgehen möge.

Die Abwägung dessen, wie solcher Lauf ausginge, vollzog sich auf zwei Bewußtseinsebenen. Die eine, naturwissenschaftliche, besagte, daß bereits bei einer Temperatur von 60 °C die Haut Verbrennungen 1.Grades erleidet. Bei 1000 °C heißen, glühenden Kohlen wird sie total verbrannt werden. Kommen die Fußsohlen ungeschützt mit ihnen in Berührung, ist es um ihr Unversehrtheit definitiv geschehen.

Auf der anderen, spirituellen, Ebene erfolgte der Einwand, daß der Glaube Berge versetze.

Die Frage war nur: Kann er es wirklich? Hält die Haut 1000 °C aus und erleidet keine Verletzungen?

Wollte man dies erreichen, mußte man auf die Kraft dieses Glaubens, also auf die Kraft der Gedankenenergie vertrauen. Das Problem indes liegt darin, sich hierbei einer Dimension anzuvertrauen, von der man nicht weiß, ob sie nur Einbildung oder Realität ist.

Das unbedingte Vertrauen in die Macht der Gedankenenergie bewirkte schließlich, daß der Lauf folgenlos blieb. Daraus resultierte das Bewußtsein, daß sich das Parasig *„Hitze verbrennt Haut"* gelöst haben mußte.

Das Erlebnis während des Schreitens über die glühenden Kohlen war für den Autor, vergleichbar mit einer *„inneren Explosion"*; sie teilte sich wie eine gewaltige Ausdehnung mit. Konnte das die Auflösung eines Parasigs sein?

Eines war sicher: daß die naturwissenschaftliche und spirituelle Ebene zusammengefunden hatten, was zuvor wegen ihrer (vermeintlichen) Unvereinbarkeit nicht möglich gewesen war. Die Folge bedeutet, daß man spirituellen Phänomenen sachlicher als früher begegnete.

Das bedeutet allerdings nicht, daß spirituelle Phänomene mit den Mitteln herkömmlicher Logik zu erklären wären. Unternähme man es, dürfte jeder Versuch ihrer Erklärung an ihrer Fehlbeschreibung scheitern oder es würde eine *„Überinterpretation"* erfolgen.

Die Frage, was wirklich beim Feuerlauf erfolgte, daß Verbrennungen ausblieben, kann vor diesem Hintergrund nicht befriedigend beantwortet werden. Eine Erkenntnis ging allerdings zwingend daraus hervor, nämlich daß es nicht auf den Glauben ankommt, sondern auf Wissen. Dieses Wissen ist jedoch nicht vergleichbar mit intellektuellem Wissen. Es formuliert lediglich einen Akt innerer Sicherheit und kann durch die Auflösung von Parasigien erwachsen.

Ein Jahr danach

Ein Jahr später waren wir wieder zu einem Seminar nach Lanzarote eingeflogen. Wolfgang begrüßte uns hinkend. *„An meinem Geburtstag haben wir Feuerlauf gemacht. Ich habe astrologisch genau berechnet, wann er sein sollte. RTL-Television war dabei und die Fachpresse. Von dreizehn Teilnehmern hatte elf schwere Verbrennungen dritten Grades. Das mußte so sein, damit wir in der Pyramide die Zuwendung der Ärzte bekamen".*

Durch astrologische Berechnung hatten den genauen Termin des *„Feuerlaufes"* bestimmt. Die darausfolgenden Fehleinschätzungen der Realität wollte der Astrologe nicht erkennen. Was für den Autor auffällig war, ist, daß Wolfgang sich auf eine perfekten Außenorientierung einließ und mit Sicherheit dadurch nicht seine eigene Gedankenenergien nutzbringend und schützende verwenden konnte.

C 8 Anwendung von Gedankenenergien bei einem Versuch mit Pflanzen

Das Wesen der Gedankenenergie kann mit einfachen Mitteln erfahrbar gemacht werden. Der folgende Versuch zeigt es:

Man nimmt zwei gleiche, flache Deckel und gibt Watte hinein. Sie wird mit Kressesamen bestreut; einer der Deckel wird zwecks besserer Unterscheidung markiert. Zusammen werden sie in einen mit Wasser gefüllten Teller gestellt, damit es die Watte befeuchtet.

Die Teller werden an ein helles, von Zugluft freies Fenster gestellt. Die Konzentration der Gedanken muß auf die Kressesamen im markierten Teller ausgerichtet sein.

Folgende Worte sollen in Gedanken dazu gesprochen werden: *„Du wirst schnell keimen und wachsen und groß und stark werden."*

Dies muß sich jeden Tag wiederholen, während der unmarkierte Teller unbeachtet bleibt. Jede gedankliche Beschäftigung mit ihm erzeugte bereits Gedankenenergie, die dem Versuch abträglich wäre. Die Samen indes, denen Energie zukommt, werden schneller keimen, und die Kresse wird schneller wachsen.

Der Versuch wird besonders erfolgreich sein, wenn man das Vorurteil überwindet, daß Pflanzen keine *„Seele"*, oder Kommunikationsmöglichkeit haben.

Übertragen auf das, was unsere seelische Vergangenheit ausmacht, besagt solche Hinwendung an sie, daß die darin eingebetteten Erlebnisse immer größer und mächtiger werden und Denken und Handeln negativ bestimmen, denn sie erhalten jene Gedankenenergien zugeführt und wachsen heran.

C 9 Grenzerfahrungen mit Gedankenenergie

Bekannt ist der Löffel-Trick des Uri Geller. Die Geschichte des Herrn M. soll in diesem Zusammenhang nicht vorenthalten werden.

Herr M. erzählt: *„Wir sahen im Fernsehen eine Sendung über „Löffelbiegen".* Auf dem Bildschirm war ein Sonnenuntergang zu sehen, und der Sprecher befahl, *„daß man einen Löffel in die linke Hand nehmen und in die Sonne schauen solle".* Die Hitze der Sonne fließe über den Arm in den Löffel und man könne ihn sogleich ganz leicht biegen."

Herr M.: *„Meine Frau folgte der Aufforderung. In diesem Augenblick hielt sie nur noch den Stiel des Löffels in der Hand; das ovale Oberteil war zu Boden gefallen. Meine Frau war entsetzt und ich ebenfalls. Ich empfahl ihr, sich abzulenken und vielleicht etwas zu stricken. Sie nahm das Strickzeug, die Nadeln waren aus Metall, und im selben Moment bogen sie sich nach unten. Sie waren weich wie Butter geworden. Als wir unseren Freunden davon berichteten, gaben sie uns zur Antwort, daß sie mit einer Hexe nichts zu tun haben wollten."*

Das tragische an dem Vorfall war dann, daß sich Frau M. ein halbes Jahr nach dem Vorkommnis einer Gehirntumoroperation unterziehen mußte. Sie hatte dabei den Verdacht, daß sie während des Vorgangs des *„Löffenabschmelzens"* verrückt geworden sein mußte.

Es bedurfte vieler Gespräche in der **mara**-Praxis, um Frau M. und ihren Mann zu beruhigen.

Ein ähnliches Phänomen vollbrachte auch ein Junge, der Löffel und Gabeln verbog und dabei lediglich deren Stiel mit den Zeigefinger seiner rechten Hand reiben mußte, eine schnelle Drehung vollbringen und den Stiel so zusammenbiegen mußte, daß nur noch ein enger Kreis verblieb, durch dessen Öffnung man kaum eine Stecknadel schieben konnte.

Das Rollex-Phänomen

Ein Apotheker, der als Liebhaber besonders schöner Uhren gilt, kam zu einer BPS-Sitzung. Nach Abschluß der Sitzung ging die teure Uhr 5 Minuten und einige Sekunden nach. Der Besitzer war schockiert. Die Garantie für seine Uhr lautete, daß sie in 5 Jahren maximal 2-3 Sekunden nachgehen dürfe.

Postkarten-Phänomen

Ein Ehepaar diskutierte über ein mit Spiritualität zusammenhängendes Problem und konnte auf verschiedene Fragen keine Antworten finden. Zwei Tage darauf fand sich im Briefkasten eine Postkarte ein.

Die Absenderin war eine Freundin der beiden. Sie führte exakt die Diskussionspunkte auf, die offen geblieben waren. Aus 40 Kilometern Entfernung hatte sie die Diskussion verfolgt und ihre Antworten darauf gegeben. Es bestand während dieses Zeitraumes keine persönliche Verbindung. (Das Ehepaar war der Autor mit seiner Ehefrau).

Fallbesprechung André und Karl

André; psychosomatischen Fakten: Starke Schweißabsonderung an der rechten Hand, speziell bei Mittel-, Zeige- und Ringfinger. Dort allergische Reaktion mit starker Hornhautablösung und teilweiser Schrundenbildung. Intervallartige Schmerzen im Bereich der Lendenwirbel 3. und 4., Schmerzausstrahlung in den rechten Oberschenkel.

Subjektive psychosomatische Angaben: Andrés Meinung nach ist die Allergie psychosomatisch bedingt. Für die Schmerzen in der Lendenwirbelgegend hat er hingegen keine Erklärung.

Körperzeichnung: Die rechte Gesichtshälfte weist 4 Muttermale von etwa 3 Millimetern auf der Wange auf. Mittel-, Zeige- und Ringfinger der rechten Hand weisen eine starke Ablösung der Hornhaut auf. Beim Übergang vom Mittelfinger zum Ringfinger leichten Schrundenbildung mit leicht nässendem Wundwasser. Wirbelsäule leichte Rechtsbiegung. Haarwuchs: rechtes Haar stärker gewellt als linkes.

Zur Person: André ist 26 Jahre alt; seine Partnerin 34.

Der Vater hatte sich von seiner Frau, als sein Sohn 4 Jahr alt war, getrennt. André hat seinen Vater seit dieser Zeit idealisiert. Eine Korrektur durch das Zusammensein mit ihm konnte nicht stattfinden. Die Mutter hatte es nicht vermocht, das Idealbild zu korrigieren. Sie stand in starken emotionalen Konflikten zu ihrem Mann.

André kann sich angeblich mit seiner Mutter nicht über den Vater unterhalten. Er hat aber Kontakt zu ihm. Der Vater lehnt jedoch angeblich emotionalen Kontakt zu seinem Sohn ab. André wiederum hatte bis zum Zeitpunkt, da er in die Praxis kam, keine Chancen, korrigierende Fakten seitens des Vaters zu erhalten. Zwischen der Großmutter Andrés und ihm besteht ein guter Kontakt und auch emotionale Offenheit. André lebt mit seiner Partnerin zusammen und hat ein Kind. Es ist ein *„spannungsreiches"* Zusammenleben, doch möchte er seine Partnerin nicht verlassen, um sein eigenes Kind vor dem gleichen Schicksal, das er erlitt, zu bewahren.

Karl; die Angaben sind stark verkürzt und geben nur jene wieder, die zum besseren Verständnis der BPS-Anwendung von Bedeutung sind.

Die Auswirkungen der Behandlung von André haben indes auch eine Befundänderung bei Karl bewirkt.

Sie sind im psychosomatischen - und scheinbar medizinischen - Bereich bei Karl erfolgt.

Psychosomatisch Fakten: keine

Subjektive psychosomatische Angaben: Karl fühlte einen starken seelischen Druck, der angeblich von einer Vaterprojektion durch André entstanden ist.

Medizinische Fakten: Karl hatte 2 Tage vor der BPS-Sitzung mit André eine leichte Gehirnerschütterung mit Halswirbelstauchung erlitten und klagte, noch bevor die Sitzung mit André stattgefunden hatte, über starke Beschwerden, so daß ein Termin beim Chiropraktiker erforderlich war.

Der Anlaß für eine BPS-Sitzung mit André war, daß er immer wieder über starke Lendenwirbelschmerzen klagte. Solche Fälle treten häufig auf. Sehr oft leiden solche Betroffenen unter starken Verlustängsten. Gelingt es, diese Ängste aufzulösen, verschwinden die Beschwerden auf Dauer. Denken wir an das *„Energiemodell"*, dann dürften langanhaltende Verlustängste

Energieanhäufungen erzeugen, die Muskelspannungen bewirken. Diese Muskelspannungen wiederum können die Wirbel in eine leicht seitliche Lage ziehen, worauf dann die Schmerzen gründen.)

Es ist möglich, daß bei Karl Para- oder Herisigien die Grundlage für die Verlustängste waren. Wobei öfter beobachtet werden kann, daß sich auf einem alten Prasig ein neueres Herisig plaziert.

Bei der BPS-Sitzung war Karl anwesend. Er saß ca. 2 Meter von André entfernt. Der Therapeut konzentrierte sich darauf, daß sich alle Energie, die nicht zu André gehörte, auflöste und André nur noch jene ihm zugehörige Energie behielt.

André zeigte eine tiefe *„seelische Bewegtheit"* und berichtete über ein sehr starkes Wärmegefühl in seinem Rücken und im Hüftbereich. *„Die Wärme floß die Beine hinunter und es wurde mir sehr leicht"*, sagte er.

4 bis 5 Stunden darauf: *„Ich fühle mich befreit und sehr leicht. Ich weiß nun, daß ich mit meinem Kind und meiner Partnerin zurechtkommen werde."*

Karl: *„Während der Sitzung gingen meine Halswirbelschmerzen weg. Ich brauche keinen Chiropraktiker mehr."*

Karl hatte mit großem körperlichen Einsatz bei kurzen Pausen 7 Stunden lang gearbeitet nach der Behandlung von Andè auf dem Bau gearbeitet. (Schwer heben und tragen und starke Schulterbelastungen.) Er sagte: *„Ich spüre an meiner Halswirbelsäule nichts mehr. Ich habe auch keine Kopfschmerzen mehr und keine Nackenbeschwerden. Mir war, als ob ich eine Energieblockade hätte, die sich dann bei der Anwendung löste."*

C 10 Die innere ›Superintelligenz‹

Diese Institution ist für weitaus mehr zuständig, als wir annehmen. Ihre Programme sind stets so ausgerichtet, daß sie zugunsten der geistigen und seelischen Entwicklung des Menschen wirken.

Was der amerikanische Physiker Alan Brown als Superintelligenz bezeichnet [12], beschreibt der französische Quantenphysiker Charon als das universelle Wissen, das im Innern des Elektrons in Form von Photonenwolken vorhanden ist. [13]

Der deutsche Physiker Burkhard Heim nennt dies, wie erwähnt, ›höhere Dimensionen‹ oder ›Transbereich‹, deren geistige Strukturen von der realen Welt beeinflußt werden, ihrerseits aber auch diese von sich aus beeinflussen.

Dies stellt für uns Menschen ein Problem dar, denn wir meinen, unser Verstand, unsere Logik und das darauf bezogene Denkvermögen wären in der Lage, unsere inneren Dimensionen und damit die spirituelle Dimension abschätzen zu können. In Wahrheit können wir nur einen winzigen Ausschnitt dessen erkennen, was um uns herum und in uns wirksam ist. Die Physiologe Silbernagel führt so aus:»In jeder Sekunde nehmen wir 1 000 000 000 Informationseinheiten (bits) mit unseren Wahrnehmungsorganen auf und nur 100 Informationseinheiten können uns bewußt werden.

Beobachtet man, wie ein Leben verläuft, kann man nur staunend feststellen, wie sinnvoll die Erlebnisse und Konfrontationen darin sind. Sehr oft erscheinen Vorkommnisse, die man als negativ empfindet, deshalb nicht in den Plan des ›geistigen Weges‹ zu passen, weil der Mensch nicht in der Lage ist, lange Zeiträume zu überschauen.

Geschichtliche Ereignisse mögen in diesem Zusammenhang belegen, welche Entwicklung erforderlich war, um heutige Zustände zu erklären. Wichtig ist, daß das Vertrauen in die Ebene der ›Superintelligenz‹ wieder hergestellt wird. Den Kontakt zu ihr zu finden, gestaltet sich deswegen oft so problematisch, weil Parasigien den Zugang zum Teil versperren.

Die Ebene der Superintelligenz ist die Ebene der Spiritualität in Verbindung mit den im Unterbewußtsein gespeicherten Erfahrungen und den intelligenten Abläufen der *Mikrobiologie* des Körpers.

---

12. Alain Aspect: Yale University Papers, Seite 58, 1987
13. Jane E.Charon „Komplexe Relativitätstheorie" S. 216 12/88
    Goldmann

Gelingt es, in Kontakt mit dieser Ebene zu treten, resultieren daraus kaum glaubhafte Ereignisse, Situationen, die zum eigenem Vorteil sind, auch wenn sie zum Zeitpunkt des Eintritts nicht als solche erscheinen mögen, da man nicht in der Lage ist, sie in diesem Lichte zu bewerten.

Ein Beispiel aus der **mara**-Praxis: Friedrich, ein Mann knapp unter Vierzig, hatte viele Unannehmlichkeiten in seinem Leben erdulden müssen. Ehescheidung, große finanzielle Belastungen aufgrund mangelnden kaufmännischen Geschicks, mehrere Berufs- und Partnerwechsel. Er kam, nachdem er wieder einmal eine Tätigkeit, diesmal als einigermaßen erfolgreicher Architekt, aufgegeben hatte. Seine körperlichen Beschwerden waren jahrelange Migräneanfälle, starker Kopfdruck, Gelenkschmerzen durch Übergewicht.

Nach der dritten Sitzung befielen Friedrich sehr starke Kopfschmerzen, die in eine extreme Migräne mündete. Er mußte die Heimfahrt wegen starker Schmerzen unterbrechen. Endlich zu Hause eingetroffen, versuchte er, sich durch Arbeit in seiner Werkstatt abzulenken, doch erfolglos. Die Schmerzen zwangen ihn zum Abbruch. Als er dann auf der Toilette saß, geschah das Unerwartete, der Schmerz war plötzlich verschwunden und er war ›hell und klar wie nie zuvor.‹

Das allein wäre beinahe schon ein Wunder. Doch es kam erst danach.

Die Lebensgefährtin von Friedrich hatte am Tag darauf den Markt in der Stadt besucht und dort eine weitläufige Bekannte getroffen. Diese erkundigte sich nach Friedrichs derzeitiger beruflicher Tätigkeit. Die Lebensgefährtin teilte ihr mit, daß sie momentan beide eine Ruhepause machten, aber noch nicht wüßten, wie es weitergehen solle.

Tags darauf erreichte Friedrich der Anruf eines Architekturbüros. Man suchte einen Leiter für das Büro, in dem mit einem amerikanischen Computerprogramm gearbeitet wurde, das Friedrich verkauft hatte. Außer einem leitenden Angestellten war jedoch niemand vorhanden, der dieses Programm in vollem Umfang beherrschte. Zudem war man genau auf jene Baurichtung wie Friedrich spezialisiert, und das Büro lag nur 12 Kilometer von seiner Wohnung entfernt.

Friedrich nahm die Stellung an, und schon am zweiten Arbeitstag erfüllte sich sein Traum als Architekt. Er durfte ein Haus nach seinen Vorstellungen bauen, ohne daß der Bauherr ihm hineinredete.

Heute, 1995, hat Friedrich seine finanziellen Probleme geregelt, ein Haus gekauft und sich auf Videofilme für Architekturplanungen spezialisiert. Er ist dadurch zu einem sehr gesuchten Spezialisten geworden.

Die innere Superintelligenz ist eine Institution auf einer Ebene, auf der alle Menschen miteinander verbunden sind. Diese Ebene nennt das **mara**-Denkmodell die holistische Ebene, die zugleich auch die spirituelle Ebene darstellt. Über diesen Zusammenhang nennt die Quantenphysik (Charon) das sogenannte Bellsche Theorem. Ausführlich sind die Aussagen von Quantenphysikern in dem Buch »Das Fester zur Zukunft ist geöffnet« ISBN 3-8311-0903-6 vom gleichen Autor beschrieben. Auch im nachfolgenden Bericht wird von dieser Aussage Charons ausgegangen.

Wenn das Vertrauen in die absolut sichere Funktion dieser Ebene gefaßt wird, können sich viele alte Muster auflösen und der Mensch kann besser seiner Bestimmung leben. Diese ›alten Muster‹ sind jedoch keine Parasigien. Verhaltensmuster sind in die Psyche eingebunden.

Eine relativ sichere und ›schnelle‹ Methode zur Auflösung von Parasigien ist die BPS-Anwendung. Es gibt aber noch eine andere Quelle dafür: die absolut neutrale Zuwendung. Im Gegensatz zu der im Leben eines Menschen erfolgten mehr oder minder großen Ab- oder Zuneigung findet dies bei der **mara**-Anwendung keinen Niederschlag, sondern es herrscht strikte Neutralität.

Während solcher Sitzung erklingt eine spezielle Musik, die eine tiefe Entspannung erzeugt. Dies bedeutet das Verweilen auf der Alphastufe, der eine Gehirnfrequenz nach EEG von 8-13 Hertz zugrundeliegt.

C 11 Morphogenetische Felder

Die physikalische Deutung

Eine revolutionäre biologische Theorie hat in den letzten Jahren Aufmerksamkeit erregt die Theorie von den morphogenetischen Feldern. (Morphogenese = Ausgestaltung und Entwicklung von Organen oder Geweben eines pflanzlichen oder tierischen Organismus; morphogenetisch = gestaltbildend)

Der englische Biologe Rupert Sheldrake stellte folgende Hypothese auf:

»Das Universum richtet sich nicht nur nach unveränderlichen, starren Mustern, sondern folgt auch Gewohnheiten Mustern, die im Laufe der Zeit durch die Wiederholung von Ereignissen entstehen. Jeder Form und jedem Verhalten liegen neben genetisch bedingten Ursachen unsichtbare Konstruktionspläne zugrunde transzendente (d.h. das Bewußtsein übersteigende) morphogenetische Felder prägen und steuern die gesamte belebte und unbelebte Schöpfung. Einigt sich ein Angehöriger einer biologischen Gattung ein neues Verhalten an, wird sein morphogenetisches Feld verändert. Behält er sein neues Verhalten lange genug bei, beeinflußt die morphische Resonanz, eine Wechselwirkung zwischen allen Gattungsangehörigen, die gesamte Gattung.[14]

Die Seriosität seiner Hypothese ist in jüngster Zeit durch viele biologische und verhaltenspsychologische Experimente bestätigt worden. [15] Sheldrake geht jedoch noch weiter und behauptet, daß morphogenetische Felder nicht physikalischer Natur sind, also frei von Materie und Energie, und daß sich alle Lebensphänomene und insbesondere das Bewußtsein - nicht mit einem rein physikalischen Ansatz erklären lassen.

Dieser Aussage muß jedoch aufgrund der Ergebnisse der Komplexen Relativitätstheorie widersprochen werden.

---

14. Alan Brown+M.Odurith, Yale University Papers, 1987
15. Burkhard Heim: Realitäten, Seite 233 ; München 1990

Durch die Entdeckung individueller und ordnungszeugender Raumzeiten im Innern der Elektronen und Positronen sind bereits die elementaren Träger des Bewußtseins und die Organisatoren lebender Formen und Strukturen gefunden wurden, und zwar mit einem rein physikalischen Ansatz.

Die Lichtmuster in den inneren Photonengasen der Elektronen und Positronen sind ja gerade die Teilchengedächtnisse und die von Sheldrake beschriebenen Eigenschaften der morphogenetischen Felder entsprechen genau diesen gedächtnistragenden inneren Lichtmustern.

Die morphogenetischen Felder sind demnach doch physikalischer Natur.

Durch diese elektrostatische Wechselwirkung, also dem Photonen-Impulsaustausch, kommt es zur Bildung dieser Felder, die den von Sheldrake beschriebenen Einfluß auf Formgebung und Verhalten von insbesondere biologischen Strukturen haben. Die Theorie der morphogenetischen Felder wird, entgegen den Vorstellungen Sheldrakes, sogar durch die Ergebnisse der modernen Physik bestätigt.

Aufgrund der inneren Lichtmuster, die die Elektronen in ihren inneren Raumzeichen speichern, haben diese die Tendenz, spezifische chemische Strukturen auszubilden. Die inneren Lichtmuster bestimmen also, in welchen Atomen sich die Elektronen bevorzugt aufhalten und welche äußere Form die von den Elektronen gebildeten Materieanordnungen haben.

C 12 Die Entstehung morphogenetischer Felder

Ein Interview mit Rupert Sheldrake:

»Ich beschäftige mich an der Universität von Cambridge mit der Form von Pflanzen und deren Entwicklung«, erzählt Rupert Sheldrake. »Das Problem der Form ist in der Biologie bis heute nicht zufriedenstellend geklärt; das Problem, wie eine bestimmte Form entsteht. Wir wissen eine Menge über die chemischen Vorgänge im Organismus, in der DNS und anderen Verbindungen. Aber die Ursache, weshalb ein Arm ein Arm oder ein Bein ein Bein ist, weshalb Blätter oder Blüten ihre Gestalt bekommen, ist noch nicht bekannt. Und das hat mich zur Frage der Entstehung von Formen in der Biologie geführt. Es gibt in diesem Bereich seit über hundert Jahren eine ganzheitliche Denkrichtung, die versucht, neue Vorstellungen über die Entstehung von Formen zu entwickeln. Und aus dieser Tradition heraus entstand die Idee des morphogenetischen Feldes, die 1922 zum erstenmal vorgestellt wurde. Und ich versuche, diese Gedankengänge weiter zu entwickeln.«, »Woraus«, so wollte ich wissen, »besteht ein morphogenetisches Feld? Was hat es für eine Struktur und wo befindet es sich.«

»Morphogenetisches Feld«, so meinte er, »bedeutet soviel wie: formbildendes Feld. Es gestaltet die Form des Organismus, der während seines Wachstums durch dieses unsichtbare Feld geformt, geprägt wird. Das Feld bildet eine Art unsichtbares Muster in und um den Organismus. So wie zum Beispiel ein magnetisches Feld im Magneten und darum herum ein Muster bildet, das in den Raum hineinwirkt. In gleicher Weise bildet das morphogenetische Feld eine Form oder ein Muster, das den Organismus umhüllt. Das Problem bei diesen Feldern ist ihre Unsichtbarkeit. Aber das trifft auch für alle anderen Felder in der Physik zu, ob es nur Gravitationsfelder oder elektromagnetische Felder sind, oder Quantenfelder. All diese Felder sind unsichtbare Strukturen, und meine Theorie besagt, daß wir es hier mit einer solchen unsichtbaren Struktur zu tun haben, die an der Formung der Materie beteiligt ist.«

»Und wo«, fragte ich Rupert Sheldrake, »kommt das Feld her? Entsteht es vor dem Organismus oder zusammen mit den Organismus? Wie entwickelt es sich?«

»Das morphogenetische Feld verbindet sich mit der Eizelle, die ihrerseits bereits Teil eines lebenden Organismus' ist«, sagte er. »Bei der geschlechtlichen Fortpflanzung kommen Eizelle und Sperma zusammen und beide stammen von lebenden Organismen derselben Gattung, so daß das Leben immer aus dem Lebendigen entsteht und nie aus dem Leblosen oder Ungeformten. Nach meiner Theorie bezieht das morphogenetische Feld seine Struktur aus den morphogenetischen Feldern von anderen Angehörigen der gleichen Gattung mit Hilfe von unsichtbaren Verbindungen durch Zeit und Raum.«

»Und dieses Feld trägt die Information des Körpers«, fragte ich, »seines Wesens, seiner Beschaffenheit?«

»Ja«, meinte Rupert Sheldrake. »Alles, was mit Form und Struktur zu tun hat. Der Grund, weshalb das Ei oder der wachsende Organismus den Einfluß des morphogenetischen Feldes aufnimmt, ist seine Ähnlichkeit mit früheren Artgenossen. Und diesen Einfluß von Gleichartigem und Gleichartiges nenne ich morphische Resonanz.«

»Wie geht das vor sich?«

»Durch raum-zeitliche Verbindungen aufgrund der Gleichartigkeit der morphogenetischen Felder. Die morphogenetischen Felder kommunizieren miteinander durch morphische Resonanz. Man könnte einwenden: dies sind nur Worte und es hilft nicht, die Sache zu klären. Aber der Wert einer wissenschaftlichen Theorie hängt von den Voraussagen ab, die sie ermöglicht. Alle wissenschaftlichen Theorien führen sichtbare Wirkungen auf unsichtbare Ursachen zurück. Niemand hat je ein Quantenfeld gesehen, oder ein Gravitationsfeld, oder ein elektrostatisches Feld. Wir können diese unsichtbaren theoretischen Gebilde nur an ihren Wirkungen messen.

Die Voraussagen einer Theorie beziehen sich auf solche meßbaren Wirkungen, und meine Theorie erlaubt eine ganze Reihe von Voraussagen.«

»Können Sie uns ein Beispiel geben«, fragte ich, »wie morphische Resonanz wirkt? Wie kann man sie nachweisen?«

»Die einfachste Methode«, sagte Rupert Sheldrake, »besteht darin, die Voraussagen zu überprüfen. Die Theorie besagt, daß jede Gattung über ein gemeinsames Sammelgedächtnis verfügt, eine Art kollektiver Erinnerung. Und dies sollte zum Beispiel auch für Ratten gelten. Wenn man Ratten in Deutschland ein Kunststück beibringt, dann müßten, so sagt die Theorie, Ratten in irgendeinem anderen Land das gleiche Kunststück schneller erlernen können. Und man kann experimentell nachprüfen, ob dies der Fall ist oder nicht. Es sind in der Vergangenheit bereits etliche Experimente dieser Art mit Ratten gemacht worden, nicht um meine Theorie zu prüfen, sondern aus anderem Anlaß. Und dabei hat sich in der Tat herausgestellt, daß Ratten in der ganzen Welt ein neues Kunststück im Laufe der Zeit schneller erlernten. Dies wurde in Amerika, Schottland und Australien festgestellt, und zwar nicht nur bei Ratten, deren Eltern dies erlernt hatten, sondern bei allen Ratten aus der gleichen Zucht. So gibt es etliche

Hinweise dafür, daß diese Wirkung vorhanden ist. Wenn nun Ratten etwas erlernt haben und andere Ratten in anderen Erdteilen dies dann schneller erlernen, dann würde ich meinen, daß dafür die morphische Resonanz verantwortlich ist. Man könnte aber auch sagen, daß ist nicht morphische Resonanz, sondern Rattentelepathie. Dann könnte man fragen: Was ist der Unterschied zwischen Rattentelepathie und morphischer Resonanz? Ich weiß es nicht. Ich meine, dieser Bereich sollte erforscht werden. Aber sicherlich findet man in dieser Richtung eher eine Erklärung für Telepathie als aus der Sicht einer konventionellen und mechanistischen Biologie.«

»Hat das morphogenetische Feld«, so wollte ich von Rupert Sheldrake wissen, »etwas mit dem zu tun, was wir Seele nennen?«

»Das kommt darauf an«, meinte er, »was man unter Seele versteht. Die Seele, so wie Aristoteles und das Mittelalter oder der große deutsche Embryologe Hans Driesch sie verstanden haben, war sie das, was den Körper formte. Plato sagte: ›Die Seele ist nicht im Körper, der Impuls im Körper ist die Seele‹. Alle Gattungen von Pflanzen und Tieren hatten eine Seele, die ihnen ihre Form gab. Und im Englischen nennt man Tiere ›animals‹, weil sie eine Seele, ›anima‹, besitzen, und leblose Dinge nennt man ›inanimate‹, das heißt seelenlos. Man war der Ansicht, daß jedes lebendige Wesen eine Seele hat. In diesem alten und allgemeinen Sinne verstanden, entspricht die Seele in gewisser Weise dem morphogenetischen Feld, da dieses dem Körper seine Form gibt, so wie nach Auffassung von Aristoteles und den scholastischen Philosophen des Mittelalters die Seele dem Körper seine Form gab. Seit dem 17. Jahrhundert ist allerdings der Begriff Seele auf den Menschen beschränkt worden, und man verwandte ihn im Sinne einer spirituellen, geistigen Seele. Aber Form, Instinkt und Bewegung gelten seit dem 17. Jahrhundert nicht mehr wie in den alten Philosophien als Eigenschaften der Seele. Und dadurch hat dieser Begriff eine andere Bedeutung bekommen.«

»Nehmen Sie an«, fragte ich, »daß das morphogenetische Feld den Körper überlebt und wenn ja, in welcher Weise?«

»Sein Überleben besteht nach meiner Theorie vorwiegend darin, daß er auf zukünftige Artgenossen Einfluß ausübt«, meinte Rupert Sheldrake. »Es gibt eine Art kollektiver Erinnerung, ein gemeinsames Gedächtnis, an dem alle Mitglieder einer Gattung teilhaben. Sie bringen dort Informationen ein und beziehen

Informationen von dort. Und auf diese Weise können die Erfahrungen eines Lebewesens weiterleben. Was aber das individuelle menschliche Überleben angeht, so spricht die Theorie weder dafür noch dagegen. Sie läßt diese Frage offen.« (Presseagentur Unises 9/1992)

Teil II

A Psychosomatik

Die kritische Auseinandersetzung mit der Komplex Psychosomatik ist für die Anwendung des **mara**-Denkmodells sehr bedeutsam.

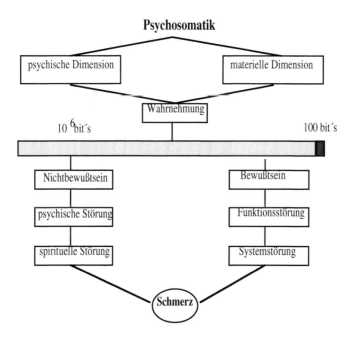

Das Bewußtsein des Menschen weißt den Schmerz entweder der materiellen Seite des Körpers zu oder seltener der psychischen Dimension. Durch die Ganzheitlichkeit ist diese Trennung de fakto, nicht möglich. Deswegen sollte der Mensch auch psychische Situationen als *„Schmerzauslöser"* mit ins Kalkül einbeziehen.

Es ist leider üblich geworden, das Thema Psychosomatik, d.h. den Einfluß der seelischen Befindlichkeit auf das körperliche Wohlergehen dergestalt zu popularisieren, indem Zusammenhänge und Wirkungen laienhaft konstruiert und die daraus resultierenden ›Fakten‹ als neue Erkenntnisse vorgestellt werden.

Ein Beispiel: Ein Klient weist an der rechten oberen Stirn einen etwas rauhen Hautfleck auf, der sich bei intensiver Sonnenbestrahlung schneller rötet als die ihn umgebende Hautpartie. Es ergibt sich ein Juckreiz sowie eine leichte Schuppenbildung; die Fläche beträgt ca. 1 qcm. Bruder und Vater des Klienten verfügen an ebendieser Stelle über das gleiche Merkmal. Da beide von der psychischen Struktur her nicht mit dem Klienten vergleichbar sind, dürfte der Verdacht einer genetischen Bedingtheit dieses Hautfleckens gegeben sein.

Auf die Erläuterung des Begriffs genetisch wird an anderer Stelle eingegangen; es ist wichtig, diesen Terminus in seiner Zeitabhängigkeit zu betrachten, denn er wird nur verständlich, sobald er auf die Zeitebene der momentanen persönlichen materiellen Erscheinung festgelegt wird.

In einem Seminar über das Geistige Heilen führte die Heilpraktikerin Gerda Bareuter aus: »95 Prozent aller Krankheiten sind psychisch bedingt. Und diese fünf Prozent Rest behalte ich für die zurück, die nicht glauben können, daß es 100 Prozent sind.« [16]

Alle Beobachtungen legen allerdings nahe, äußerst vorsichtig bei Beurteilung und Interpretation psychosomatischer Zusammenhänge zu sein. Eine praxisgerechte, endgültige Beurteilung (Verifikation) kann stets nur der Betroffene vornehmen.

Ein Fall aus der Praxis zeigt deutlich psychosomatische Zusammenhänge auf; in einem Brief, der hier auszugsweise zitiert wird, beschreibt eine Frau aus der einstigen DDR ihre Probleme nach der ›Wende‹:

›Mir geht es sehr gut und ich genieße alles dankbar. Die schlimme Krise ist vorüber und ich habe viel gewonnen: ein großes Stück Ruhe, Gelassenheit, Vertrauen, aber auch die Gewißheit über den Wechsel des Lebens. Ich schicke Euch das ›Fazit‹ der letzten Monate. Ich bin gespannt, wie ihr es aufnehmt. Es - mein seelisches Erlebnis - hat gewiß nicht zufällig nach ›mara‹ mal wieder zu einem Endspurt angesetzt, diesmal und schöpferischer als gewohnt. Ich bin dankbar beim Zurückblicken, mag aber unter keinen Umständen zurück. Es war die schlimmste Krise meines Lebens - weil so ausgelebt.

---

16.   Gerda Bareuter Vortrag: „Heilung", Villingen 1983

Ich hatte das Bild eines Grashalms mit einem leichten Knoten. Dieser wurde gelöst - überall Narben Beziehungslosigkeit für den Kreislauf, meine Perspektiven (Kopflosigkeit), neue Kräfteverhältnisse etc. Nun steht der Halm gerade und gefestigt im Wind. Es tut nichts mehr weh, alles funktioniert irgendwie ursprünglicher, vieles ist leicht, der Bewegungsspielraum größer. Eine wichtige Etappe waren die Schmerzerfahrungen, die ich wild und ungestüm verwandte. Aber im Nachinein, mußte es wohl so sein. Ich schreib dazu extra.

Am 1. Juli 1990 beginnende Rückenschmerzen im Lendenbereich rechts.

Am 3. Juli 1990 Verdacht auf Meningitis (Entzündung der Gehirnhäute) = Klinik Diagnose: Menigoenzephalitis mit unklaren Einzelheiten, vor allem schwere Schmerzen im Lendenbereich.(Radikulitis mit cerebraler Beteiligung)

Nach Abheilen mehr psychische als körperliche Beschwerden: Angst, Unsicherheit, Übererregbarkeit, sehr hohe Verletzlichkeit.

Am 17. November 1990 Kränkung im Kollegenkreis. Kollegen feiern trotz anderer Absprache ohne mich Geburtstag: laut und mit Sekt obwohl Patienten in der Abteilung sind. Fühle mich schwerst gekränkt - habe aber soviel Abstand, daß ich mich zugleich wundere über die Tiefe der Beeinträchtigung zugleich Fremdheitsgefühl.

Am 18. 11. 1990 Rückenschmerzen an gleicher Stelle wie im Juli.

Am 19.11.1990 Schlimmer - mache 4 Schmerzbefragungen wie süchtig, hintereinander weg, spüre große Aufregung.

1.) 19.11.1990 große Erregung, sehr viel Angst, Herzbeklemmung, Unklarheit, danach Schmerzen etwas besser.

2.) 19.11.1990 Folgende Gedanken: ›Kreuz haben‹ - ›standhaft sein‹ - ›gerade stehen‹ - ›aufrecht sein‹ - ›gekreuzigt werden‹ - ›Jesus am Kreuz‹. Was könnte ich tun? ›stehen üben‹, ›stehen bleiben‹, Schmerzen wesentlich besser.

3.) 20.11.1990 Schwere Schmerzen am Lendenwirbelbereich.

Ich spüre Sägen, Schaben, Raspeln an meinem Rückenmarksknochengerüst - wie absägen, ans Lebensgerüst gehen.

Assoziation: »Ist mir das früher einmal geschehen?« Dann schattenhaft ein Näherkommen von einem Mann und einer Frau. Haben die sich geküßt oder was? Habe ich geschlafen? Es war nicht genau auszumachen und nicht zu halten.

Nach der Übung: sehr schwere Schmerzen, kann kaum laufen. Ahnung: es kommt ein sehr altes, sehr tiefsitzendes Erlebnis. Etwas, was meine Anfälligkeit, Angreifbarkeit erklären könnte?

4.) 20.11.1990 Ein spitzer Gegenstand bohrt in meinen Rücken. Es tut rasend weh an der gewohnten Stelle. Übelkeit. Großes Herzklopfen, zerspringende Aufregung. Angst. Ausgeliefertsein, ›bohrende Schmerzen‹. Abtreibung.

Meine Mutter wollte mich töten. Mein Vater wollte mich von vornherein nicht haben.Nachfragen ergaben Hinweise auf solche Situation im September 1946.

Im Dezember bin ich geboren worden mit einer Anomalie am Fuß und Magen-Darm-Störungen.

Dieser Tiefe an Selbstbegegnung gehen 10 Jahre intensive Bemühungen um Erhellung meines Soseins voraus.

5.) 28.11.1990 Leichte Rückenschmerzen, langes Weinen, Alleinsein, »Auf-sich-gestellt-sein-im-Leben.«

Aus Beobachtungen in der Praxis treten Ledenwirbelschmerzen oft im Bereich des 3. und 4. Lendenwirbel bei starker Verlustangst auf. Schmerzbefragung ist ein **mara**-System, durch das die Ursache eines Schmerzes herausgefunden werden kann. Das System basiert auf der Idee, daß durch die Psyche körperliche Schmerzen entstehen können; somit dürfte der Schmerz die Information über den Auslöser in sich tragen. Aus diesem Selbstbericht werden die Zusammenhänge, wie sie in der Psychosomatik beschrieben werden, deutlich. Wichtig ist jedoch, daß Interpretationen von Schmerzen immer nur der Betroffene selbst vornehmen kann.

Die Interpretationen von Nichtbetroffen können analog zur Traumdeutung - Projektionen von eigenem Wissen und eigenen Mustern enthalten, die den eigentlichen Informationsinhalt des Schmerzes verstümmeln und dadurch eine Manipulation des Patienten zur Folge hätten.

Es ist bedauerlicherweise zur Üblichkeit geworden, einfache Sinnzusammenhänge zwischen Krankheit und Spiritualität aufzuzeigen, was nicht auf soliden Fundamenten ruht, weshalb es in diesem Teil um die Herausarbeitung der tieferen Ursachen gehen soll. Der Mensch ist dem **mara**-Denkmodell zufolge ein

›multidimensionales System‹. System-Störungen werden zumeist durch Schmerzen artikuliert und als solche wahrgenommen.

Die starke Einschränkung, die der Mensch in seiner Wahrnehmungsmöglichkeit aufweist, macht die Grafik deutlich. Nur der geringste Anteil aller Wahrnehmungen wird dem Menschen bewußt. Die angegebene Zahl der Wahrnehmungen bezieht sich auf 1 Sekunde- Der größte Teil der Wahrnehmungen ist dem Bewußtsein nicht zugänglich, verbleibt damit im Nicht-Bewußten.

Das **mara**-Denkmodell geht davon aus, vom Nicht-Bewußten anstatt vom Un-Bewußten zu sprechen, denn es ist einsichtiger, das, was nicht bewußt ist, als Nichtbewußtes aufzufassen, denn als Unbewußtes. Es ist nämlich das, was nicht bewußt ist, nicht zugleich auch un-bewußt. Störungen, ob auf der Ebene Nichtbewußt oder Bewußt, manifestieren sich in der Ausdrucksform von Schmerz. Psychosomatik setzt sich aus der psychischen Dimension und der materiell-medizinischen Dimension zusammen.

A 1   Psychosomatik

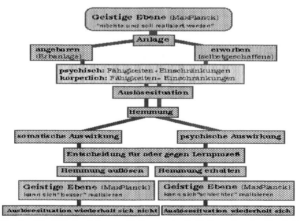

Somatisch: Stofflich, körperlich, materiell, konkret, direkt fass- und messbar.

Psychisch: Nicht-materiell, nicht direkt fass- und messbar, Energie, Information.

Eine angeborene Anlage ist z.B. die Rot-Grün Blindheit, eine erworbene also selbstgeschaffene Anlage ist z.B. das Klavierspielen genauso wie die Querschnittslähmung. Im psychischen Bereich kann die angeborene Anlage nicht definiert werden, da die Ausformung von Fähigkeiten und Einschränkungen sich erst im Verhalten zeigen, so kann zwischen ihnen keine klare Trennung erfolgen.

„Bei etwa 1/3 der Ratsuchenden, die sich als psychosomatisch erkrankt bezeichnen, findet man keine funktionellen Störungen (keine somatische Ursache). Ein weiteres Drittel zeigt zwar organische Befunde, welche aber die Symptomatik (Krankheitsanzeichen) in keiner Weise erklären vermögen. Beim Rest schließlich können die vorhandenen körperlichen Defekte die Beschwerden nur teilweise begreiflich machen"*.

Das Ziel des Menschen ist, die „*Geistige Ebene*" zu realisieren. Die Anlagen bestimmen die Struktur der Realisierungsmöglichkeiten. Die Anlagen und die Struktur bestimmen in gewissem Umfang die Art, wie sich Geist im TUN realisieren lässt. Die Struktur ist dynamisch, also wandelbar. Die Zukunft ist, den Geist als Antriebsmoment in größtmöglichstem Umfang zu realisieren. Wird diese Realisierung behindert, entstehen Auslösesituationen, die eine Hemmung zur Folge haben. Die Hemmung kann sich somatisch oder als psychische Auswirkung zeigen. Dadurch erhält der Betroffene die Chance, seine Struktur durch Lernprozesse so zu verändern, daß sich seine Zukunft besser realisieren kann. Erkennt und realisiert er die Chance nicht, dann bleibt die Hemmung erhalten und neue Auslösesituationen entstehen, die neue Hemmungen hervorrufen. Erfahrungsgemäß steigern sich die somatischen wie die psychischen Auswirkungen bei Nichtauflösen der Hemmungen.[17]

Zum Verständnis dessen, was das breite Spektrum der Psychosomatik erfaßt, sollen die nachstehenden Ausführungen dienen.

Die entscheidende Überlegung ist, ob es stimmt, daß Krankheiten Äußerungsformen des psychischen Zustandes sind. Wenn ja, bedeutete dies, daß nur ein gesunder Geist in einem gesunden Körper ›sein‹ kann. Im Umkehrschluß hieße dies, daß nur ei nem gesunden Körper ein gesunder Geist wäre.

---

17. K.F.Peters: Gesundheit und Krankheit aus ganzheitlicher Sicht

Die Weiterführung solchen Gedankens führt zur Deklaration ›werten‹ und ›unwerten‹ Lebens mit all den entsetzlichen Folgen, die die Historie lehrte. Dieser Aspekt von Psyche und Geist ist rein materiell und läßt den geistigen Aspekt Max Plancks außer acht und schließt das Wesen der Spiritualität völlig aus. Wird indes die geistige Ebene und ihre Einwirkung auf die Physis anerkannt, stellt sich Krankheit als eine Erscheinung auf zeitlicher Ebene dar, somit in der Phase des gegenwärtigen Seinszustandes.

A 2   Gesundheit

Gesundheit kann nicht statisch gefaßt werden. Gesundheit ist ein ständig ablaufender Prozeß zwischen Erkrankung und Gesundung. Ein ständiges Pendeln zwischen drohendem Fehlverhalten der physiologischen und der psychischen Ebene und der Gegensteuerung um die volle Funktionen wieder herzustellen ist der *„normale"* Prozeß. Sobald eines der Regulierungssysteme seine Aufgabe nicht mehr volle erfüllen kann entsteht das was wir als Krankheit bezeichnen. Auch hier können wir wieder mit Prof. Hans Peter Dürr sagen: *„Das Leben ähnelt mehr einem Prozeß"*.

A 3 Holistisches Wissen und Krankheit oder Akasha-Chronik lernen

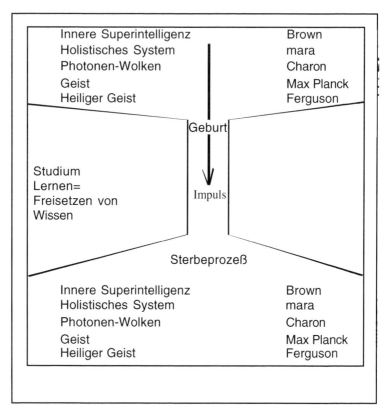

Erklärungen zur Grafik

Der angeblich nichtphysische »kosmische Gedächtnisspeicher« alles dessen, was sich jemals ereignet hat; kann von manchen Menschen »angezapft« werden.(**mara**) Vergleiche dazu Holistisches System + **mara** map=Holistisches System.

„Alle Materie entsteht und besteht nur durch eine Kraft, welche die Atomteilchen in Schwingung bringt und sie zum winzigsten Sonnensystem des Atoms zusammenhält. Da es aber im ganzen Weltall weder eine intelligente, noch eine ewige Kraft gibt, so müssen wir hinter dieser Kraft einen bewußten, intelligenten Geist annehmen". (Max Planck)

Durch die Geburt des Menschen wird der bewußte Zugang zu diesem universellen Wissen so stark eingeengt, daß nur noch in Form von Archetypen ein winziger Zugang erhalten bleibt.Was im üblichen Sprachgebrauch als Lernen bezeichnet wird, ist nur ein Freisetzen von Wissen, also Erinnern.

Durch den Sterbeprozeß trennt sich der Körper von der geistigen Struktur und dadurch fällt die Einengung durch den materiellen Körper weg.

In dieser Situation ist der Betroffene wieder in der Lage, Zugang zum holistischen System mit seinem umfangreichen Wissen zu haben.

Während der Dauer seines Lebensweges »lernt« der Mensch und durch vielseitige Möglichkeiten erhält er immer mehr Wissen«!?!

Ist jedoch im kleinsten Teilchen alles Wissen gespeichert, dann ist zwangsläufig ALLES WISSEN in jedem Menschen und jeder materiellen Gegebenheit.

Die Begriffe im oberen Teil der Grafik sind Bezeichnungen für ein und dieselbe Gegebenheit.

Ob der französische Quantenphysiker von ›Photonen-Wolken‹ spricht oder Max Planck von ›Geist‹, sie beziehen sich auf denselben Umstand. Es bestimmt damit allein das vom Betrachter gewählte Denkmodell die Begriffsprägung.

Die Bezeichnung nicht reduktionistisches Denken stammt wie reduktionistisches Denken aus der Terminologie der Chaosforschung. Diese befaßt sich mit den Erscheinungen auf wissenschaftlicher Ebene. Der Informationsumfang, den die heutige Wissenschaft hervorbringt, kann mit den gegenwärtig vorhandenen Methoden nicht mehr verarbeitet werden.

Erschwerend kommen die Beschränkungen der heutigen Meß- und Untersuchungstechnik hinzu sowie die begrenzte Denkfähigkeit des Menschen, dessen lineares Denken viele Fehlleistungen erzeugt. In diesem Zusammenhang stellt sich u.a. die Nichtbewältigung von Krebserkrankungen, Umweltgefährdung, Terrorismus etc. als Fanal dar. Die Lösung dieser tiefgreifenden Probleme steht aus, weil der Mensch dem reduktionistischen Denken verhaftet ist. Das bedeutet, daß er die Masse der Informationen reduzieren muß, um überhaupt einen Überblick zu erlangen. Das nicht reduktionistische Denken hingegen versucht, solche Eingrenzungen zu verlassen und entdeckt die Struktur des Chaos.

Sie lassen schon im jetzigen Stadium der Auseinandersetzung erkennen, daß sich die Aussage von Brown, der von einer ›inneren Superintelligenz‹ spricht, bewahrheitet.

Die Einengung durch reduktionistisches Denken grenzt automatisch die Dimension des holistischen Wissens ein und kann daher die eigentliche Dimension der Zusammenhänge auf materieller wie geistiger Ebene nicht mehr erkennen. Sofern der Mensch nicht mehr versucht ist, die Erscheinungen erklären zu wollen, sondern die Wahrnehmungen auf das für ihn Verstehbare reduziert, betätigt er sich ›reduktionistisch‹.

A 4   Genetisch bedingt? Eine Frage der Zeitebene

Es ist für das Verständnis des Zusammenspiels von Körperlichkeit und Seele und ihren Manifestationen bedeutsam, das ›genetisch Bedingte‹ in seiner Zeitabhängigkeit = der gegenwärtigen persönlichen materiellen Erscheinungsform zu sehen. Ein Symptom. welches zur Erkrankung führt, kann nach der Geburt oder vor der Geburt, d.h. durchaus in einem früheren Leben, entstanden sein. Wenn man Krankheit unter diesem Aspekt betrachtet, ergibt sich daraus, daß der Betroffene die in seiner Krankheit liegenden Informationen erhält und sie nur als Betroffener korrekt zu entschlüsseln vermag.

Es ist hierbei gleichgültig, ob es sich um eine genetisch bedingte Krankheit oder um eine auf anderem Wege entstandene Erkrankung handelt. Krankheit kann demzufolge innerhalb der Gesamtabfolge von Reinkarnationen entstanden sein. Wem nicht gelingt, dieses Denk- und Erklärungsmodell zu akzeptieren, bewegt sich weiterhin nur auf der Zeitebene seines momentanen Seinszustandes, weshalb eine scheinbar nicht während der Lebenszeit erwachsene Krankheit als sogenannt ›genetisch bedingt‹ erscheint.

In diesem Sinne kann natürlich der Zugang zum Schicksal eines behinderten Menschen beispielsweise schlecht gelingen und als ›schlimmes Schicksal für sich und die Familie‹ bewertet. Solcherart betrachtet, wäre damit jede Krankheit oder gesundheitliche Störung als psychosomatisch zu erachten.

Dieser Aspekt ist für den Erkrankten nicht hilfreich, denn sie entbehrt jeder Möglichkeit, Konfliktstoffe aufzuräumen, etwa aus einem früheren Leben, um sie ins Bewußtsein zu transferieren. Selbstredend vermögen auch Menschen mit körperlichen Gebrechen bei oberflächlicher Betrachtung geistig-seelisch intakt zu erscheinen, doch soll dies nur als Hinweis darauf verstanden werden, das Vorsicht bei der Interpretation psychosomatischer Erscheinungen angeraten ist, um leichtfertigen Urteilen vorzubeugen.

Psychosomatische Erscheinungen sind stets nur vom Betroffenen zu interpretieren; der Therapeut kann lediglich einfache Anregungen geben, um hinter der Geheimnis der Entstehung von Krankheiten und gesundheitlicher Störungen zu kommen.

Ein ›psychosomatischer Befund‹ hat demzufolge nichts mit ›Simulation‹, ›Unbedeutsamkeit der Krankheit‹, ›Minderwertigkeit‹, ›Schuld‹, ›Strafe‹, ›Geisteskrankheit‹ zu tun. Krankheit ist immer etwas Flexibles, nichts Festgelegtes genauso wie das was wir unter Gesundheit verstehen.

Wichtige Informationen zu dem sehr weitzufassenden Begriff Psychosomatik ergehen nicht nur aus Medizin und Psychologie, sondern auch aus der Physik. Für die Teilchen-Physik ist eine Einheit von Körper und Geist im Verständniskontext kein Problem. Schwierigkeiten hierbei haben offensichtlich jedoch Medizin und Psychologie.

Gesundheit lässt sich selbst nicht definieren, denn das, was wir darunter verstehen, besteht nicht aus stabilen, gesicherten Fakten. Gesundheit ähnelt mehr einem ständig währenden Prozess, der von der Zeugung bis zum letzten Atemzug anhält.

Das, was wir als gesund erkennen, ist die Folge des ständigen Pendelns zwischen krank und gesund.

Die intelligenten Steuerungen und Regelmechanismen in unserem Körper nennen wir „Innere Intelligenz", sie ist ständig bemüht, Fehlsteuerungen oder Angriffe durch Viren und Bakterien oder andere die Funktion beeinträchtigende Einflüsse abzuwehren und zu bekämpfen. Gelingt dies, entsteht ein Mittelwert, den wir dann Gesundheit nennen und erleben können.

Im Denkmodell des **mara**-Systems ist es natürlich, daß alle Erscheinungen auf der materiellen Ebene eine Einheit bilden. Dort werden alle Erscheinungen auf der materiellen wie auf der geistigen Ebene als Repräsentation der geistigen Ebene bewertet. Diese Form der Repräsentation ist erforderlich, damit die geistige Ebene überhaupt als solche erkannt wird.

Was ist diese ›geistige Ebene‹? Dazu zuerst eine Darstellung aus der Teilchen-Physik.

„Meine Herren!

Als Physiker, also als Mann, der sein ganzes Leben der nüchternsten Wissenschaft, nämlich der, welcher der Erforschung der Materie diente, widmete, bin ich sicher frei, für einen Schwarmgeist gehalten zu werden den so sage ich nach meinen Erforschungen des Atoms, dieses: Es gibt keine Materie an sich! Alle Materie entsteht und besteht nur durch eine Kraft, welche die Atomteilchen in Schwingung bringt und sie zum winzigsten Sonnensystem des Atoms zusammenhält. Da es aber im ganzen Weltall weder eine intelligente noch eine ewige Kraft gibt, so müssen wir hinter dieser Kraft einen bewußten, intelligenten Geist annehmen.

Dieser Geist ist der Urgrund aller Materie!

Nicht die sichtbare, aber vergängliche Materie ist das Reale, Wahre, Wirkliche, sondern der unsichtbare, unsterbliche Geist ist das Wahre. Da es aber Geist an sich allein ebenfalls nicht geben kann, sondern jeder Geist einem Wesen gehört, müssen wir zwingend Geistwesen annehmen. Da aber Geistwesen nicht aus sich selber sein können, sondern geschaffen worden sein müssen, so scheue ich mich nicht, diesen geheimnisvollen Schöpfer ebenso zu benennen, wie ihn alle Kulturvölker der Erde früher Jahrtausende genannt haben: - Gott -. So sehen Sie, meine verehrten Freunde, wie in unseren Tagen, in denen man in bitterer Gottesferne steht, gerade das Winzigste und Unsichtbare es ist, das die Wahrheit wieder aus dem Grabe materialistischen Stoffwahnes herausführt und die Welt verwandelt und wie das Atom der Menschheit die Türe öffnet, in die verlorene und vergessene Welt des Geistes" [18]

18. J. C. Smuts in Metaphysik+Biologie sind eins Vortrag Pennsylvania University USA 14.6.1961.Mc.Clelland

Dieser Vortrag Max Plancks ist eine gewiß eindrucksvolle Darstellung, die deutlich aufzeigt, daß zwischen Denken und materieller Erscheinung nur ein äußerer Unterschied besteht. Bedacht werden sollte dabei, daß Max Planck sich der *„reduktionistischen Wortwahl"* bedienen mußte um seine an sich abstrakte Sichtweise für den Zuhörer zugänglich zu machen.

»Zu Anfang dieses Jahrhunderts waren allein die Physiker an der Quantentheorie interessiert. Später wurde diese Disziplin auch für die Chemie aktuell, und Quantenchemie ist heute Pflichtfach der Chemiker. Als nächstes wuchs die Quantenbiologie heran, und heute beginnt diese Theorie Einzug in die Medizin zu halten. Hier sind es vor allem Biophysiker, die der Medizin neue Denkanstöße vermitteln. Sie konnten zum Beispiel zeigen, daß der Organismus bereits auf einzelne Quanten des magnetischen Flusses reagiert. und zeigten, daß viele Effekte im biologischen Bereich erst mit Hilfe der einheitlichen Quanten-Feld-Theorie erklärbar werden. Sie konnten beweisen, daß der Organismus auf ›ultrafeine‹ Signale trotz eines erheblich größeren Umweltstörpegels reagiert. Die Vorstellung, daß schwache Signale dann nicht wirken können, wenn starke Signale keine meßbaren Effekte zeigen, erwies sich als falsch. Heute wissen wir, daß biologisch wirksame Signale seine bestimmte Frequenz und eine bestimmte, sehr kleine Intensität haben müssen, wenn sie auf uns Einfluß nehmen wollen. Nur dann ist eine Weiterleitung dieser Signale in Molekül-Kettenleitern möglich. Solche Kettenleitern lassen sich bei Untersuchungen des toten Organismus nicht feststellen, da sie nur im lebenden Gewebe quasistabil sind, d.h. immer wieder neu gebildet werden. Giftablagerungen können die Leitfähigkeit dieser System unterbrechen. Man spricht dann von einer Blockade, die therapiert werden muß«,*26

Während eines Seminars in Thüringen sagte ein Psychologe dem Seminarleiter: *„Weißt du, wir Psychologen haben vergessen, daß der Mensch einen Körper hat, und die Mediziner haben vergessen, daß der Mensch eine Seele hat"*.

Das, was im **mara**-Denkmodell als Ganzheit oder als holistisch oder als heil bezeichnet wird, ist das, was Max Planck sagte und Albert Einstein mit Sicherheit meinte, als er ausführte:

»Das tiefste und erhabendste Gefühl, dessen wir fähig sind, ist das Erleben des Mystischen. Aus ihm allein kommt alle Wissenschaft. Wem dieses Gefühl fremd ist und wer sich nicht wundern und in Ehrfurcht verlieren kann, ist seelisch bereits tot. Das Wissen darum, daß das Unerforschliche wirklich existiert und daß es sich als höchste Wahrheit und strahlende Schönheit offenbart, dieses Wissen ist der Kern aller Religiosität.« [19]

Die Erscheinungen des Mystischen auf der materiellen Ebene ist unsere Existenz, unser Dasein. Um die Aussagen der Physik auf die psychische Ebene übertragen zu können, sind Informationen über die Dimension Physis-Geist-Seele wichtig.

A 5 Psychologie

Im allgemeinen geht die Psychologie davon aus, daß die Persönlichkeit aus verschiedenen Schichten besteht. In Anlehnung an Freuds Auffassung unterscheidet die Tiefenpsychologie beispielsweise das ›Unbewußte‹ bzw. das ›Es‹ vom ›Ich‹ und vom ›Über-Ich‹. »Eine Dreiteilung des seelischen Bereichs vertrat im Altertum bereits der griechische Philosoph Aristoteles (384 - 322 v. Chr.), der von einer ›vegetativen‹, einer ›animalischen‹ und einer ›vernünftigen‹ Seele sprach. Für Aristoteles war das Herz das Zentralorgan des Seelenlebens und nicht, wie für uns, das Gehirn, das er wegen seiner vielen Windungen lediglich als eine Kühlungsvorrichtung für die vom Herzen aufsteigenden ›Dämpfe‹ ansah. Überreste dieser Vorstellung haben sich bis heute in unserem Sprachgebrauch erhalten wenn wir beispielsweise etwas beherzigen oder wenn die Engländer für ›auswendig lernen‹ die Formulierung benutzen: »to learn by heart«.

Freud und seine Nachfolger betrachteten das ›Unbewußte‹ als ein eigenständiges psychisches System, das dem bewußten ›Ich‹ zuwiderhandeln und es durch seine triebhaften Ausbrüche in Verlegenheit bringen könne.

»Man verglich das ›Unbewußte‹ mit einem Roß und das ›Ich‹ mit seinem Reiter, der das gelegentlich ungebärdige Tier zu lenken und zu bändigen habe.« [20]

19. Randolph Stone: Deine heilenden Hände, Seite 18; Goldmann 1940
20. Alan Brown+M.Odurith, Yale University Papers, 1987

Für den Tiefenpsychologen C.G.Jung war das ›Unbewußte‹ hingegen weniger ein triebhafter Störenfried, sondern vielmehr im positiven Sinn ein Mutterboden der gesamten geistig-seelischen Entwicklung. Eine Auffassung, die bereits von den Philosophen der deutschen Romantik vertreten wurde, die, wie C.G.Carus beispielsweise, im ›Unbewußten‹ den vitalen, mit dem All-Leben verbundenen Urgrund des flüchtigen Bewußtseins sahen. Über das Bewußtsein und das Unbewußte wurden unzählige Bücher geschrieben, und es wurde versucht, die Zusammenhänge durchsichtig zu machen. Die Schwierigkeit liegt darin, über das Denken an dessen ›Struktur‹ zu gelangen.

Ein Beispiel aus der Physiologie zeigt die Unmöglichkeit auf:

»In jeder Sekunde nehmen die Wahrnehmungsorgane 1000000000 bits Informationen auf. Damit wir uns einigermaßen diese Dimension vorstellen können, ist es wichtig zu wissen, daß 1 Buchstabe ca. 4,5 bits hat; eine Buchseite hat ca. 1000. In unser Bewußtsein kommen jedoch lediglich 100 bis 1000 bits pro Sekunde. Nochmals die Gegenüberstellung, damit wir uns diese Dimension besser vorstellen können.

• Wahrnehmung   10000000000 bits

• Bewußtsein   100 bits

Der Mensch kann über seine gesamte Lebenszeit maximal so viele bits ins Bewußtseins bringen, wie er in einer Sekunde aufnimmt.[21]

Die Masse der Wahrnehmungen ist im Moment der Wahrnehmung noch nicht bewußt und noch nicht strukturiert. Die Struktur entsteht durch das Anlegen erlernter Wahrnehmungsraster, denen die Wahrnehmungsinhalte zugeordnet erden können. Diese Wahrnehmungsinhalte werden dadurch zu Bewußtseinsprozessen. Die Verarbeitung der Bewußtseinsprozesse geschieht überwiegend über das reduktionistische Denken.

»Bewußt ist jeweils der Bereich der äußeren oder inneren Wirklichkeit, auf den wir gerade unsere Aufmerksamkeit gerichtet haben. Der gesamte Rest ist ›unbewußt‹, kann aber bewußt gemacht werden, indem man sozusagen den ›Lichtkegel‹ der Aufmerksamkeit darauf konzentriert.«[22]

---

21. Silbernagel / A.Despoppulus: Taschenatlas der Physiologie, Seite 175; Thieme Verlag

Der ›Lichtkegel‹ der Aufmerksamkeit kann über viele Methoden auf das Nichtbewußte gelenkt werden. Durch ›nichtwissenschaftliche‹ Außenseitermethoden lassen sich Inhalte in das Bewußtsein transportieren, die von der klassischen Psychologie als para-normal bezeichnet werden müssen, weil sie mit dem reduktionistischen Denken nicht hinreichend genug definiert zu werden vermögen.

Nach den gängigen Vorstellungen der Wissenschaft ist die Ebene des reduktionistischen Denkens die Ebene der ›normalen‹ Vorgänge. Auffällig ist jedoch, daß sich durch die Synchronisation den Gehirnhemisphären Bewußtseinsleistungen erreichen lassen, welche die direkte, enge Verbindung zwischen der materiellen, körperlichen oder auch medizinischen Ebene und der geistigen spirituellen Ebene aufzeigen. Es sollte dabei daran gedacht werden, daß die Psychologie, wie der Name schon sagt, die Zusammenhänge *„logisch"* also linear zu erklären versucht. Hierzu Informationen über die sogenannten Gehirnhemisphären:

»Das Großhirn des Menschen jenes gefurchte, walnußähnliche Gebilde unter unserer Schädeldecke besteht aus zwei getrennten Hälften, sogenannten Hemisphären, die durch einen Strang von Nervenbahnen miteinander verbunden sind. Man nimmt heute auf Grund verschiedener Experimente an, daß die linke Großhirnhemisphäre logisch, analytisch und wortbezogen denkt, die rechte dagegen intuitiv, synthetisch und bildhaft.

Wenn wir Rechenaufgaben lösen, dann ist beispielsweise die linke Hemisphäre aktiver; wenn wir in den Tag hineinträumen und unserer Phantasie freien Lauf lassen, die rechte. Und wenn wir dabei die Augen schließen und alles um uns herum vergessen, dann sind wir bereits in einem Zustand, den man als leichte Trance bezeichnen kann. Dies ist aber weder gefährlich noch anormal, und wir brauchen lediglich die Augen zu öffnen und von selbst wieder in den gewöhnlichen Wachbewußtseinszustand zurückzukehren.[23]

---

22. B.Blachmann: Gott und die Welt, S 74; Esotera Verlag
23. Reinhard Eichelbeck: Die Erde der Himmel und die Dinge dazwischen, S. 178; Bauer Verlag 91

Trance ist ein Zustand, der direkt mit einer tiefen Alphastufe verglichen werden kann. EEG-Messungen haben ergeben, daß bei Trance die Gehirnstromaktivität bei 7 Hertz liegt. Zusätzlich zur ›normalen‹ Alphastufe ist eine noch viel höhere Synchronizität der Gehirnhemisphären festgestellt worden.

A 6 Synchronizität der Gehirnhemisphären

Der Umfang der Synchronizität der Gehirnhemisphären hat einen direkten Bezug zum Zugang zur spirituellen Ebene und damit zum eigentlichen ›Sinn‹ des Lebens. Die spirituelle Ebene ist nicht die reduktionistische Ebene. Es ist die Ebene, die Max Planck beschreibt.

Der Psychologie-Forscher James Brown aus Fairfax (Kalifornien) untersuchte in seiner Dissertation das Verhältnis zwischen EEG-Bildern und Erfahrungsberichten von Menschen, die gelernt hatten, die ›Alphastufe‹ zu erreichen und Kontrollpersonen (die selbst weder Medien waren noch meditierten). »Die aufgezeichneten EEG-Signale wurden mittels Elektroden am linken und rechten Parziallappen des Gehirns abgeführt. Er stellte fest, daß die weitaus häufigste EEG-Entsprechung von verändertem Bewußtsein gleichzeitige Steigerung der Amplitude und der Synchronizität im Alphabereich war. Synchronizität bedeutet, daß die Gipfel und Täler der Hirnwellen beider Hemisphären gleichzeitig auftreten. Er fand überdies heraus, daß das EEG derjenigen Versuchspersonen, welche diejenige Fähigkeit zu verändertem Bewußtseinszuständen hatten, auch bei den Eichmessungen von dem der Kontrollpersonen abwichen das heißt, auch dann, wenn sie aufgefordert wurden, bestimmte gedankliche Leistungen im normalen Bewußtseinszustand zu erbringen.

Das bedeutet: Menschen, die zu veränderten Bewußtseinszuständen fähig sind (wie jeder Mensch), besitzen entweder von Natur aus eine außergewöhnliche Hirnwellentätigkeit, oder aber sie haben aufgrund ihrer Erfahrung veränderter Bewußtseinszustände die ›Fähigkeit‹ entwickelt, auch bei Normalbewußtsein abweichende Hirnwellenformen zu produzieren.«

Die Forscherin Jean Millay hat festgestellt, daß jedesmal, wenn ein Mensch den Schwerpunkt seiner Aufmerksamkeit verlagert, die gesamte elektrische Aktivität seines Gehirns in einen anderen Frequenzbereich übergeht. Diese Veränderung ist dann besonders interessant, wenn sie synchron in beiden Gehirnhälften erfolgt Untersuchungen von Jean Millay und anderen Forschern scheinen zu zeigen, daß unmittelbar vor oder parallel zu meditativen oder tranceähnlichen veränderten Bewußtseinszuständen eine solche synchronisierende Veränderung des EEG bei jeder Frequenz erfolgen kann - und nicht nur im ›Alphawellen-Fenster‹. Über diese gehirnhälftensynchrone Erfahrungen schreibt Millay: »Einige scheinen tranceähnlich zu sein. Einige andere scheinen alle Begrenzungen von Raum und Zeit zu übersteigen.«

Der Forscher Tim Scully aus San Francisco hat einen speziellen Phasenmesser entwickelt, der durch einen Ton anzeigt, wenn die Alpha-Welle in beiden Gehirnhälften synchron verläuft. Wie andere Wissenschaftler auch hat er festgestellt, daß diese Synchronizität der Alpha-Wellen ein besseres Merkmal für meditative und andere veränderte Zustände des Bewußtseins ist, als die bloße Messung in einer Gehirnhälfte.

Es wurde außerdem nachgewiesen, daß auch die Fähigkeit zur Konzentration und zu intuitiver Einsicht mit einer gesteigerten Phasensynchronizität einhergeht – Jean Millay arbeitet neuerdings mit dem Physiker James Joh zusammen, der zusammen mit Alischa Ho eine computergesteuerten Biofeedback Therapie entwickelt hat. Beide Wissenschaftler untersuchen Möglichkeiten der Messung zwischenmenschlicher Gehirnwellensynchronizität, wie sie bei intensiven Zuständen nonverbaler, gefühlsmäßiger Übereinstimmung zwischen Versuchspersonen auftritt. »*Man weiß, daß eineiige Zwillinge vielfach die Fähigkeit besitzen, miteinander auf paranormalem Weg zu kommunizieren; jetzt könnte man den Grund dafür in einer zwischen ihnen bestehenden Synchronizität der Hirnwellen vermuten.*«

Robert Monroe, Autor von ›Der Mann mit den zwei Leben‹ und ›Reisen außerhalb des Körpers‹, hat mit seinem Kollegen im Monroe Institute (Faber, Virginia) den sogenannten ›Hemisyn‹ (Hemisphären-Synchronisator) entwickelt und bereichtet im ›Groen Buch der Meditation‹ folgendes:

»Dieses Gerät kann zu einer Vielzahl außergewöhnlicher Erfahrungen führen. Prinzipiell geht es dabei um ein System ›binauraler Schwebungen‹, dadurch hervorgerufen, daß man in jedes Ohr ein unterschiedliches Signal eingibt. Wenn ein Stereokopfhörer in jedes Ohr einen unterschiedlichen Schallimpuls sendet, ›hören‹ beide Gehirnhälften im Einklang ein drittes Signal - den Unterschied zwischen den zwei Impulsen. Dieses dritte Signal ist kein wirklicher, objektiver Schwebungston (wie er durch die physikalische Überlagerung zweier Töne gleicher Amplitude, aber unterschiedlicher Frequenz entsteht), er ist vielmehr das Ergebnis eines elektrischen Signals, das nur dadurch zustande gekommen ist, daß beide Gehirnhälften gleichzeitig funktionieren und zusammenwirken.«

Die Physikerin Elisabeth Rauscher (Berkeley, Kalifornien) hält es für denkbar, daß bestimmte Menschen für die heutige EEG-Technik nicht meßbare 1 000 Hz Oberwellen in den Hemisphären erreichen können und sagt dazu:

»Es wäre also möglich, daß manche Menschen, die imstande sind, die Gehirnhälften willentlich zu synchronisieren, sich dadurch in einen Zustand des Gehirn und des Geistes versetzen, der zu paranormalen Vorgängen führt.«

Das, was als ›normale‹ Wahrnehmung bezeichnet wird, ist die Ebene, die den Versuch unternimmt, mit dem logisch-linearen Denken die Erscheinungen unserer Ebene zu beschreiben und die Funktionszusammenhänge schlüssig zu beweisen. Die Ebene der phasensynchronisierten Wahrnehmung ist die Ebene des Chaos' und dessen Strukturen. Diese Strukturen können in erster Linie nur noch in symbolischen Bildern dargestellt werden. Eines dieser Symbole ist der Clown.

A 7   Der Clown

In ›**mara**-Praxis‹ ist das ›**mara**-map‹ beschrieben. Ein Auszug daraus zum Thema Clown: »Ein Lehrbeispiel ist der Zirkus. Ich meine die Clowns. Shakespeare hat im 16. Jh. den Clown zur Welt gebracht.«

Wir alle kennen die Clowns aus der Manege. Es gibt den weißen Clown. Der weiße Clown ist der immer attraktiv geschmückte, der weißgeschminkte mit einem spitzen Hut. Er ist der ›geckische‹, der vornehme Clown, der Machotyp. Er vertritt das ›empirische Ich‹. Der weiße Clown ist derjenige, der die Stelle der Vernunft, des Bewußtseins, der Kontrolle und der Disziplin vertritt.

Daneben gibt es den ›dummen August‹, der immer Lust hat, etwas kaputt zu machen. Er erscheint in viel zu großen Hosen und Jacken, er ist der ›heruntergekommene‹, gewöhnliche Clown. Er repräsentiert das Rebellische, das Irrationale in unserer Seele. Der ›dumme August‹ ist der Vertreter des Nichtbewußten, des Chaotischen.

Wir empfinden als chaotisch, was nicht in unsere gültigen Maßstäbe paßt oder was wir noch nicht zuordnen können. Das was dem Menschen nicht logisch, also nicht vernünftig erscheint, ist für die meisten das Chaos. Was wir einem Denksystem oder Maßstab zuordnen können, macht dem Menschen keine Angst, weil ihm die Regeln bekannt sind, nach denen er agieren und reagieren muß: Wir kennen die ›Spielregeln‹. Dieses Bewußte ist die Ebene, welche der weiße Clown repräsentiert.

Fellini schreibt zu seinem Film: »Mein Film ›Der Clown‹ endet so: Die beiden Figuren (der weiße Clown und der dumme August) begegnen sich und gehen miteinander weg.«

Warum rührt uns solche Situation an? Weil diese beiden einen Mythos verkörpern, der im Grunde genommen von uns allen ist: die Versöhnung der Gegensätze, die Einheit des Seins.

Fellini sagt an anderer Stelle: »Der Kampf zwischen dem dummen August und dem weißen Clown ist der Kampf zwischen dem herrlichen Kult der Vernunft und der Freiheit des Triebes und des Unbewußten.«

Die Einfachheit dieses Bildes besagt, daß der ›dumme August‹ und der ›weiße Clown‹ sich einigen müssen. Sie müssen das Zusammenspiel erlernen, woraus dann Weisheit resultiert.

Die Clowns

A 8   Medizin und Psychosomatik

Wenn die Rede auf das Thema Psychosomatik kommt, ist natürlich die Dimension der Medizin darin enthalten. Wie definiert die Medizin den Aspekt Psychosomatik?

»Der Begriff ›Psychosomatik‹ umfaßt die diagnostischen und therapeutischen Überlegungen, die Lehrinhalte sowie den Forschungsansatz im Hinblick auf jene psychologisch-medizinischen Faktoren, welche die Zustände von körperlicher Gesundheit und körperlicher Krankheit mitbegründen. und zwar in jeweils enger Wechselbeziehung zu bestimmten biologi-

schen Variablen. Diese Definition beinhaltet eine typisch psychosomatische Korrelation im engeren Sinne des Wortes, die
pathogenen psychosozialen Momenten primär eine wichtige
teilursächliche Relevanz hinsichtlich der Entstehung und Fort-
dauer psychosomatischer Störungen zubilligt, gleichzeitig aber
auch nachdrücklich biologische Aspekte berücksichtigt. Typische psychosomatische Störungen sind z. B.: Adipositas, Anor-
exia nervosa, Bulima nervosa, Asthma, bronchiale Colitis
ulcerosa und Morbus Crohn, labile essentielle Hypertonie - auch
bezeichnet als ›Psychosomatose‹ - sowie Herzneurose, Reizma-
gen und irritables Kolon als charakteristische Beispiele der sogenannten funktionellen Störungen (das sind körperliche
Beschwerdebilder, bei denen die zugrundeliegende pathophy-
siologische Abweichung nicht auf anatomischer Strukturverän-
derung beruht).[24]

A 9   Psychologie und Humanmedizin

Bei dieser Betrachtung ist es wichtig, vom Denkfundament der
heutigen Medizin auszugehen und dies unter dem Aspekt
Krankheit zu sehen.

Die Medizin gibt vor, Human-Medizin zu betreiben. Der Pionier
der Psychosomatik, Hans Müller Eckard, stellt in seinem Buch
›Die Krankheit, nicht krank sein zu können‹ [25] die ebenso provokante wie bedenkenswerte These auf, »es sei die vielleicht
menschlichste und wichtigste und notwendigste Leistung, nämlich krank sein zu können«.

»In einer unerträglichen Lebensatmosphäre könne der Leib
›nein‹ sagen zu dem zerstörenden Geschehen und krank werden.
Dann beinhalte die Krankheit mehr Weisheit und Wahrheit als
die ›Gesundheit‹ der offiziellen Medizin. In dem Krankseinkön-
nen vieler Patienten sei mehr Gesundheit als in dem Funktionieren von Millionen leidfreien Scheingesunden.

24. Karl Sommer: Anatomie,Physiologie,Ontogenie; Verlag Volk
    und Wissen, 1986 Berlin
25. Hans Müller Eckard: Vortrag „Die Krankheit nicht krank sein zu
    können" (Verlag nicht bekannt)

Die Möglichkeit, die seelische Mobilität oder die seelische Aktivität wieder zu erhalten, hat meines Erachtens direkt mit dem Antrieb zu tun, den wir Schmerz nennen. Lernt unsere Gesellschaft wieder Schmerz zuzulassen, dann entsteht wieder ein Antrieb, die spirituelle Ebene und damit die spirituelle Existenz des Menschen zu erkennen.«

Dem Schmerz als wichtiger Antrieb und eine wichtige Informationsquelle über innere Konflikte sollte demzufolge wieder Beachtung zukommen. Er hat eine wichtige Aufgabe im System des Heil-Werdens.

Horst Eberhard Richter sagte in seinem Vortrag bei der 31. Arbeitstagung des Deutschen Kollegiums für Psychosomatische Medizin in Gießen:

»Wie Viktor von Weiszäcker verdanken wir Hans Müller Eckard sehr bedeutende Beiträge für das Verständnis des Sinns von Krankheit. Beide haben einen einsichtigen Unterschied gemacht zwischen Heil-sein und symptomloser Heillosigkeit. Sie haben von der doppelten Aufgabe des Arztes ge-sprochen, unermüdlich zum Heilen beizutragen, aber zugleich Ehrfurcht vor der Krankheit zu bewahren.«

Diese Aussage bedeutet, die spirituelle Dimension in der Krankheit wiederzukennen. Hierzu, um diese Dimension einschätzen zu können, Friedrich Weinreb:

»Der gesunde Mensch ist der heile Mensch, der ganze. Deshalb spricht man doch auch vom Heilen, wenn es sich darum handelt, einem kranken Menschen zu helfen. Der Kranke ist der Zerbrochene, der, welcher seine Vollkommenheit verloren hat. Der Kranke ist der Mensch, bei welchem etwas ausgeklammert bleibt, und er weiß davon, daß er deshalb nicht heil ist, nicht ganz. Das ist schon sein Kranksein. Wer ist aber der heile Mensch? Ist es der Mensch, der sich körperlich trainiert, der Mensch, der auf seine Nahrung achtet. der seine Hygiene umsorgt? Ich glaube, diese Menschen sind vielleicht wohl im allgemeinen gut funktionierende Apparate, sie sind aber als Mensch unvollkommen. Es zeigt sich in fehlendem Interesse an Fragen, welche sich auf den Sinn des Lebens beziehen, es zeigt sich in ihren ethischen und moralischen Maßstäben, die meistens nur auf das Nützliche ausgerichtet sind und deshalb diese Menschen zu Versagern machen, wenn es sich um wirklich menschliche Angelegenheiten handelt.

Der gesunde Körper ist nicht identisch mit dem gesunden Menschen. Wie auch die heutige Zeit meist nur Sorge um den gesunden Körper zeigt. Der nur körperlich, d.h. auch, der nur materiell interessierte Mensch, ist etwas Erschreckendes, etwas Schauderhaftes. Eine Welt, bevölkert von diesen Wesen, ist wie eine Welt voller intelligenter, aber eiskalter Roboter. Man sieht auch, daß diese Menschen oft sehr unglücklich leben, ohne Frieden, lustlos, und daß sie deshalb die Nervösen sind, die Neurotiker, daß sie die Aggressiven sind und die Depressiven.

Unser Zeitalter mit seiner Betonung des naturwissenschaftlich Bestimmbaren hat nur eine Art Weltansicht hervorgebracht, wo nur oder fast nur auf das körperliche Wohl geachtet wird. Das heißt dann ›wissenschaftlich meßbar‹, das heißt dann ›nützlich‹, ›sinnvoll‹.

Andere Werte werden als unwissenschaftlich deklassiert und in eine Region verbannt, die man nicht mehr wichtig nimmt, es sei denn in Ausnahmefällen, wo man in Ratlosigkeit oder in Trauer Zuflucht bei ihnen sucht. Sie bekommen dadurch auch die dunklen Töne aus diesem Gebiete, bedeuten Glaube, Hoffnung. All diese Momente sind nicht meßbar. Sie sind den Gesetzen der Kausalität unterworfen, sie sind deshalb auch zeitlos.

Solange man im Menschen nicht diese beiden Wirklichkeiten erkennt, hat man den Menschen zerbrochen, gespalten. Und dann hat man den Menschen schon zum Kranksein verdammt. Er ist dann nicht mehr heil. Wie kann man ihn aber heilen, wenn man trotzdem nur die eine Wirklichkeit kennt, die eine meßbare, wägbare, statistisch erfaßbare?

Dann sind also alle Heilmethoden schon im Prinzip sinnlos, führen zu nichts. Das eine Kranksein wird verdrängt, das andere Kranksein kommt an seine Stelle usw. Noch niemals gab es so viele kranke Menschen. Der normale Mensch will sie deshalb lieber meiden.«

Es wurde eine Audiokassette entwickelt, mit der Schmerz nach seiner Ursache befragt werden kann. Die Antworten, die aus dem Inneren des Betroffenen kommen, geben sehr oft wichtige Hinweise auf das psychische und spirituelle Problem und klären die Schritte, die unternommen werden müssen, um dem Ziel des Heil-Werdens näherzukommen.

Psychosomatik ist in diesem Sinne die Möglichkeit, über die veränderten Körperfunktionen, die schmerzauslösend sein können, Hinweise auf das ursächliche psychische oder spirituelle Problem zu erlangen.

Es sind Hinweise auf den eigenen Stand der Entwicklung, auf dem Weg zu der Situation nach Kopernikus.

A 10 Psychosomatik in der Sprache des Volkes

Angst:
- ›Schiß haben‹ (Durchfall)
- ›Mir gefriert das Blut in den Adern‹
- ›Mir zittern die Knie‹
- ›Mir geht der Arsch auf Grundeis‹ (a.d.Schwäbischen)

Ärger:
- ›Mir läuft die Galle über‹

Durchfall:
- ›Ich habe Angst, durchzufallen‹

Eigensinn:
- ›Dem gehört der (dieser) Zahn gezogen‹.

Freude:
- ›Es hüpft mir das Herz im Leibe‹

Galle
- ›Mir läuft die Galle über‹
- ›Er macht ein gallenbitteres Gesicht‹
- ›Der spuckt Gift und Galle‹

Herz:
- ›Es geht mir zu Herzen‹
- ›Mein Herz (zer)springt vor Freude‹
- ›Herzensangelegenheit‹
- ›Das Herz fällt (rutscht) mir in die Hose‹
- ›Das Herz schlägt mir bis zum Halse‹
- ›Ins Herz schließen‹
- ›Ein Herz für Kinder‹
- ›Herzlichen Glückwunsch‹

Halsschmerzen:
- ›Das kannst du nicht schlucken‹

Husten:

- ›Dem huste ist etwas‹

Leber:

- ›Mir ist eine Laus über die Leber gelaufen‹

Lunge:

- ›Mir bleibt die Luft weg‹
- ›Ich muß erst tief Luft holen‹
- ›Da kann man nicht frei atmen‹

Magen:

- ›Mir hängt der Magen durch‹
- ›Das ist mir auf den Magen geschlagen‹
- ›Liebe geht durch den Magen‹
- ›Ich bin sauer‹ (Magensäure)
- ›Das kann ich nicht (muß ich erst) verdauen‹
- ›Du hast einen Saumagen‹

Nacken:

- ›Nacken steif halten‹
- ›Eine ins Genick bekommen‹
- ›Nackenschläge‹
- ›Er ist halsstarrig‹

Nieren:

- ›Das geht mir an die Nieren‹

Rückenscherzen:

- ›Einem das Rückgrat brechen‹
- ›Ich habe eine große Last (Bürde) zu tragen‹

Schnupfen:

• › Ich habe die Nase voll‹

Überforderung:

• ›Ich habe die Schnauze voll‹

Wut:

• ›Ich habe eine Wut im Bauch‹

• ›Mir läuft die Galle über‹

Schmerz

»Schmerz ist eine unangenehme Sinnesempfindung, verbunden mit einem unlustbetonten Gefühlserlebnis. Er ist die Reaktion auf die Meldung, daß den Körper im Inneren oder von außen ein Schaden droht oder bereits trifft (Nozizeption), wobei die Erkennung der Ursache weniger wichtig ist. Viszeraler Schmerz (aus den Eingeweiden, wird vom somatischen Schmerz unterschieden, der aus der ›Tiefe‹ (z.B. Kopfschmerz, Gelenkschmerz) oder von der Haut kommt.

Beim zuletzt genannten Oberflächenschmerz unterscheidet man den schnell gemeldeten, ersten Schmerz (›hell‹) und den (05 - 1 Sek. später) nachfolgenden, zweiten Schmerz (›dumpf‹), der länger anhält und weniger gut lokalisierbar ist. Der erste Schmerz führt vorwiegend zu Fluchtreflexen, der zweite eher zu Schonhaltungen. Schmerzrezeptoren (freie Nervenendigungen) adaptieren nicht (tagelange Zahnschmerzen), da eine andauernde Schädigung sonst in Vergessenheit gereite. Schädigungen entlang der Schmerzbahnen werden so empfunden, als ob sie aus der Peripherie kämen: Projizierter Schmerz (z.B. Rückenschmerzen bei Nervenquetschungen durch Bandscheibenvorfall).« [26] Aus dem Blickwinkel von Einstein und Planck kann man sagen: Alle Vorgänge im Gehirn sind dann sogenannte ›paranormale Vorgänge‹, wenn sie sich nicht mit dem reduktionistischem Denken der Psychologie und Medizin erklären lassen.

Die bisherigen Ausführungen zeigen deutlich auf, daß zwischen Denken und biochemischen Vorgängen ein nachweisbarer Zusammenhang besteht, was bedeutet, daß die spirituelle Dimension im Menschen einen entscheidenden Einfluß auf seine physischen Gegebenheiten besitzt. Diese Koppelung heißt im **mara**-Denkmodell ›BioPsychoSymmetrie‹.

---

26. Silbernagel/A.Despoppulus: Taschenatlas der Physiologie

A 11 BioPsychoSymmetrie und Psychoneuroimmunologie

Die nachfolgend genannten zwei Beispiele stehen für viele Fälle aus der Praxis; zuvor jedoch die Ausführungen von Larry Dossey zur Psychoneuroimmunologie.In der medizinischen Forschung wird seit 1987 der Terminus Psychoneuroimmunologie verwandt - PNI - der ähnliche Koppelungen feststellt.

In einer Darstellung der sogenannten Psychoneuroimmunologie werden die Zusammenhänge sehr deutlich beschrieben und besprochen. Dazu der Bericht von Dr. Dossey aus dem Jahre 1989.

Dossey berichtet von einer Forschergruppe, die 1973 in Massachusetts dem amerikanischen Gesundheitsministerium Ergebnisse einer Untersuchung über die Überlebenschancen bei arteriosklerotischer Herzerkrankung vorlegte. Diese Forschergruppe führte aus, daß nicht etwa die Risiken wie Rauchen, Bluthochdruck, Zuckerkrankheit oder eine ungesunde, fettreiche Ernährung die entscheidenden Faktoren sind, sondern das Fehlen von Zufriedenheit und Erfüllung, insbesondere im Beruf, zu arteriosklerotischen Erkrankungen führte. Darüber hinaus mindert das Gefühl eines ›allgemeinen Lebensglückes‹ das Risiko einer Arteriosklerose.

Dossey berichtet über eine weitere Studie, die in Israel durchgeführt wurde und die etwas über die Risikofaktoren bei einer Angina pectoris (Brustenge) aussagen sollte. Diese Studie wurde so durchgeführt, daß nur die schon bekannten Risikofaktoren, sondern auch psychische Komponenten, wie Ängste und seelische Belastungen berücksichtigt wurden. Das Ergebnis war überraschend: »Vielleicht die überraschendste Entdeckung von allem war, daß bei Patienten, die Ängste und starke seelische Belastungen hatten, die Symptombildung überdurchschnittlich hoch war.«[27]

A 12 Psychoneuroimmunologie

Schon vor vielen Jahren haben sich aus der Psychosomatik heraus neue Psychotherapiemethoden, wie die Verhaltenstherapie, entwickelt. Bei aller Begeisterung über den alternativen Ansatz

---

27. Dossey Larry: Psychic Research; Vortrag 1978, New York

im Vergleich zu der organ-orientierten Medizin bleiben jedoch immer viele Fragen offen: Wie entsteht das psychische Empfinden eines Menschen? Warum leidet der eine bei zuviel Streß an sogenannten psychosomatischen Störungen, der andere aber nicht? Sicher ist auch die kategorische Trennung nicht realistisch. Glaubt man den Psychoneuroimmunologen, dann entstehen Krankheiten im Zusammenspiel mit dem Erbgut, das jeder von den Eltern mitbekommt, und der Umwelt, die für wir uns zumindest in Maßen selbst gestalten können. Was bedeutet diese tagtägliche Auseinandersetzung zwischen den Genen im Kern jeder einzelnen Körperzelle und der persönlichen Lebensgeschichte sowie dem sozialen Umfeld für unsere Gesundheit? Wenn man diese Beziehungen und Abhängigkeiten erforschen kann, dann wird die PNI ein Modell für naturwissenschaftlich fundierte und psychosomatische Medizin werden. Und noch mehr: Vielleicht werden wir eines Tages lernen müssen, daß Erkrankungen, bei denen wir heute die Störung im Immunsystem vermuten, Erkrankungen des Hormon- oder Nervensystems sind oder daß einige neurologische Krankheiten eigentlich Erkrankungen des Immunsystems sind.

Die klassische Einteilung in feste Krankheitsbilder wird sich unter Umständen grundlegend ändern.

Noch ist die Psychoneroimmunologie eine Grundlagenforschung und erst wenig neue Therapieansätze zeichnen sich als Lichtstreif am Horizont ab. Daraus können jedoch einmal neue Medikamente, die das Immunsystem beeinflussen, entwickelt werden, oder Placebo-Mittel ohne Wirkstoff, die gezielt einsetzbar sind. Aber auch Biofeedback, Suggestion, Entspannungs- und Vorstellungsübungen werden sich vielleicht als sinnvolle Therapien erweisen. An einigen Kliniken, vor allem in den USA, werden solche unkonventionellen Therapien bereits angeboten. Ein regelrechter Boom läßt diese Mind-Body-Kliniken wie Pilze aus dem Boden schießen. Ob man mit Hilfe der Autosuggestion wirklich eine Krankheit heilen kann, ist absolut fraglich. Das mag enttäuschend klingen, aber ungerechtfertigte Hoffnungen zu wecken, hilft weder den Patienten noch der seriösen PNI-Forschung, im Gegenteil. Die selbsternannten populären Körper-Seele-Propheten schaden der Psychoneuroimmunologie nur. Allzu schnell haben sich zahlreiche Buchautoren in den USA auf die einprägsame einfache Formel ›Denke positiv, dann bleibst du gesund‹ eingeschworen. Daran glaubt man natürlich gern. Die Botschaft kommt beim Leser an. Anders läßt sich der Bücher-Boom, der zur Zeit den Markt überrollt, nicht erklären. Seit Jahren stehen Körper-Seele-Selbstheilungsbücher auf den Bestsellerlisten. Sie beschwören die Kraft der Psyche. Lachen, Freude, Freunde, das sind die Zauberworte.

Die Düsseldorfer Psychologin Sibylle Klosterhalfen hat das treffend mit dem Begriff ›PNI-Mythologie‹ umschrieben. Denn leider läßt sich ein komplexes Netzwerk nicht so einfach überlisten. Auch die Psyche ist immer nur ein Faktor unter vielen.

Aber die engagierten Befürworter dieser Forschungsrichtung bezweifeln nicht, daß die Psychoneuroimmunologie die Medizin des 21 Jahrhunderts werden könnte.

Nach dem **mara**-Denkmodell ist es wichtig, psychosomatische Zusammenhänge nicht festzustellen, zu interpretieren oder dem Klienten zu beschreiben. Dieser erfährt über eine Tiefenentspannung - der BPS-Intensiv-Anwendung, psychosomatische Zusammenhänge – oder auch nicht. Die Entscheidung, ob er Informationen darüber hinsichtlich seiner Erkrankung erhält, entscheidet seine ›innere Intelligenz‹.

A 13 Phänomene: Risikofaktor Seele

Die Psychobiologie der Trennung

Seit den 70er Jahren werden Verlusterlebnisse beim Menschen systematisch erforscht. Roger Bartrop von der University of New South Wales in Sydney begann 1975 mit einer Trauerfallstudie (bereavement study; to bereave = berauben). Er konnte 26 Hinterbliebene, deren Lebenspartner gestorben war, dazu bewegen, an einer Langzeitstudie teilzunehmen. Zunächst wurde den Teilnehmern Blut entnommen und die Lymphocyten isoliert. Die Immunzellen von Trauernden waren dabei im CON-A-Test signifikant weniger aktivierbar als bei einer Kontrollgruppe. Der Effekt blieb ungefähr ein Jahr erhalten. Seit 1975 sind immer wieder Hinterbliebene in diese Studie aufgenommen worden, und 1985 begann man damit, rückblickend alle Teilnehmer noch einmal zu befragen.

In ganz Australien wurden die Personen angeschrieben und interviewt. Welche Krankheiten hatten sie in den vergangenen Jahren? Wie fühlten sie sich jetzt? Gleichzeitig wurden von allen behandelnden Ärzten die Krankenakten angefordert, um eine genaue Statistik der Erkrankungen erstellen zu können. An welcher Krankheit hatten zum Beispiel die inzwischen Verstorbenen gelitten? Das Ergebnis war wie erwartet: Im Vergleich zu einer Kontrollgruppe ohne Verlusterlebnis hatte die Bereavement-Gruppe signifikant höhere Krankheitsraten (psychische Erkrankungen, Angina, Bluthochdruck, Brustkrebs).

Die Psychologen Marvin Stein und Steven Schleifer und der Immunologe Steven Keller - 1983 arbeiteten alle an der Mount Sinai School of Medicine in New York - konnten diese Ergebnisse bestätigen. Sie untersuchten in der Klinik 15 Männer, deren Frauen an Brustkrebs im Endstadium litten. Alle sechs Wochen bis zum Tod der Ehefrau und zweimal nach dem Tod wurden die Immunzellen getestet. Während vor dem Tod keine Veränderungen auftraten, obwohl die emotionale Belastung sehr groß war, verringerte sich die Lymphocytenaktivierbarkeit im PHA- und CON-A-Test sofort nach dem Tod. Obwohl in manchen Fällen ein grausamer und belastender Todeskampf ohne Hoffnung stattfand, konnten die betreuenden Männer ihren Frauen hilfreich zur Seite stehen. Mit dem Tod mußten sie erkennen, daß alle Bemühungen umsonst waren. Die Veränderungen des Immunsystems korrelierten übigens zur Schwere der Depression, die nach dem Tod der Ehefrau bei den meisten eintrat, und zum Alter des Hinterbliebenen. Je älter und je schwerer die Depression, desto stärker sind die Auswirkungen auf die Immunzellen. Erst nach einem Jahr normalisieren sich die Werte wieder. »Wenn der eine stirbt, stirbt der andere mit«, diese traurige Weisheit des Volksmundes scheint einen wahren Kern zu haben.

Steven Keller, der heute Immunologie in der Psychiatrischen Abteilung der New Jersey Medical School in Newark arbeitet, ist überzeugt, daß das zugrundeliegende Phänomen die Depression ist, die den Verlust eines geliebten Menschen nahezu immer begleitet.

Diese Trauer-Depression läßt sich häufig klinisch nicht von einer endogenen Depression, die ohne äußeren Anlaß auftritt, unterscheiden. Patienten, die unter schweren Depressionen leiden, haben oft schlechtere Testergebnisse bei der Mitogenstimulation, und sie können weniger T-Helfer-Zellen haben. Das alles natürlich nur im statistischen Mittel und muß keineswegs bei jedem Patienten so auftreten. Aber die Forschungsergebnisse sind deutlich. Ist die Depression nämlich behandelt und geheilt, dann existieren diese Unterschiede zu Nicht-Depressiven nicht mehr. [28]

Der psychologische ›Regentanz‹: Heile dich selbst und denke dich gesund! »Zehn Patienten treffen sich einmal im Monat und sitzen mit geschlossenen Augen entspannt im Kreis. Sie sind bemüht, sich zu suggerieren, daß die Lymphocyten als gefährliche Haie die schwachen Krebszellen in ihrem Körper auffressen und vernichten. Die Methode nennt man in den USA ›guided imagery - geleitete bildliche Vorstellung‹. Nicholas Hall, Leiter der PNI-Abteilung der psychiatrischen Klinik in Tampa/Florida, war einer der ersten Wissenschaftler, die konsequent versucht haben, die Erkenntnisse der Psychoneuroimmunologie therapeutisch zu nutzen. Der Sinn der Visualisierung ist folgender: Das Immunsystem der schwerkranken Krebspatienten soll im Kampf gegen den Tumor gestärkt werden. Und tatsächlich steigt mit den Suggestionsübungen die Aktivität der natürlichen Killerzellen, und die T-Lymphocyten im Blut sind im Phytohämagglutinin- und Concanavalin-A-Test aktiver. Daß dies auch bei gesunden Personen funktioniert, haben jetzt Wissenschaftler der Universität Los Angeles beweisen können. Sie forderten Schauspieler auf, in einem Experiment jeweils eine depressive und glückliche Stimmung auszudrücken und solch einen Menschen in dieser Gefühlsverfassung durch Monologe und Gesten auf der Bühne zu spielen.

Die Teilungsrate von Immunzellen nach der Stimulation mit Phytohämagglutinin stieg nach der Darstellung der glücklichen Stimmung sofort an, während sie bei der negativen Stimmung sofort sank. Je stärker sich die Schauspieler in ihre Rolle hineinsteigerten, desto deutlicher waren die Unterschiede. Das zeigt, daß auch kurze Stimmungsänderungen Einfluß auf das Immunsystem haben. Läßt sich dieses Phänomen therapeutisch nutzen?

Auch Nicholas Hall weiß nicht, ob seine Patienten, die dieses ›guided imagery‹ zusätzlich zu der konventionellen Krebstherapie auch zu Hause zweimal täglich durchführen, bessere Heilungschancen haben und länger leben als Patienten, die nicht diese zusätzliche psychologische Therapie machen.

---

28. Gabi Miketta: Netzwerk Mensch, S 164; Thieme Verlag Stuttgart

Es gibt keine kontrollierten Studien zu dieser Fragestellung. Aber zumindest haben die Teilnehmer der ersten Pilotstudie in Tampa die Lebenszeit, die ihnen noch prognostiziert wurde, überschritten und fühlen sich wohl. ›Der Sinn der Übungen‹, so Nick Hall aus Tampa, ›ist auch, daß diese meist hoffnungslosen und der unangenehmen Krebstherapie hilflos ausgelieferten Menschen das Gefühl haben, sie können selbst aktiv etwas zu ihrem Heilungsprozeß beitragen‹. Die positiven mentalen Bilder, die für die Suggestion benutzt werden, sind übrigens nicht festgelegt, sondern jeder Patient kann sich da seine eigenen Vorstellungen machen.

Ein Priester zum Beispiel, der an einer bösartigen Form von Hautkrebs leidet, hatte aus religiösen Gründen Schwierigkeiten, etwas zu zerstören, was Gott geschaffen hatte, auch wenn es sich nur um Krebszellen handelte. Er wählte das Bild eines Gartens mit Unkraut. Die wunderschönen Blumen bekamen Wasser und Nährstoffe, während das Unkraut verdorrte und verwelkte. Zusätzlich zu den Suggestionsübungen werden die Patienten in Tampa auch angeleitet, wie man verschiedene Entspannungstechniken einsetzt.[29]

Ähnlich unterstützende Maßnahmen wurden von Frauke Teegen an der Universität Hamburg und Herbert Kappauf am Klinikum in Nürnberg erfolgreich getestet.

A 14 Fallbeschreibungen

Fall Holger, 1959 geboren in der DDR, Sportlehrer. Seit 1981 verheiratet, er hat einen Jungen von viereinhalb Jahren; die Frau ist schwanger.

Holger fühlt ein hohe persönliche Verantwortung für seine Familie. Die Unsicherheit durch den Fall der Mauer wächst. Er entwickelt Ängste, die Familie nicht versorgen zu können. Holger wurde von Vater und Mutter verwöhnt und möchte seine Kinder auch verwöhnen. Das wird in Frage gestellt, da er als Sportlehrer in Thüringen nach dem Zusammenschluß der Bundesländer keine Chance auf Beschäftigung in seinem Fachgebiet sieht. Er fühlt sich in seiner Entfaltungsmöglichkeit und Bewegungsfreiheit eingeschränkt. Das bedeutet Mangel an finanziellen Mitteln und

---

29. Gabi Miketta: Netzwerk Mensch, S 173; Thieme Verlag Stuttgart

damit ›Nichterfüllung seiner Vorstellungen von Erziehung.‹ Beschwerden: seit ca. 12 Monaten krampfartiger Schmerz im Bereich der Sexualorgane mit Gesamtschmerzzone Unterbauch.

Medizinischer Befund: keiner.

Holger konsultierte fünf Ärzte und Psychotherapeuten

Krankheitsverlauf: 1. Blinddarmoperation; Schlüsselbeinbruch rechts.

Ab 6. Dezember 1989 Schmerzen in den Armbeugen und Schultergelenk. (Kommentar nach BPS: ›Die Arme sind dazu da, um das, was man zum Realsieren benötigt, heranzuholen).

3. Dezember 1989, Öffnung der Mauer. Ab diesem Zeitpunkt Schmerzen in den Oberschenkeln und

Hüfte; Weihnachten Schmerzen im Unterleib.

(Kommentar nach BPS: ›Die Extremitäten werden benötigt, um dorthin zu gehen. wo wir etwas realisieren wollen. Das Hüftgelenk bestimmt die Bewegungsfreiheit des Menschen.‹)

Ab Weihnachten hat Holger beim Sexualverkehr sehr starke Schmerzen. Er findet deshalb kaum mehr statt.

Der Verlauf der BPS-Anwendung:

Erste Anwendung: Erkenntnis von Holger: »Es ist Angst, die den Schmerz erzeugt; »Zwei Kinder kann man in der momentanen Situation nicht versorgen.«

Zweite Anwendung: »Ich habe positive Körperempfindungen.«

Dritter Anwendung: »Ich hatte Schmerzen beim Sexualverkehr, weil kein drittes Kind kommen soll.«

Vierte Anwendung: »Sobald ich wieder die Sicherheit habe, brauche ich die Schmerzen nicht mehr.«

Fall Linda, geboren 1942, Büroangestellte. Sie lebt in Scheidung. Ihr Mann ist Steuerbevollmächtigter und -berater. Sie leidet unter den Auseinandersetzungen mit den Rechtsanwälten.

Beschwerden: Beeinträchtigung des Gehens; Schrittlänge 30 cm. Sie kann nur mittels eines Stockes gehen. Starke Schmerzen auch in der Nacht, kann nicht ohne Schmerztabletten sein.

Medizinischer Befund: Hüftgelenksarthrose beidseitig seit 5 Jahren vor der ersten BPS-Anwendung.

Krankheitsverlauf: 1. Leichte Hüftschmerzen seit dem 35. Lebensjahr.

Starke Hüftgelenksschmerzen. Die Schmerzen führen zur Behandlung im Katharinen-Hospital Stuttgart. Kurze Zeit nach der Entlassung sind die Schmerzen wieder ›unerträglich‹. Es erfolgen Behandlungen mit Cortisonen.

Sehr starke Hüftgelenksschmerzen mit Einschränkung der Schrittlänge. Einnahme von starken schmerzlindernden Medikamenten. (Kommentar nach BPS: ›Die Extremitäten benötigen wir, wo wir etwas realisieren wollen. Das Hüftgelenk bestimmt die Bewegungsfreiheit des Menschen.‹) 4. Bewegungseinschränkung mit 14-monatiger Krankheitszeit.

Der Verlauf der BPS-Anwendung:

Erste Anwendung: »*Ich fühle mich sehr entspannt, meine Schmerzen haben jedoch noch nicht nachgelassen.*«

Zweite Anwendung: »Ich habe mich darauf versteift, herauszufinden, wo mein Mann Akten manipuliert hat, um Geld zu verstecken.«

Dritte Anwendung: »Schmerzen sind geringer, ich kann wieder Autofahren.« Linda kann jetzt 30-35 Minuten ohne Schmerzen gehen.

Vierte Anwendung: »Ich weiß jetzt, daß ich die Aktenmanipulation nicht entdecken kann, ich überlasse die Akten meinem Anwalt.« Das Gehen hat sich weiter verbessert; die Schrittlänge beträgt 45 cm.

Fünfte Anwendung: »Ich kann jetzt, ohne am Stock zu gehen, wieder einkaufen. Ich war eineinhalb Stunden unterwegs und hatte anschließend keine Schmerzen.« Schrittlänge jetzt 55 cm beidseitig.

A 15 Psychosomatik und Praxis

Der problematischste Punkt der Psychosomatik ist, sich von scheinbar deutlichen Hineisen zu entsprechenden Interpretationen verführen zu lassen.

Man muß hierbei bedenken, daß auf der Ebene, auf der sich psychische Probleme in physischen Erscheinungen manifestieren, kein logisch-lineares Denken in diesem Sinne besteht.

Diese Ebene weist ihre eigene Logik auf. Sie ist einer Logik des Chaos näher als der ›normalen‹ Logik, dem reduktionistischen Denken.

Sofern man mit dem einfachen, zweidimensionalen Denken an diese Ebene herangeht, geschieht das, was die Parapsychologie ständig vergegenwärtigen muß, versucht sie doch mittels reduktionistischen Denkens und den daraus entwickelten Meßmethoden etwas zu messen, was gar nicht meßbar sein kann. Daraus resultieren natürlich reduktionistische Meßergebnisse, die die eigentliche Realitätsebene, die dreidimensional ist, auf das Verstehbare reduziert. Wird dies auf der Ebene der Psychosomatik praktiziert, muß es zwangsläufig scheitern. Oder derjenige, der das Symptom interpretiert, manipuliert den Symptomträger.

Die Angaben, die Alexander Lowen in der Bioenergetik macht und die von vielen Psychosomatikern geteilt werden, wirken erst durch die Interpretation als Manipulation. In der Praxis kann man oft erleben, daß Menschen sehr starke Schuldgefühle entwickelt haben, weil sie ihr physisches Symptom anhand von äußerst einfachen und teilweise mit esoterischen Phantasien vermengten Angaben interpretieren.

Ein praktisches Beispiel:

Vera, eine Frau Mitte 50, brustamputiert. Sie schildert ihre Situation: »Ich mache mir solche Vorwürfe, ich habe gesund gelebt, habe Vollwertkost gegessen, habe gefastet, meditiert und ein sehr einfaches Leben geführt, und ich habe diese Krankheit entwickelt. Ich bin doch nicht autoaggressiv! Ich habe Liebe gelebt und über sehr lange Zeit praktiziert.«

Dazu Thorwald Dethlefsen: Krebs ist pervertierte Liebe, Krebs ist Liebe auf der falschen Ebene. [30)]

Beobachtungen: Vera hat auffallend viele rötliche Flecken im Gesicht, überwiegend auf der rechten Gesichtshälfte. Das rechte Augenlid ist etwas mehr geöffnet als das linke. Der Haaransatz ist auf der rechten Seite von der Stirnwölbung weiter entfernt als links.

---

30. Thorwald Dethlefsen: Krankheit als Weg, Seite 219; Bertelsmann Verlag

(Hinweis: Die rechte Seite wird dem Vater zugeordnet; nach dem **mara**-Denkmodell also dem väterlichen Prinzip.)

Frage: »Was bedeutet Dir Deine Krankheit?«

Vera: »Ich habe Liebe gelebt und ich habe diese Liebe nicht pervertiert.«

Frage: »Was fällt dir ein, wenn ich ›Vater‹ sage?«

Vera: »Mit meinem Vater habe ich mich bestens verstanden, mein Problem war meine Mutter. Sie hat mich nicht angenommen und geliebt. Ich sagte mir schon als Kind, ich werde mit Menschen anders umgehen, als es meine Mutter mit mir gemacht hat. Ich werde für andere da sein. Das gibt mir Befriedigung. Mein Vater hat mich gelehrt, wie man Menschen achten und lieben kann und sich selbst dabei wohl fühlt.«

Frage: »Wer hat in Deiner Kindheit das männliche Prinzip, also das mehr bestimmende Element, verkörpert?« Vera: »Die Mutter! Die Mutter hatte auch Brustkrebs und ihre Schwester auch, die Mutter ist an Brustkrebs gestorben.«

Man sieht recht deutlich, wie schwierig es ist, aus der Betonung der rechten Gesichtshälfte auf den ›Vater‹ zu schließen. Es handelte sich um die Rolle des ›Männlichen‹ bzw. des ›Vaters‹ bzw. der hierarchischen Ordnung, und nicht um den leiblichen Vater.

Der Begriff ›pervertierte Liebe‹ wird von Dethlefsen leider nicht genügend klar beschrieben. Im Fall Vera könnte sein, daß sie selbst nicht oder nur wenig geliebt hat. Vera hat sich überwiegend ihrem Umfeld zugewandt; auch das könnte als ›pervertierte Liebe‹ bezeichnet werden. Ebenso kann es sein, daß die Zuwendung an andere Veras Durchsetzungsvermögen gemindert hat. Dadurch konnte sie ihre ›männliche Seite‹ nicht ausleben. Das machte die Betonung der ›Vaterseite‹ verständlich.

Es ist nicht auszuschließen, daß derlei Zusammenhänge, insoweit sie von außen an Vera herangetragen werden, Projektionen wie Interpretationen des Betrachters sein können. Treffen diese zu, dann wird Vera z. B. durch BPS-Anwendungen selbst an diese Informationen kommen und ihre Persönlichkeitsstruktur zu verändern vermögen.

Auf solchen Zusammenhang hingewiesen, konnte Vera mit ihrer Situation besser zurechtkommen; das Schuldempfinden ist deutlich geringer geworden.

Der Fall Heinz. Heinz ist Lehrer und leidet unter starker Übelkeit und Migräne. Hinweis: Der erste Migräneanfall und das erste schwere Übelkeitsgefühl tauchten auf, als Heinz in einer katholischen Kirche am Gottesdienst teilnahm.

Beobachtung: Die linke Gesichtshälfte ist mit leichten Sommersprossen bedeckt, die größer sind als die der auf der rechten Seite. Der Haaransatz zeigt linksseitig einen tieferen ›Geheimratswinkel‹ als rechts. Beim Sitzen ist das linke Bein über das rechte gelegt. Die Nase hat eine Neigung zur rechten Gesichtshälfte.

Heinz macht einen ›lustigen‹ Eindruck.

Frage: »Was fällt dir zum Begriff ›Mutter‹ ein?«

Heinz: »Meine Mutter ist eine tolle Frau. Meine Frau versteht sich sehr gut mit ihr, und wir freuen uns auf unser Kind. Das erste Mal wurde mir schlecht, als die ›Wandlung‹ im Gottesdienst war.«

Frage: »Was bedeutet Kirche für dich?«

Heinz: »Mein Vater hat immer verlangt, daß ich in die Kirche gehe. Meine Mutter war da großzügig, aber sie mußte auch in die Kirche gehen, weil der Vater das bestimmt hat. Immer wenn ich in die Kirche gehe, habe ich bei der ›Wandlung‹ dieses Schlechtigkeitsgefühl.«

Frage: »Was bedeutet das Wort ›Liebe‹ für dich?« (Dethlefsen schreibt in ›Krankheit als Weg‹: Der Migräneanfall ist ein Orgasmus im Kopf, der Ablauf ist identisch, lediglich der Ort liegt höher.) [31]

Heinz: »Wieso fragst du mich nach Liebe? Ich habe sehr viel Liebe empfangen und erhalte von meiner Frau sehr viel Liebe und kann sie auch geben, auch in der Schule, den Kindern.«

Frage: »Was bedeutet für dich Migräne haben?«

Heinz: »Ich brauche Ruhe und möchte nicht mehr in die Kirche gehen müssen. Ich muß das schlechte Gewissen, das ich habe, wenn ich nicht in die Kirche gehe, verlernen.«

Heinz berichtet, daß er ein ausgesprochen lustvolles Liebesleben mit seiner Frau hat und das auch genießen kann.

---

31. Thorwald Dethlefsen: Krankheit als Weg, Seite 222; Bertelsmann Verlag

Beobachtungen: Heinz lehnt sich gegen hierarchische Bestimmungen auf; er erblickt darin den Zwang, den sein Vater ausgeübt hat. Die Mutter ist für ihn ein Vorbild, wie diese Situation verarbeitet werden kann.

Die Tatsache, daß Männer mit schweren Ängsten, die ihre Frauen für liebevoll und als Stütze ansahen, nur zur Hälfte an Angina pectoris litten, gegenüber jenen, die sich ungeliebt und nicht unterstützt fühlten. zeigt deutlich den Zusammenhang zwischen Psyche und den körperlichen Funktionen.

In Großbritannien wurde von Dr. Braun, zusammen mit einigen Kollegen, eine Reihe von Tests durchgeführt, um Auslösefaktoren für psychische Störungen und psychische Labilität zu finden.

Diese Tests wurden auf der Basis streng wissenschaftlicher Kriterien unter den unterschiedlichsten Rahmenbedingungen durchgeführt. Das Ergebnis war frappierend: Das Vorhandensein einer innigen, vertrauten Beziehung, in der man seine Gefühle offen zeigen kann, unabhängig davon, ob sie auch sexuelle Intimität einschließt oder nicht, war der wirksamste Schutz gegen seelische Krankheiten.

Wie man aus diesen Berichten ersehen kann wird deutlich, daß psychische Situationen einen Einfluß auf das Funktionssystem des Körpers haben.Um den Bereich Psychosomatik zu verstehen, ist es erforderlich, die notwendigen Voraussetzungen zu verdeutlichen, damit die psychische Ebene selbst beeinflußt werden kann.

Eine der Grundvoraussetzungen ist, daß man sich vor Augen führt, daß nach dem **mara**-Denkmodell jede Veränderung der psychischen Ebene an das Wahrnehmungsvermögen und an ihre Qualität gebunden ist.

A 16 Wahrnehmung und Informationsverarbeitung

Unter ›Information‹ sind Mitteilungen, Auskünfte, Nachrichten über sich selbst und die Umwelt zu verstehen. Dazu ein praktisches Beispiel: Wir kaufen im Supermarkt ein und auf dem Einkaufszettel steht: Orangen. Die Wahl zwischen verschiedenen Südfrüchten fiel, weil wir die Mitteilung lasen, daß im Winter Vitamin C wichtig wäre. Dies ist die direkte Wahrnehmung, weil eine Information (Winter, Vitamin C) durch das reduktionistische Denken bestimmt ist, Vitamin C zu benötigen. Der Ablauf der direkten Wahrnehmung geht über Impulse. Ich bin im Supermarkt und mein Blick fällt auf eine Papayafrucht. Diese Frucht hat mehr Vitamin C als die Orange und dann noch mehr Fermente, welche die Umsetzung der Vitamine optimal gestalten. Diese Art der Wahrnehmung erfolgt über das nichtreduktionisitische Denken. Bei der direkten Wahrnehmung geht man von den Sinnesorganen aus. Es gibt jedoch Sinnesorgane, die von der Biologie und Physiologie nicht als solche anerkannt werden.

So stellt beispielsweise der Leiter des Strahlenforschungsinstitutes, Prof. Dr. Popp, fest, daß die Menschen ein Wahrnehmungsorgan besitzen, das Biophotonen, als kohärentes Licht, wahrnehmen kann.

»Die eingefangenen Informationen (sowohl bewußte wie auch ungewußte) werden verarbeitet und zum größten Teil gespeichert. Das geschieht einmal im Gehirn, wo das Gedächtnis zusammenhängt mit der Zahl der Dendriten und Synapsen der Nervenzellen, mit ihrer Verschaltung und Vernetzung sowie besonderen chemischen Stoffen. Aber Speicherung erfolgt nicht nur im Gehirn, sondern überall. Jede Zelle verfügt über eine Art ›Gedächtnis‹.

Die Körpertherapien machen sich das zu Nutzen, indem sie über den körperlichen Zugang gewisse leibliche Prägungen bewußt werden lassen und damit Blockaden aufzulösen vermögen.[32] Wahrnehmungen sind demzufolge an die Persönlichkeitsstruktur des Wahrnehmenden gebunden, weshalb eine Interpretation psychosomatischer, subjektiver Beschwerden so problembehaftet ist. Das subjektive Empfinden des Patienten entspricht seiner bewußten Realität, die natürlich gleichzeitig auch den Schlüssel zu psychosomatischen Zusammenhängen in den Tiefenschichten enthält. Solche Strukturen können indes niemals durch einen Therapeuten zutreffend und verläßlich identifiziert und interpretiert werden. Interpretationen enthalten stets Anteile projizierter Strukturen des Interpreten.

Dem **mara**-Denkmodell gemäß ist jedwede Interpretation klientenseitiger Informationen eine Deformation von dessen innerer Situation. Interpretationen bedeuten daher eine nicht zulässige Einmischung in die ›Realität‹ des Betreffenden.

---

32. Peter: KF - Gesundheit und Krankheit aus ganzheitlicher Sicht, Seite 59; KP Verlag St.Gallen 1993

Der Vorgangs des Sehens nach heutiger Vorstellung (nach Varela)[33]

SEHEN (Heutige Vorstellung) nach Varela

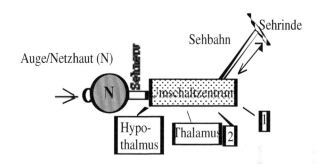

Der einfallende Lichtreiz wird umgewandelt (transformiert). Ursprünglich nicht enthaltende Einflüsse kommen hinzu. Erst dieses Gemisch gelangt - mit Rückkoppelung - zur Sehrinde: Nicht Abbildung, sondern weitgehende, fortlaufende Konstruktion findet statt. »Licht wird in der Hornhaut gebrochen, fällt auf die Netzhaut. In deren Sehzellen erfolgt eine chemische Reaktion, die einen Strom erzeugt, welcher über den Sehnerv ins Umschaltzentrum läuft. Bis hierher geschieht mit dem ursprünglichen Außenreiz schon recht viel: Optische Umgestaltung (Brechung, Umkehren des Bildes, Raster bilden), dann Umwandlung von Licht in Chemie und schließlich Elektrizität. Da es zehnmal mehr Sehzellen auf der Netzhaut gibt als Nervenfasern im Sehnerv, wird auch noch ausgewählt: Neunzig Prozent bleiben zurück. Wo der Sehnerv das Auge verläßt, liegt der ›blinde Fleck‹, eine unempfindliche Stelle. Was dort eintrifft, registriert man überhaupt nicht.

Das heißt: Bereits im Umschaltzentrum kommt eine mehrfach veränderte ›gesiebte‹ Meldung an. Doch nicht genug: Verschiedene Gebiete im Hirnstamm (auf der Grafik als 1,2, Hypothalamus und Thalmus angegeben) schicken ebenfalls ihre

---

33. Peter: KF - Gesundheit und Krankheit aus ganzheitlicher Sicht, Seite 67; KP Verlag St.Gallen 1993

Botschaften, z.T. sogar mit Wechselwirkung. Erst dieses dauernd umgearbeitete Datengemisch gelangt in die Hirnrinde und formt dabei über Rückkoppelung noch ein letztes Mal um.

Unser Sehapparat leitet Außenreize nicht einfach getreulich weiter und bildet sie ab. Nein: Es wird umgestaltet, ausgewählt, Neues hinzugefügt. Am Schluß empfangen wir eine persönlich und recht frei erarbeitete Mitteilung.

Es bleibt offen, wieviel diese noch mit der ursprünglichen Information gemeinsam hat. Anders gesagt: Wir konstruieren dauernd unsere Wahrnehmung -und damit auch unsere Welt.[34]

Im **mara**-Denkmodell gibt es vor diesem Hintergrund manipulierter Information nur einen gangbaren Weg: über die ›innere Intelligenz‹ Informationen über die jeweilige persönliche Realität zu erhalten. Es ist erklärlich, daß diese Realität nur der Betroffene selbst erlangt. Sie kann z. B. Aufschluß darüber geben, welcher physischen Funktionsstörung welche Entstehung zuzuordnen ist, um an das Kernproblem der Erkrankung heranzukommen.

A 17 Vereinfachte Darstellung des Abwehrsystems

Max von Pettenkover war ein Wissenschaftler, der 1890 einen auf-sehenerregenden Versuch unternahm .Pettenkover, der die Grundlagen der moderen Hygiene schuf, leerte vor seinen Studenten ein Glas mit mindestens einer Milliarde Cholerabakterien. Diese Menge reicht normalerweise aus, um 1000 Menschen anzustecken.

Pettenkover blieb jedoch gesund, bis auf den als normal einzustufenden Durchfall. Er wollte beweisen, daß ein Krankheitserreger noch nicht die Krankheit auslöst, sondern daß weitere Umstände hinzukommen müssen, um zu einer Infektion zu führen. Damals wurden solch ›weiteren Umstände‹ als individuelle Disposition bezeichnet. Im heutigen Zeitalter umfassender Informationsmöglichkeiten entdecken immer mehr Menschen die Zusammenhänge zwischen Seele und Körper und den damit einhergehenden Einfluß auf die ›individuelle Disposition‹.

---

34. Peter: KF - Gesundheit und Krankheit aus ganzheitlicher Sicht, Seite 68; KP Verlag St.Gallen 1993

Werfen wir einen Blick auf die Abwehrmechanismen des menschlichen Körpers. Was geschieht, wenn ein Krankheitserreger eindringt? Eine gewaltige Abwehrmaschinerie wird in Gang gesetzt. Warnsysteme schalten sich ein, Kontrollsysteme werden mobilisiert. Killer- und Freßzellen werden aktiviert, die den Eindringling unschädlich machen sollen. Sogenannte kleine Freßzellen sterben dabei ab; aus ihnen bildet sich Eiter. Neue Verteidigungssysteme werden alarmiert, und sogenannte T-Zellen erkennen den Eindringling und melden weiter, um welche ›Art‹ es sich handelt. (T-Zellen werden so benannt, weil sie in der Thymusdrüse produziert werden.)

T-Zellen können sehr genau den Eindringling identifizieren und definieren. Eine andere Art von T-Zellen sind ›Killerzellen‹; sie töten den Eindringling, indem sie sich in ihn ›hineinbohren‹.

Darüber hinaus gibt es B-Zellen, die im Knochenmark produziert werden. (›B‹ = bone marrow; oder bursa Fabricii, einem lyphoretikulären Organ bei Vögeln)

Diese B-Zellen vollbringen wahre Wunder und produzieren präzise Abwehrkörper, die genau zu dem Eindringling ›passen‹.

Es existiert eine unvorstellbare Anzahl Krankheitserreger, und für jeden von ihnen produziert die B-Zelle einen darauf ausgerichteten Abwehrstoff. Diese besitzen Mechanismen, die mit den Kupplungen von Spielzeugeisenbahnen verglichen werden können. Gelangt der Abwehrkörper an den Eindringling, ›kuppelt‹ er sich an und bleibt mit ihm verbunden und wird vernichtet.

Was geschieht bei einer Impfung?

Dabei wird ein Krankheitserreger in die Blutbahn gebracht, und die B-Zellen entwickeln Abwehrstoffe, die genau dem Eindringling zugeordnet sind.

Sie produzieren gewissermaßen ›auf Lager‹, um im Ernstfall den Eindringling blitzschnell bekämpfen zu können.

Darin liegt u.a. das Geheimnis, weshalb Infektionskrankheiten erforderlich sind, damit der Mensch gesund bleibt. Jeder Krankheitserreger, der sich jemals im Körper befand, hinterläßt auf einer Art Datenbank Informationen über sich. Diese einmal gespeicherten Informationen werden in speziellen B-Zellen gespeichert. Man spricht auch von Gedächtnis- oder Memory-Zellen. Sie besitzen die Eigenschaft lebenslanger ›Erinnerung‹, um innerhalb kürzester Zeit spezifische Antikörper zu produzieren.

Je mehr Infektionskrankheiten schon im Kindesalter vorhanden sind, um so weniger kann im Alter eine ernsthafte Gefährdung eintreten. Deswegen ist im Notfall bei Infektionskrankheiten im Kindesalter der Arzt zu befragen, ob Antibiotika eingesetzt werden müssen oder nicht. Falls sich bei einer Infektion das Risiko einer ernsthaften Komplikation oder sich die Schädigung eines Organs abzeichnet, ist der Einsatz eines Antibiotikums (vorausgesetzt, es handelt sich um einen bakteriellen Infekt und keinen viralen) sicherlich wichtig und angeraten. Das Antibiotikum verhindert nicht die Bildung eigener spezifischer Antikörper, sondern verhilft im Gegenteil der körpereigenen Abwehr.

Die vorhin zitierten ›weiteren Umstände‹ haben die Dimension des Seelischen zum Inhalt. Alte Bauernweisheiten geben viel Aufschluß über derlei Zusammenhänge zwischen Seele und Körper und betonen somit die Ganzheitlichkeit. Wie sehr dies auch sprachlich zusammenhängt, wurde bereits erörtert: »Mir läuft die Galle über«, »Das kann ich nicht verdauen« etc. sind Beweise für solche Wechselbeziehung.

All das sind facettenreiche Ausdrucksformen der Psychosomatik. Das körpereigene Abwehrsystem dient hierbei als wichtiger Indikator für die Bedeutsamkeit der Psychohygiene. Auf eine umfassende Darstellung des Abwehrsystems wurde an dieser Stelle verzichtet, da es viele ausführliche Darstellungen von hervorragender Qualität gibt.

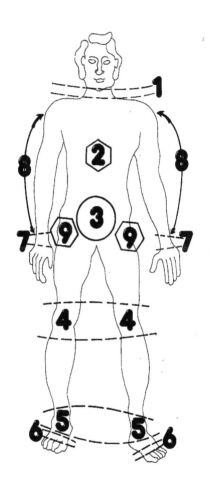

A 18 Halswirbelsäule

Die Halswirbelsäule besteht aus 7 Wirbeln und mündet mit dem Atlas in das Hinterhauptloch des Schädels.

Dem ersten Wirbel (Atlas) fehlt der Wirbelkörper. Er ist während der evolutionären Entwicklung zum zapfenförmigen Zahn (Dens) des zweiten Wirbels (Epistropheus od. Axis) geworden. Dieser Zahn bildet eine Achse, um die sich der Atlas mit den darauf sitzenden Kopf drehen können (unteres Kopfgelenk).

Der Zahn wird ein durch ein den Atlasring quer durchziehendes Band am vorderen Atlasbogen gehalten; es ist in erster Linie für die seitliche Bewegung des Kopfes zuständig. Solche Drehbewegung ist erforderlich, um das Gesichtsfeld zu erweitern, so daß man von der Halswirbelsäule im übertragenen Sinne als von einem Hilfsorgan für den menschlichen ›Weitblick‹ sprechen kann.

Ist die Bewegung der Halswirbelsäule - des Atlasbandes - eingeschränkt, ist der Mensch nicht mehr fähig, Gefahren früh genug zu erkennen. Aus diesem Grunde sind in der Psychosomatik der Hals und die Halswirbelsäule die Entsprechung für Angst (Gefahren nicht rechtzeitig zu erkennen).

Man kann feststellen, daß bei vielen Menschen mit relativ ›engen‹, d.h. beschränkten Vorstellungen (d.i. ihr Weltbild) eine Einschränkung der Drehbewegung des Atlas' zu verzeichnen ist. Durch die Drehbewegung in Verbindung mit der Visualisierung ›Weite‹ und ›Vollbeweglichkeit‹ wird das Empfinden vermittelt, ›Weitblick‹ zu haben und auf Grund dessen vor Gefahren ausweichen zu können. Die Folge ist ein geringeres Angstniveau.

Bei der Kopfbewegung nach links wird die Gefühls- (mütterliches-Prinzip) Seite betont; nach rechts das logisch-lineare Denken als Begriff für das väterliche-Prinzip.

A 19 Sonnengeflecht und Zwerchfell

Das Sonnengeflecht befindet sich (Abb.2 - 3) unterhalb des Zwerchfells an der hinteren Bauchwand, etwa in Höhe des zweiten Brustwirbels und hinter der Bauchspeicheldrüse auf der Bauchaorta.

Das Sonnengeflecht besteht aus einem großen Netz von Nerven-fasern, von dem aus die oberen Bauchorgane versorgt werden. Es stellt damit eine zentrale Nervenschaltstelle dar, die Informationen zwischen

Gehirn und Bauch vermittelt.

Das Sonnengeflecht etwas drei Fingerbreit unterhalb des Brust-beins als ›Verdickung‹ ertasten. Stärkerer Druck löst heftigen Schmerz aus, der wie ›ein Taschenmesser‹ zusammenklappen läßt. Man spricht daher auch vom K.o-Punkt.

Psychosomatische Erscheinungen im Bereich des Sonnenge-flechtes drücken zumeist Überforderung aus, was bedeuten kann, daß derjenige unter chronischem Streß leidet. Solcher Streß muß nicht unbedingt von außen kommen, viele Menschen erle-ben den sogenannten hausgemachten, also endogenen Streß.

Er kann sich zusammensetzen aus Konfliktsituationen innerhalb der Familie, am Arbeitsplatz, im Freundeskreis, es können exi-stentielle Ängste sein, sexuelle Störungen, erhöhte Leistungsan-forderungen oder auch zerstörte Illusionen. Der Maßstab für Streß ist dessen ungeachtet immer nur der Maßstab, den der Be-treffende selbst an sich anlegt, so daß bei abnehmender Anforde-rung an sich und andere die Streßsymptome schwinden. Man könnte es so sagen: Je weniger ich von mir selbst fordere, um so geringer ist das streßauslösende Niveau.

A 20 Emotion, Liebesfähigkeit, Kontakt, Kommuniska-tion, Freiheit

Der Brustraum wird vom knöchernen Brustraum (Thorax) um-schlossen. In der Seitenansicht ist der Brustraum oval, da die oberen und unteren Rippen kürzer als die mittleren sind. Der Querschnitt des Thorax ist beim Erwachsenen quer-oval.

Die Brust beinhaltet: Speiseröhre, Luftröhre mit Bronchien, Lun-gen, Her und Brustteil der Aorta. Der Thorax ist die Unterlage für den Schultergürtel, dessen Muskeln an ihm entspringen und durch seine Bewegung die Atmung ermöglichen.

Die Form des Brustkorbes ist in Abhängigkeit vom Lebensalter unterschiedlich. Er verändert seine Form durch Atmung; hinzu-kommen Geschlechts- und Konstitutionsunterschiede.

Im Alter wird die Bewegungsfähigkeit des Brustkorbes durch Verkalkung der knorpeligen Rippenteile eingeschränkt, wodurch die Lungenfunktion erschwert werden kann. Krankhafte Veränderungen hingegen manifestieren sich z. B. als Rachichtis, Trichterbrust (Brustbein eingesenkt) oder Hühnerbrust (Brustbein vorgewölbt). Im Thorax sind überwiegend die Versorgungseinrichtungen des Körpers untergebracht: Speiseröhre, Bronchien, Herz und Lunge.

Die Lunge hat im Vergleich zum Herzen keinen derartig festgelegten Rhythmus. Im Lateinischen heißt spirare atmen und spiritus Geist. Beide haben denselben Wortstamm; im Indischen heißt atmen atman. Durch das Ein- und Ausatmen nimmt der Körper den für die chemischen Stoffwechselvorgänge notwendigen Sauerstoff auf und scheidet als Verbrennungsrückstand Kohlendioxyd aus. Neben diesem Aspekt weist das Atmen jedoch auch auf einen geistigen Hintergrund hin.

Durch das Einatmen erfolgt die Aufnahme von Biophotonen, d.s. Photonen, die in angeregten und ionisierten Zuständen von Hülleelektronen in den Luftmolekülen gespeichert sind. Diese gespeicherte Luftenergie ist gewissermaßen das Bioplasma der Atmosphäre. Es wird vorwiegend durch Sonneneinstrahlung gebildet. Aus der Sicht der Inder ist der Atem Träger der eigentlichen Lebenskraft, die prana genannt wird. Der Atem kann unsere körperliche Begrenzung auflösen und ist ein Kommunikationsmittel nach außen.

Auch hier existieren Redewendungen, die Hinweise auf die psychosomatische Bedeutung geben: ›Mit bleibt die Luft weg‹ oder ›Da kann ich nicht frei atmen‹ oder ›Da muß ich erst einmal tief Luft holen‹. Atmen bedeutet Geben und Nehmen. Der Atem stellt den Kontakt nach außen her und zeigt im übertragenen Sinne damit, inwieweit ein Mensch kontaktbereit ist oder nicht. Da durch den Atem und die Photonen zum allumfassenden Äther Kontakt hergestellt wird, könnte man den Atem als Nabelschnur zur ›Großen Gebärmutter‹ ansehen. Der Bedeutungen sind hierbei zweierlei: Erstens sind wir in der Gebärmutter des Kosmischen geboren; zweitens atmen wir autonom im Kosmischen. Die Atmungsorgane haben eine psychosomatische Bedeutung, die Kontakt und Beziehung symbolisiert. Kontakt nach außen (zu den Menschen) und Beziehung (zur kosmischen Dimension).

Genaus oft tauchen bei Kontaktproblemen mit der eigenen Sensibilität Schwierigkeiten mit der Bauchatmung auf.

Die Erfahrung zeigt, daß Menschen mit Kontaktschwierigkeiten oftmals über Atembeschwerden klagen. Diese treten verstärkt auf, sobald sich die Betreffenden - sinnbildlich gesprochen - nicht von der mütterlichen Gebärmutter trennen und in die kosmische Gebärmutter wechseln konnten. Auffällig ist, daß Menschen mit starken Depressionen nur eine sehr flache Brustatmung haben. Bauchatmung tritt bei diesen Symptomen kaum auf. Eine schneller Besserung tritt ein, sobald die Bauchatmung erlernt wird.

A 21 Nichtbewußte Verarbeitung

Analyse, Gefühl, Aggression, Partnerschaft (Bauchorgane)

Der Bereich des Bauches dient der Versorgungs- und Entsorgungsorgane. Dort werden Speisen in körpergerechte Energie umgewandelt und körperfeindliche Stoffe durch Entsorgungsorgane ausgeschieden. Bauchspeicheldrüse (Pankreas): Sie ist eine Darmanhangdrüse, ungefähr 100 Gramm schwer und von länglicher Form. Das Organ liegt im Oberbauch und wird in drei Abschnitte unterteilt. Mit seinem Kopfende schmiegt es sich in die hufeisenförmige, konkave Form des Zwölffingerdarms. Der Körper des Pankreas legt sich vor der Wirbelsäule um die großen Blutgefäße des Bauches und läuft, sich zur Milz hin verjüngend, schwanzförmig aus.

Die Bauchspeicheldrüse erzeugt ein Sekret, den Bauchspeichel, der über den Gallengang in den Zwölffingerdarm eingeleitet wird. Der Bauchspeichel ist einer der wichtigsten Verdauungssäfte; er weist eindeutig aggressiven Charakter auf.

Die Bauchspeicheldrüse bzw. die Inselzellen in der Pankreas erzeugen das Insulin, welches im Bauchspeichel enthalten ist. Eine Unterproduktion dieses Verdauungssaftes führt zu Diabetes (Zuckerkrankheit). Hierbei kann der Erkrankte den Zucker in der Nahrung nicht assimilieren (›Diabetes‹ = grch. diabeinein, d.h. ›hindurchwerfen, hindurchgehen‹).

Wenn man nun das Wort Zucker durch das Wort Liebe ersetzt, ist der Problembereich des Diabetikers bereits umrissen. Süßigkeiten stellen Ersatz für ›süße Wünsche‹, dar, die das Leben vers-süßen sollen und im Symbolgehalt des sogenannten ›süßen Lebens‹ fußen.

Hinter dem Wunsch des Diabetikers, Süßes genießen zu wollen und der gleichzeitigen Unfähigkeit der Assimilation von Zuckerwaren, kann der uneingestandene Wunsch nach Liebeserfüllung stehen, gepaart mit der Unabhängigkeit, Liebe zu nehmen und sie ganz hereinlassen zu können. Der Diabetiker muß bezeichnenderweise von Ersatznahrung leben, d.h. sozusagen vom Ersatz für seine echten Wünsche.

A 22 Dickdarm

Der in den Dickdarm einströmende Speisebrei enthält neben beträchtlichen Mengen an Wasser eine Anzahl unverdauter Nahrungsreste. So erscheint die mit der Nahrungsmenge aufgenommene Zellulose zu 100 Prozent im Dickdarm.

Sie wird in Teilabschnitten des Dickdarms durch Bakterien aufgeschlossen. Die Spaltprodukte und freiwerdende Stärke werden vergärt. Es entsteht somit ein saures Milieu, das das Wachstum von Fäulnisbakterien hemmt. Der Dickdarm ist ca. 1,5 bis 2 Meter lang; sein letzter Teilabschnitt wird als Mastdarm bezeichnet.

Der Darm reagiert sehr empfindlich auf verdrängte Gefühle. Störungen im Darmgeschehen sind Ausdruck von schlecht zu beherrschenden Emotionen. Der Volksmund spricht daher zutreffend von ›Eine Wut im Bauch haben.‹

Im Dickdarm ist der eigentliche Verdauungsprozeß beendet. In diesem Darmteil wird dem einströmenden Speisebrei Wasser entzogen. Der Kot muß sich über den After aus dem Körper begeben, damit es nicht zu einem Stau im Mastdarm kommt und auch um das ›tote Material Kot‹ nicht zu einer Bedrohung für die Gesundheit werden zu lassen. Das ist nicht nur symbolisch gemeint.

Menschen mit Verdauungsstörungen halten im wahrsten Sinne des Wortes etwas zurück. Verstopfung ist Ausdruck eines Nichthergebenwollens. Chronische Verstopfung zeigt, wie schwer es dem Betreffenden fällt, Gefühle zu zeigen, sich vorbehaltlos hinzugeben, kopflos zu sein. Er lebt überwiegend im Bereich des reduktionistischen Denkens.

Der Darmbereich ist der Bereich des nicht-reduktionistischen Denkens. Der chronische Verstopfte neigt zu pedantischen, mißtrauischen, pessimistischen und perfektionistischen Grundmustern.

A 23 Dünndarm

Im Dünndarm erfolgt die eigentliche Verdauung der Nahrung. Verdauung bedeutet Zerlegung der vom Magen vorverdauten Speisen in ihre Bestandteile. Dieses Zerlegen korrespondiert mit der psychischen Funktion des Erkennens und Zerlegens. Menschen, denen es Schwierigkeiten bereitet, Situationen zu analysieren, haben oftmals Probleme mit dem Dünndarm. Sie stellen sich oftmals in Form von Blähbauch, starker Gasbildung vor. Starke Geräusche im Bereich des Unterbauches werden durch die Peristaltik, d.h. durch Zusammenziehen der Hohlorgane, insbesondere des Magen-Darm-Kanals zur Weiterbeförderung der Speisen, hervorgerufen.

A 24 Harnableitende Wege und Blase

Die überschüssigen Salze und Abbaustoffe aus dem Blutstrom werden als Harn durch den Harnleiter in die Harnblase geleitet. Die Menge pro Minute entspricht etwas dem Inhalt eines Teelöffels. Die Blase hat ein normales Fassungsvermögen von 500 ml. Die Abflußkanäle von der Niere zur Blase, die sogenannten Uretren, sind zwischen 25 - 30 cm lang. Die Harnröhre, die den Urin aus der Blase ins Freie entläßt, ist bei Mann und Frau unterschiedlich lang. Beim Mann ca. 20 - 28 cm, bei der Frau ca. 3 - 5 cm.Psychosomatische Hinweise bei Erkrankungen der harnableitenden Wege sind ähnlich wie bei der Blase. In beiden Körperregionen zeigt sich der Umgang mit der Macht. Durch den Gang auf die Toilette läßt sich fast jede Situation unterbrechen und manipulieren.

Thorwald Dethlefsen: »Wer auf die Toilette muß, spürt Druck und übt gleichzeitig Druck aus.«

Gut zu begreifen ist das Thema ›Symptom durch Machtäußerung‹ auch beim Bettnässen. Steht ein Kind tagsüber so stark unter Druck (Eltern, Schule), daß es weder loslassen noch seine eigenen Ansprüche vertreten kann, so löst das nächtliche Bettnässen gleichzeitig mehrere Probleme auf einmal: Es verwirklicht das Loslassen als Antwort auf erlebten Druck und stellt gleichzeitig eine Gelegenheit dar, die sonst so mächtigen Eltern in die Hilflosigkeit zu verbannen. Über das Symptom kann das Kind, sicher getarnt, all jenen Druck wieder zurückgeben, den es tagsüber empfängt.

Menschen, die sich nicht bewußt mit ihrer Machtstruktur auseinandersetzen, zeigen oftmals somatisierte Machtstrukturen im Bereich von Blase und harnableitenden Wegen. Säure ist ein zerstörerisches Element. Menschen mit ›ätzender‹ innerer Einstellung zum Umfeld leiden oft an hohem Harnsäurewert und an Störungen im Blasen-Harnleiter-Bereich.

Solange der Mensch ein Ich hat, strebt er nach Machtentfaltung. Die meisten von ihnen machen sich nicht deutlich, in welchem Umfang sie selbst nach Dominanz und Machtentfaltung streben. Jeder Mensch hat ein bestimmtes Maß an Machtanspruch, das er befriedigen muß, damit es ihm ›gut geht‹. Das größte Problem für viele ist, sich diesen Machtanspruch einzugestehen. Sie verstehen unter Macht eine negative Dimension. Es gibt jedoch auch positive Machtanwendung. Macht ist nach dem vergangenen Krieg durch ein nicht bewältigtes Geschichtsbild in eine negative Zone gedrängt worden, wodurch Machtentfaltung und Ego-Dominanz als sehr negativ erachtet und empfunden werden.

A 25 Das Herz

Das Herz entspricht im Sinne der Psychosomatik der Liebesfähigkeit

und Emotion. Es ist zugleich das physische Zentrum, welches das Körpersysteme mit Nahrung versorgt.

Psychosomatisch haben Menschen, bei denen das System des Denkens und ihrer Philosophie nicht mehr mit ihrer Lebenssituation übereinstimmt, Herzbeschwerden. Nur eine diesbezügliche

Änderung kann sie lösen. Redewendungen zeigen einen deutlichen Weg:

›Es geht mir etwas zu Herzen‹

›Das Herz zerspringt vor Freude‹

›Herzensangelegenheiten‹

›Das Herz fällt mir in die Hose‹

›Das Herz schlägt einem bis zum Halse‹

›Ins Herz schießen‹

›Ein Herz für Kinder haben‹

›Herzlichen Glückwunsch‹

Das Herz ist eine Hochleistungsmaschine, die alle Körperteile mit Blut versorgt. Es finden durchschnittlich 70 Schläge pro Minute statt, durch die in der Minute 5 Liter Blut zur Zirkulation gebracht werden. Dabei entwickelt sich ein Druck im Herzen von 16 - 17 kpa bei der Austreibungsphase, und zwar ein Leben lang.

Der Rhythmus des Herzens ist ein weitgehend autonomes Geschehen, welches nur über bestimmte Trainingsmethoden beeinflußt zu werden vermag.

Das Herz kann somit als eines der wichtigsten Zentren bezeichnet werden. Es liegt beinahe in der Mitte des Körpers, ein wenig nach links versetzt. Also zur Gefühlsseite hin, die auch der rechten Gehirnhälfte zugeordnet wird, somit der Seite des Gehirns, welche für die Bildwahrnehmung verantwortlich ist. Auch der Zugang zum Nicht-Bewußten durch die rechte Gehirnhälfte gibt einen Hinweis auf jene Redewendungen ›mit Herz‹.

In der BPS-Praxis deuten Herzbeschwerden immer wieder auf Sichtweisen hin, die relativ weit von der allgemeingültigen Realität entfernt sind. Bildlich gesprochen: Das Herz ist der Motor des physiologischen Systems und ist system-immanent.

Die psychische Seite gibt bei Beschwerden Hinweise darauf, daß der Betroffene eine Vorstellungswelt lebt die so weit von der *„allgemeingültigen Realität" entfernt* ist, daß eine Isolation droht.

A 26 Leber und Gallenblase

Leber und Gallenblase sind dem Bereich Versorgungseinrichtung zuzuordnen.

Die Leber ist mit einem Gewicht von ca. 1,5 kg die größte Drüse. Sie erzeugt ca. einen halben Liter Gallenflüssigkeit pro Tag. Die Galle ist für die Aufschließung der Nahrung und die Verwertung von Bedeutung. In der Leber laufen ca. 500 verschiedene biochemische Funktionen ab, darunter die Produktion von Glykogen, die Stabilisierung des Blutzuckerspiegels, der Aufbau von Enzymen, die Verarbeitung von verdauenden Fetten und Eiweißstoffen sowie die Produktion von Galle und Cholesterin.

Die Gallenblase befindet sich an der Unterseite der Leber. Sie ist der Vorratsbehälter der Galle, die eine Flüssigkeit produziert, welche zur vollständigen Verdauung der Fette benötigt wird. In der Leber erzeugt, wird sie in einem System kleiner Kanäle gesammelt, fließt in den Lebergang, der in dem Gallenblasengang endet und die Galle in die Gallenblase weiterleitet. Hier wird sie konzentriert. Die Gallenblase ist etwa 10 cm lang und kann die Gallenproduktion eines halben Tages aus der Leber aufnehmen.

Die Nahrung, wie der Mensch zu sich nimmt, wird im Magen mit Verdauungssaft vermengt und von hier schubweise in den Zwölffingerdarm entleert. Wenn dies geschieht, fließt aus der Gallenblase Galle in ihn und bereitet die Nahrungsfette so auf, daß sie vom Körper verwertet werden können.

Die Galle regt die Därme an, die Nahrung zu transportieren, so daß der Verdauungsvorgang reibungslos erfolgen kann.

Auch über Galle und Leber gibt es Sprüche aus Volkes Mund, die treffend die psychosomatischen Reaktionen widerspiegeln:

›Mir ist eine Laus über die Leber gelaufen‹

›Mir läuft die Galle über (kommt hoch)‹

›Er hat ein gallenbitteres Gesicht‹

›Er spuckt Gift und Galle‹

Interessant sind die statistischen Erhebungen über die Erkrankung der Galle. Es fällt auf, daß Gallensteine häufiger bei Frauen auftreten, während dazu polar bei Männern die Nierensteine häufiger sind. Gallensteine sind wiederum bei verheirateten Frauen mit Kindern signifikant häufiger als bei unverheirateten.

Solche statistischen Beobachtungen können vielleicht das Verständnis für psychosomatische Deutungen erleichtern. Energie will fließen. Wird diese daran gehindert, kommt es zum Stau.

Findet ein solcher über längere Zeit keinen Abfluß, hat die Energie die Tendenz, sich zu verfestigen.Menschen, die krampfhaft an alten (Verhaltens- und Denk-) Mustern festhalten, leiden oftmals an Störungen im Gallenbereich. Die Anregung, ›alte Erfahrungen zu verdauen‹

Nach der Lehre des ›Polarity‹ (Dr. William Le Sassier) ist die Polung des elektrischen Energiepotentials auf der linken Körperseite negativ und auf der rechten positiv. Richard Cordon: »So wie die Erde und Sonne haben auch unsere Körper magnetische Nord- und Südpole. Tatsächlich hat alles, was aufrecht steht auf dem Planeten, eine positive Ladung an der Spitze und eine negative an der Basis.«

Die Polaritätsmuster des Körpers folgen elektromagnetischen Prinzipien, die sich in der ganzen Natur finden lassen.

• Die Spitze des Körpers hat eine positive Ladung.

• Die Füße sind negativ geladen.

• Die rechte Seite hat eine positive Ladung.

• Die linke Seite ist negativ geladen.

(Diese Ladungen werden gewöhnlich mit empfindlichen Voltmetern nachgewiesen.)

Tatsächlich wurden von der ›Alternative Sources of Energy Minnesota‹ elektromagnetische Potentiale am Körper gemessen. Das ist nicht mit einem Voltmeter möglich, sondern mit einer Voltaischen Brücke. Gemessen werden elektrische Energiepotentialunterschiede, die den Schluß zulassen, daß auf der Hautoberfläche Ströme im y-Ampere-Bereich fließen.

Am Rücken sind diese Energieströme durch gegenseitige Polung aufgehoben. Die Trennung dieser Energiepotentiale geschieht auf der Höhe der Lendenwirbelsäule. Dort ist genau wie an der Halswirbelsäule der energetisch schwierigste Punkt vorzufinden. Unter solchen Stellen sind jene am Körper zu verstehen, an denen entweder der Energiefluß aufgehoben wird (HWS = Halswirbelsäule) oder an denen er getrennt wird (LWS = Lendenwirbelsäule).

Psychosomatisch ist interessant, daß sich an der Lendenwirbelsäule sehr oft starke Schmerzen zeigen, sobald der Betroffene einen großen Verlust erlitten hat. Der Grund dafür kann ein sogenannter Bandscheibenvorfall sein. Doch stellte sich in der Praxis häufig heraus, das bei jenen Betroffenen, die während der BPS-Anwendung die Verlustangst ›loslassen‹ konnten, die LWS-Schmerzen und der Bandscheibenvorfall bei nur einer Sitzung verschwunden waren.

Verlustängste können aus dem Verlust eines geliebten Menschen, Tieres oder eines für wertvoll befundenen, materiellen Gegenstandes resultieren.

Durch den Verlust fühlt sich der Betroffene kaum fähig, sich auf der materiellen Ebene ohne das Verlorengegangene allein fortzubewegen. Die Gehfähigkeit wird durch Schmerzen an der L.W.S. eingeschränkt. Bei der Akzeptanz des Verlustes verschwinden oft die Rückenschmerzen.

Der Verlust scheint so ›unter Druck zu setzen‹, daß die Bandscheibe mechanisch nachgibt und die unter der Bezeichnung Bandscheibenvorfall bezeichneten Schmerzen hervorruft.

A 27 Magen

Der Volksmund sagt:

- ›Das ist mir auf den Magen geschlagen‹
- ›Liebe geht durch den Magen‹
- ›Ich bin sauer‹ (Magensäuregehalt)
- ›Mir hängt der Magen durch‹
- ›Du hast einen Saumagen‹
- ›Das kann ich nicht verdauen‹

Der Magen zeigt an, daß ein Mensch mit Magenproblemen es nicht optimal gelernt hat, Probleme zu verdauen, umzuwandeln, die Energie aus dem das Problem bindende Ereignis herauszulösen.

Sehr oft haben Magenprobleme mit mangelndem Selbstbewußtsein zu tun. Dies kann wiederum mit mangelnder Geborgenheit und nicht erwiderter Liebe beruhen. Menschen, die überwiegend im Bereich des reduktionistischen Denkens verhaftet sind, leiden oft an Störungen im Magenbereich. Es fehlt ihnen das Vertrauen in die Struktur des Chaos', zur Liebe auf der Ebene des universellen Wissens.

Durch die BPS-Anwendungen kann der Lernende in eine Zone der Geborgenheit geführt werden, die sodann eine Verbesserung der Umwandlungsfähigkeit (der Speisen) im Magen herbeiführt.

A 28 Nieren

Die Nieren gehören dem Bereich Entsorgung an. Sie haben die Form einer Bohne, sind etwa so groß wie eine Faust und wiegen ca. 150 Gramm. Sie liegen unter den kurzen Rippen hinter Bauchhöhle und Leber. Täglich durchströmen sie etwa 180 Liter Blut. [35] Die Nieren regeln den Flüssigkeitshaushalt des Körpers und reinigen dabei das Blut. Sie sind Ausscheidungsorgane, die die Abbaustoffe des Stoffwechsels ausscheiden und den Salz und Wasserhaushalt sowie das Säuren- und Basengleichgewicht regulieren.

Der Spruch ›Das geht mir an die Nieren‹ ist bekannt und zeigt auch hier den psychosomatischen Zusammenhang auf. Angst beeinflußt die Nieren und die harnableitenden Wege. Menschen, die Prüfungen ablegen müssen, ›verschwinden‹ häufig. Über die Nieren werden Stoffe ausgefiltert, die den Körper vergiften könnten. Die Abbauprodukte verlassen über die Blase den Körper. Dieser Reinigungsprozeß ist symbolisch. ›Reinigung‹ im seelischen Bereich ist notwendig, um sich in der Welt zurechtzufinden, um sozusagen ›den Durchblick zu haben‹.

Typische auslösende Faktoren sind beispielsweise Abnabelung vom Elternhaus, Trennung vom Freund, Partner, Lösung von der gewohnten Umgebung, vom Arbeitsplatz, der Verlust eines Nahestehenden, das alles sind dominante Auslöser. Bezeichnend ist hierbei, daß zu derlei Krankheitszuständen neigende Menschen bei Verlusten oft nicht fähig sind, echt zu trauern. In ihnen wachsen jedoch Zorn, Aggression und wütende bis haßerfüllte Reaktionen. Sie verweigern sich konstant, sich mit ihrer Situation angemessen auseinanderzusetzen. Aggressionen unterschiedlichster Art sind häufig mit Nierenerkrankungen verbunden. Es zeigt sich zudem, daß Menschen, die an Nierenerkrankungen oder Entzündungen der ableitenden Harnwege leiden oder an einer Niere operiert wurden, in der

---

35. Karl Sommer: Anatomie,Physiologie,Ontogenie, S. 319ff.; Verlag Volk und Wissen 1986 Berlin

Entzündungsphase oder nach der Operation in regelrechte Aggressionszustände geraten. Sie verlieren teilweise den Bezug zur Realität, neigen dazu, Situationen zu beschönigen oder zu verharmlosen und flüchten sich in regressive Verhaltensformen.

Die Niere entscheidet, welche Stoffe im Blut verbleiben sollen oder ausgeschieden werden müssen.

Der Mensch verfügt über zwei Nieren. Beider Zusammenspiel hat seine Entsprechung in der Partnerschaft. Nieren entgiften in diesem Sinne auch seelisch.

A 29 Kniegelenk und Kniebeuge (15)

Beim Kniegelenk handelt es sich um das größte Gelenk des Menschen. Man bezeichnet es auch Getriebegelenk. Das Knie verbindet Ober- und Unterschenkel. Die Kniegelenke lassen einen weichen, ausgeglichenen Gang zu, der harmonisch wirkt.

Die Kniegelenke sind psychosomatisch eine wichtige Gelenkstelle, damit der Mensch auf der Ebene, auf der er als Mensch lebt, dahin gehen kann, wohin er strebt.

Das Kniegelenk wird benötigt, um sich bücken zu können, um aufzunehmen, ›was uns die Lebensebene vor die Füße legt‹. Bücken kommt von beugen und beugen von biegen; die Knie bedeuten das Vermögen, sich vor dem Hintergrund des universellen Wissens zu beugen und aufzunehmen, was vor einem liegt: somit Beugen und Annehmen.

Beugen hat mit Demut zu tun. Demut in diesem Sinne zu verstehen heißt, vorbehaltlos annehmen, was das universelle Wissen aufträgt, um es auf der Ebene des momentanen Aufenthaltes zu realisieren. Erst dadurch wird universelles Wissen erfahrbar.

A 30 Fußgelenk (16)

Der menschliche Fuß besteht aus 26 Knochen, von denen das Fersenbein der größte ist und die Zehenglieder die kleinsten. Der Fuß hat die gesamte Körperlast zu tragen und wird daher statisch sehr stark beansprucht.

Die Sprung- oder Knöchelgelenke stellen die Verbindung des Fußes mit dem Unterschenkel dar. Das Fußgelenk ermöglicht das Abrollen des Fußes beim Gehen. Dabei setzt zuerst die Ferse auf. Dort sind die Zonen, die bei den Fußreflexzonen als Zonen der

Sexualität bezeichnet werden. Sexualität und ›auf dem Boden sein‹ haben eine enge Beziehung. Bei den Fußreflexzonen ist die Sexualität entgegengesetzt dem Gehirn angesiedelt. Das sind die Polaritäten, die wir in diesem Leben ›auf den Boden bringen müssen.‹

Sexualität als vitales Lebensprinzip und Antrieb ist die Polarität des Gehirns, das Antriebsprinzip, welches in seiner Intensität bis ans Lebensende erhalten bleibt. Sein Nachlassen im Alter hat lediglich mit der Auswirkung der körperfeindlichen Programmierung durch kirchliche Moralvorstellungen zu tun, mit denen die Menschen seit 2000 Jahren zu leben angehalten werden. Menschen, die Schwierigkeiten haben, diese vitale Lebensenergie ›auf den Boden zu bekommen‹, haben oftmals Probleme mit ihren Fußgelenken. Dieses Realisieren wird auch als Erdung bezeichnet. Die Energie der Gedanken auf diese Erde, auf ›den Boden‹ zu bringen, geschieht symbolisch über den Kontakt zur Erde. Ist das Fußgewölbe hoch, zeichnet dies im Normalfall einen Menschen aus, der wenig Neigung zum Realisieren hat, jedoch eine starke Neigung, aus der allgemeingültigen und persönlichen Realität ›hinauszugehen und zu flüchten‹.

Flucht ist stets ein Sichdrücken vor den ureigenen Aufgaben des Menschen, auf dieser Ebene Verwicklungen aufzulösen, denn die Seele erhielt nur deswegen einen materiellen Körper, weil sie die Erkenntnisse auf die materielle Ebene einbringen muß (um an das Selbst zu kommen); das bedeutet soviel wie ›Erdung‹. Die Zehen benötigt der Mensch, um beim Gehen das Gleichgewicht halten zu können, um sich auszubalancieren. Beobachtet man Menschen, die eine Amputation der großen Zehe erfahren haben, wird die Schwierigkeit des Ausbalancierens augenscheinlich.

Die Zehen sind auch dazu vorhanden, um sich in die Erde zu ›ver-krallen‹. Um Schritt für Schritt setzen zu können, benötigt man einen festen Halt auf dem Boden. Das ist, sinnbildlich gesprochen, nur möglich durch ein Vertrauen in die Struktur des Chaos', und es ›funktioniert‹ nicht nur mit dem Vertrauen in das reduktionistische Denken.

A 31 Mittelfußknochen und Zehen (17)

Die Mittelfußknochen mit den sie umgebenden Sehnen und Muskeln sind für die Wölbung des Mittelfußes verantwortlich. Die Füße sind im psychosomatischen Sinn dazu vorhanden, damit sich der Mensch auf der momentan zum Leben dienenden Ebene voranzubewegen vermag.

Das Zusammenspiel von Hüft-, Knie- und Fußgelenken sowie den Gelenken der Zehen ermöglicht die Realisation dessen, was als Aufgabe erkannt wird.

Bei Menschen die mit großen Ängsten behaftet sind oder in einer „Fantasie-Welt" leben läßt sich sehr oft eine Einschränkung der Beweglichkeit im Fußgelenksbereich feststellen.

A 32 Handgelenke (13)

Die Hand besteht aus 8 Handwurzelknochen, 5 Mittelhandknochen und Fingergliedern. Das Handgelenk erlaubt eine vollständige Funktion der Hand. Es ist beim Greifen ebenso wie die Finger aktiv am ›Handeln‹ beteiligt. ›Realisieren‹ heißt Handeln.

Um handeln zu können, ›muß etwas getan werden‹, und das ist nur in Verbindung mit der Umsetzung von Energie möglich. Eine der wichtigsten Energieformen ist die Sexualenergie. Sie verlöscht, wie erwähnt, nie. Nicht umsonst ist in den Handreflexzonen am Handgelenk die Entsprechung zu Eierstock, Hoden, Eileiter, Samenstrang zu finden.

Handeln bewirkt demzufolge zugleich die Umsetzung von Sexualenergie. Menschen, die dazu neigen, wenig zu realisieren und mehr theoretische Arbeit leisten, haben oftmals Verspannungen und Stauungen im Handgelenk.

Bei der BPS-Anwendung wird deswegen das Drehen des Handgelenkes mit der Visualisierung ›Großer Kreis‹ verbunden. Das soll bewirken, daß die eingegrenzten Vorstellungen, die die Sexualenergie verdrängen, in einem ›weiteren, größeren Kreis‹ gesehen werden.

Das Handeln weist noch eine weitere, bedeutende Funktion auf. Der Nicht-Handelnde kann in seiner Vorstellungswelt phantastische Gedankengebilde, ohne Eingrenzung durch die Realität, entstehen und vergehen lassen, doch erst durch das Handeln wird der Mensch gezwungen, seine Vorstellungen der Realität seiner Ebene anzupassen. Dieses Korrektiv ist entscheidend für die Qualität seines Lebens. Durch das Handeln wird er veranlaßt, aus dem Chaos der Vorstellungen auf die reduktionistische Ebene des Handelns zu kommen.

Handeln ist nur möglich, sofern die Struktur des Chaos' mit dem reduktionistischen Denken vereint wird.

A 33 Schultern und Arme (14)

Die Schulter ist ein Kugelgelenk zur Verbindung von Arm und Rumpf. Dieses Gelenk sitzt in einer flachen Höhle des Schulterblattes und wird von Muskeln, Sehnen und Bändern gehalten. Von den Armen spricht man von den ›oberen Extremitäten‹. Sie bestehen aus Oberarm, Ellenbogengelenk und Unterarm. Der Oberarm besteht aus einen einzelnen Knochen; der unterarm aus zwei parallelen Knochen, der Elle und Speiche.

Die Arme werden benötigt, um die erste Phase des Ergreifens einzuleiten. Werden die Arme ausgestreckt, sind die Ver- und Entsorgungsteile gegenüber Angreifern schutzlos preisgegeben.

›Annehmen‹ kann man nur durch schutzloses ›Hereinnehmen‹. Bei der BPS-Anwendung läßt sich oft feststellen, daß Menschen, die sich nicht in der Lage fühlen, etwas ›offen‹ an sich heranzuholen, zu Schulterblattverspannungen neigen.

Das Öffnen und Heranholen oder ›Hereinholen‹ ist eine aggressive Handlung, die vollzogen werden muß, um selbst an etwas heranzugelangen. Wird dieser Antrieb verdrängt, stauen sich Energiepotentiale im Schulterbereich. Dieser Bereich wird daher als ›Aggressionsgürtel‹ bezeichnet.

Der Volksmund sagt:

- ›Ich habe viel zu tragen‹
- ›Man hat mir ins Genick geschlagen‹ (Nackenschläge)
- ›Ich habe breite Schultern‹ (und kann vieles tragen)

Das bedeutet in der Übersetzung, daß sobald die aggressive Handlung des Heranholens nicht vollzogen wird, eine Fremdbestimmung erfolgt, die zu nicht gewolltem Handeln zwingt. Das Ergebnis schlägt sich nieder in der Feststellung, ›man habe viel zu tragen‹. Der Mensch kann jedoch nur die Verantwortung für das übernehmen, was er heranholt, um es zu realisieren. Durch langsames drehendes Handgelenkes werden Elle und Speiche bewegt und eine Bewegung im Schultergelenk erzeugt. Hierbei muß man die Symbolik des rechten und linken Armes beachten. Der rechte Arm stellt das männliche, der linke das weibliche Prinzip dar.

A 34 Hüftgelenk (12)

Das Hüftgelenk besitzt die Beweglichkeit eines Kugelgelenkes und wird, da die durch eine faserknorpelige Pfannenlippe (Labrum acetabulare) ergänzte Gelenkpfanne den Femurkopf bis über seinen Äquator umschließt, auch als Nußgelenk bezeichnet.

Die sich an den Oberschenkelkopf fest anlegende Pfannenlippe überbrückt den Gelenkpfanneneinschnitt (Incisura acetabuli) als queres Pfannenband (Lig. tranversum acetabuli). Durch die so entstehende Lücke ziehen lockeres Bindegewebe und Gefäße in das rundliche Oberschenkelkopfband, das nahe der Incisura entspringt und zur Grube des Oberschenkelkopfes führt.

Die Gelenkfläche des kugeligen Oberschenkelkopfes umfaßt etwa zwei Drittel seiner Kugeloberfläche und ist von hyalinem Knorpel überzogen. Vom Gelenkknorpelring der Pfanne wird der Oberschenkelkopf von vorn, oben und hinten derart umfaßt, daß er in ihm vor- und rückwärts pendeln kann.

Das Hüftgelenk ist also ein Kugelgelenk. Es erlaubt eine Bewegung in nahezu alle Richtungen. Möchte der Mensch etwas für ihn Bedeutsames realisieren, muß er dorthin gelangen, wo dies möglich ist. Das Hüftgelenk ist verantwortlich für die Mobilität und eine zentrale Bewegungsstelle im Körper.

Das Hüftgelenk steht in direktem Zusammenhang mit der psychischen Mobilität; das Hüftgelenk hält den Körper in vollkommenem Gleichgewicht. Ein Leben lang erhalten beide Hüftgelenke beweglich. Die Standfestigkeit und Selbstbehauptung bei der Verteidigung des eigenen Standpunktes haben im Hüftgelenk ihre materielle Entsprechung.

Viele Menschen, die an starken inneren Spannungen leiden, weisen Bewegungseinschränkungen ihrer Hüftgelenke auf. Das gilt ebenso für jene, die zur Immobilität neigen oder eine innere Erstarrung zeigen wie auch für die, die das innere Gleichgewicht verloren haben.

Die Hüftgelenksarthrose schränkt den Aktionsradius durch Schmerzen ein und Entzündungen an den Gelenken können zur Versteifung führen. Häufig werden künstliche Prothesen eingesetzt (Endoprothese), um die Beweglichkeit wiederzuerlangen. Sie jedoch kann zu weiteren Problemen führen, denn nur die Zunahme der inneren Beweglichkeit gestattet eine wirkliche Änderung der körperlichen.

Durch die Hüften sind die Beine mit dem Becken verbunden. Zwischen den Hüften befindet sich bei Frauen jener Teil des Unterbauches, der werdendes Leben bis zur Entbindung schützt und versorgt.

Psychosomatisch handelt es sich hierbei um eine wichtige Aussage: Frauen, die sich zur Zeugung öffnen und sich damit entschließen, neuem Leben, also einer Seele einer Körper zu verleihen, müssen sich auf dieser Ebene bewegen, um das neue Leben auf die materielle Ebene zu bringen.

Die Hüften und Hüftgelenke sind das Zeichen der Transformationsmöglichkeit des Menschen für die Realisierung des universellen Wissens auf der materiellen Ebene. Die Beweglichkeit der Hüften ist ein Symbol für die Beweglichkeit des Menschen im Bezugsfeld universelles Wissen und materielle Realität.

Teil III

A Reinkarnation

A 1   Erläuterungen zur Reinkarnationsidee

Mit der Frage der Wiedergeburt beschäftigen sich Menschen seit alters her. Um an Informationen über das oder die früheren Leben zu kommen, wenden sie bestimmte Techniken an, die dem Außenstehenden oft abenteuerlich anmuten. Der dritte Teil soll deshalb als Beitrag zur Auseinandersetzung mit den angeblichen Informationen und Einsichten in frühere Leben dienen. Vor diesem Hintergrund ist es wichtig, zwischen dem Kulturgut Indiens, dem klassischen Land des Glaubens an die Wiedergeburt, und der christlich-abendländischen Anschauung zu unterscheiden.

Der Glaube an die Seelenwanderung ist weit verbreitet. Er findet sich bereits bei den Naturvölkern. So nehmen zum Beispiel die Eingeborenen Neuguineas und Neuseelands an, daß die Seelen der Vorfahren in ihren Nachkommen eine erneute Verkörperung finden. Germanen und Kelten kannten die Seelenwanderung innerhalb der gleichen Sippe. Im Griechentum war Pythagoras der bekannteste Vertreter der Seelenwanderungslehre. Das klassische Land des Reinkarnationsglaubens ist jedoch Indien. Hinduismus und Buddhismus verbinden die Seelenwanderung mit dem Gedanken einer zwangsläufigen Vergeltung der Taten (Karma) eines früheren Lebens. Menschliche Seelen können nach indischer Anschauung eine erneute irdische Existenz auch in Pflanzen und Tieren finden. Der Austritt aus dem Kreislauf der Wiedergeburt, der Eingang ins Nirwana, gilt als Heilsziel. (Nach Prof. Dr. Walter Hirschberg über indische Religion.)

Die Karmalehre dürfte jedoch nur eine andere Form der Sünden-und-Straf-Theologie der christlichen Kirche darstellen. Dem geistigen Weg nach dem **mara**-Denkmodell entsprechend ist jedoch jeder Lernprozeß ein Weitergehen auf dem eigenen Weg. Ein Rückwärtsgehen ist gemäß des Denkmodells nicht möglich, weshalb es unter diesem Aspekt nur zur Reinkarnation kommen kann. Einen interessanten Fall zur Kernidee der Reinkarnation liefert der führende deutsche Reinkarnationsforscher Thorwald Dethlefsen:

»Der folgende Fall wurde von dem amerikanischen Forscher Prof. Jan Stevenson, Universität Virginia, untersucht und in seinem Buch ›Twenty cases Suggestive oft Reincarnation‹ ausführlich beschrieben. Hierzu eine Kurzfassung: Der Junge Imad Elawar, geboren im Dezember 1958 in Konrayel im Libanon, behauptete im Alter von knapp zwei Jahren, er habe schon einmal gelebt, und berichtete über Ereignisse und Personen aus diesem früheren Leben. Die ersten Worte, die er aussprechen konnte, waren die beiden Namen ›Jamile‹ und ›Mahmoud‹, obwohl diese Namen in seiner Familie gar nicht vorkommen. Ferner erzählte er immer wieder von einem Verkehrsunglück, bei dem ein Mann von einem Lastwagen überfahren wurde, beide Beine verlor und kurz darauf starb. Imad peinigte seine Eltern mit der Bitte, mit ihm nach Khirby zu fahren, einem Dorf, das rund dreißig Kilometer von Korneyal entfernt liegt, da er dort in seinem vorherigen Leben als Mitglied der Familie Bouhamzy gelebt habe.

Als Imad eines Tages mit seiner Tante spazierengeht, läuft er plötzlich auf einen unbekannten Mann zu und umarmt ihn. Als dieser überrascht fragt, »kennst du mich?«, antwortet der Junge: »Ja, du warst mein Nachbar.« Der fremde Mann stammt wirklich aus Khirby. Dieser Vorfall beindruckte nun auch Imads Vater, der bisher über die verfluchten Lügen seines Sohnes sehr erbost war. Dennoch unternahmen die Eltern keinen direkten Versuch, die Angaben Imads zu überprüfen. 1962 erfuhr Prof.- Stevenson zufällig von dem Jungen Imad und dessen Erinnerungen an ein früheres Leben. Stevenson ließ sich alle Einzelheiten dieser Erinnerung erzählen und fuhr dann mit dem Jungen nach Khirby. Bei der Überprüfung erwiesen sich von 47 Angaben Imads über sein früheres Leben 44 als völlig zutreffend; während des Besuches in Khirby erwähnte Imad noch weitere 16 Details, von denen sich 14 als richtig erwiesen. Die Nachforschungen in Kirby ergaben folgendes: Die Angaben über Umstände und Personen seines früheren Lebens wie auch die Beschreibung des Hauses stimmten exakt mit den Lebensumständen eines gewissen Ibrahim Bouhamzy überein.

A 2   Reinkarnation

Zu ihrer früheren Kindheit hat der englische Psychotherapeut Arnall Bloxham die hypnotisierte Frau auf seiner Couch schon zurückgeführt. »Gehen Sie weiter zurück!« weist er Jane Evans an, und stockend, stöhnend, mit gepreßter Stimme schildert die walisische Hausfrau, Jahrgang 1939, ihre eigene Geburt. »Weiter zurück!« - jetzt befindet sie sich als Embryo in der warmen, engen Geborgenheit des Mutterleibes. »Noch weiter!« - Dunkel, Stille, berichtet Jane. Dann ›sieht‹ sie wieder. Im englischen York lebe sie nun, murmelt sie, immer noch in tiefer Trance.

Im Jahr 1189. Rebecca heiße sie, ihr Mann sei ein wohlhabender jüdischer Geldverleiher namens Josef. Im York des ausgehenden 12. Jahrhunderts leben Juden gefährlich: Der religiöse Fanatismus der Christen vor dem Dritten Kreuzzug gipfelte 1190 in antisemitischen Ausschreitungen, bei denen 150 Yorker einen grauenvollen Tod fanden. Dazu passen ›Rebeccas‹ Erzählungen. Von Anfang an macht sie sich große Sorgen, wie der verbreitete Judenhaß sie und ihre Familie treffen könne. Voller Bitterkeit schildert sie zahlreiche Demütigungen und Erniedrigungen, die sie hinnehmen müsse. Eines Abends dringt bewaffneter Pöbel in das Judenviertel ein, bringt mehrere Bewohner um und steckt Häuser in Brand. Als das Nachbarhaus in Flammen aufgeht, fliehen Rebecca, Josef, die Tochter Rachel und der Sohn. Den Mob dicht auf den Fersen, suchen sie erschöpft und verzweifelt Schutz in einer christlichen Kirche außerhalb der Stadttore. Den Priester, der sich ihnen entgegenstellt, fesseln sie, verstecken sich in der Krypta unter dem Altar und kauern frierend, in Todesfurcht, aneinander. Sie haben Hunger und Durst. Schließlich gehen Josef und sein Sohn los, um etwas zu essen aufzutreiben. Jetzt mischt sich panische Angst in Rebeccas Stimme, denn in ihrem Versteck hören sie und Rachel das Hufeschlagen von Pferden, die immer näher kommen.

Bloxham: »Ihr Mann und ihr Sohn kommen hoffentlich bald zurück? «Rebecca: »Ja, sie müssen zurückkommen - wir machen uns Sorgen, wir haben Angst. Wir hören die Pferde, wir hören das Gebrüll: ›Verbrennt die Juden, verbrennt die Juden‹ «. Pause. »Wo ist Josef? Warum kommt er nicht wieder, warum kommt er nicht wieder?« Pause. Dann fast schreiend: »Mein Gott, sie kommen - sie kommen - Rachel weint - weine nicht, weine nicht, weine nicht.« Pause. »Oh, sie sind in die Kirche eingedrungen, der Priester ist losgebunden, und sie kommen herunter.« Ihre Stimme überschlägt sich vor Entsetzen: »Oh nein, nicht Rachel, nicht, nicht Rachel!« (Wälzt sich auf der Liege, schreit, wirft den Kopf wild hin und her.) »Nein, laßt sie los, nicht, nicht, nicht Rachel, nein, nein, nein nehmt Rachel nicht mit, nein, tut ihr nichts!« Bloxham (entsetzt): »Sie werden sie doch nicht mitnehmen?« Rebecca mit vor Schmerz gebrochener Stimme: »Sie haben Rachel mitgenommen, sie haben Rachel mitgenommen.« Bloxham: »Sind Sie unversehrt? Ihnen hat man doch nichts getan?«

Schweigen. Bloxham: »Geht es Ihnen gut? Sie haben sie verlassen, nicht wahr?« Rebecca: »Dunkel, dunkel.«

Als Jane Evans das Behandlungszimmer verläßt, wird sie ohnmächtig. Diese Aufzeichnung gehört zu eindrucksvollsten Fällen. Sie wurde aus einer Sammlung von 400 Tonbandaufzeichnungen ausgewählt, in denen Bloxham 20 Jahre lang festhielt, was ihm Patienten im Verlauf hypnotischer ›Regressionen« (lat. regredi = zurückgehen) über vermeintliche frühere Leben schilderten.

Ähnliche Beobachtungen machten seit den fünfziger Jahren englische und amerikanische Psychologen wie A. Canon, Loring Williams, Edith Fiore, D. Suthphen, Helen Wambach und das Ehepaar Joan Grant und Denys Kelsey.

In Trance zurückgeführt, schildern zahlreiche Klienten in allen Einzelheiten vormalige Existenzen, oft in weit zurückliegenden Zeiten an entfernten Orten, fast immer begleitet von heftigen Gefühlen, dramatischen Verhaltensänderungen und einer vollständigen Identifikation mit dem ›einstigen Selbst‹. Ihre Symptome klingen ab oder verschwinden ganz, sobald sie diese ›Erinnerungen‹ ihrem Wachbewußtsein eingliedern. Aus diesem ›Datenschatz‹ schöpft die ›Reinkarnationstherapie‹ ihre Grundtheorie: »In psychischen Problemen unseres gegenwärtigen Lebens können frühere Inkarnationen traumatische Spuren hinterlassen haben: insbesondere unbewältigte Extremerfahrungen von schwerer Krankheit und tragischem Verlust, von Kriegsgreueln, Zwang, Gefangenschaft und Folter, vor allem vom eigenen Tod. Erfahrungen, die wir ›mitnehmen‹. Sie lösen sich auf, sobald ihre Wurzeln ›retrokognitiv‹ (zurückschauend) aufgedeckt und bewußt aufgearbeitet werden. Irrationale Ängste und Schuldgefühle verschwinden, das Selbstvertrauen wächst. Phobien und chronische Schmerzen, Allergien und Übergewicht, Epilepsie und Alkoholismus, vorzeitige Ejakulation, Impotenz und Frigidität sollen so bereits hunderttausendfach erfolgreich behandelt worden sein. ›Bisher fürchtete ich mich vor Wasser‹, berichtet eine Patientin Helen Wambachs, ›aber seit ich erlebt habe, wie ich in einem vergangenen Leben ertrunken bin, fürchte ich es nicht mehr.‹ ›Ich hatte Angst vor Pferden‹, berichtete ein anderer, ›und wußte nicht, warum. Jetzt, da ich weiß, daß ich in jenem Leben im 18. Jahrhundert von einem Pferd getreten und getötet worden bin, verstehe ich es besser.‹ [36)]

Ein übergewichtiger Mann mit einer Allergie gegen Hühnerfedern sei im früheren Leben Matrose gewesen. Als sie Schiffsbesatzung auf einer langen Reise Hunger litt, stahl er ein Huhn, das den Offizieren gehörte, und verspeiste es, wofür er hart bestraft wurde. Sexuelle Unverträglichkeit zwischen zwei Eheleuten ›klärte‹ Suthphen auf: Jahrhundert zuvor hatte der Mann dieselbe Frau geschändet und ihren Tod verursacht. Die Erfolgschroniken der ›Reinkarnationstheorie‹ füllen inzwischen Regalwände. [37)]

Der Münchener Psychotherapeut und Autor Thorald Dethlefsen verhalf der Reinkarnationstherapie zum Durchbruch, nachdem ihm im Juni 1968 ein ›Schlüsselexperiment die Augen öffnete‹: In Trance fand sich bei ihm ein 25jähriger Ingenieur als gewisser Guy Lafarge wieder, der - 1852 geboren - im Elsaß lebte, Gemüse verkaufte und als Stallknecht 1880 starb. Dethlefsens Buch ›Das Leben nach dem Leben‹ gibt seitenlang Sitzungsprotokolle Wort für Wort wieder. Zwei Jahre später folgte das Buch ›Das Erlebnis der Wiedergeburt‹, wo schon der Untertitel verheißt: ›Heilung durch Reinkarnation‹.

Was ›Reinkarnationstherapeuten‹ bis heute ans Tageslicht brachten, war durch gesicherte Fakten nur wenig nachweisbar. Sicherlich liegt der Grund darin, daß sich schnell Nachahmer fanden. »Du kannst in wenigen Sitzungen Deine Probleme an der Wurzel lösen«, verspricht etwa ›Swami Prabhu Samarpito‹ aus dem pfälzischen Frankenthal, mit bürgerlichem Namen Gerd Baldauf, promovierter Mediziner, im ›Spirituellen Adreßbuch 86/87‹. Und er klärt auf: »Für diese Therapie brauchst Du nicht an das frühere Leben zu glauben, statt dessen wirst du dich erinnern. An allen Schmerz, an allen Haß, an alle Schuld, die Du durch

---

36. Dethlefsen Thorwald: Das Leben nach dem Leben, Seite 85; Goldmann (1974) 5.Aufl. München 1986
37. ders. Seite 185

Jahrtausende gesammelt hast. Du wirst Dich davon lösen und verabschieden und es wird Dich nicht mehr Angst, Depression, Einsamkeit, Erfolglosigkeit, Hoffnungslosigkeit verfolgen.«

Es glauben in diesem Zusammenhang 93 Prozent der Bundesbürger, daß es Dinge zwischen Himmel und Erde gibt, denen die herkömmlichen Wissenschaften nicht beikommen: so die Demoskopen der Dortmunder ›Gesellschaft für Sozialforschung (Forsa), als sie im April 1986 tausend repräsentativ Ausgewählte über ihre Einstellung zum Übersinnlichen befragten. 45 Prozent wollen schon einmal Erlebnisse gehabt haben, die sich mit dem Verstand nicht erklären lassen. Und acht von zehn halten es für möglich, schon einmal gelebt zu haben. Ein großes Potential für alle, die ein gutes Geschäft mit dem Nichtbeweisbaren wittern.

A 3   Reinkarnation im Neuen Testament

Im NT gibt es viele Stellen, die sich auf das Phänomen der Wiedergeburt beziehen, die aber kaum beachtet oder absichtlich nicht als solche interpretiert werden. Sobald Hinweisen in den christlichen Religionen nachgegangen wird, taucht die Frage auf, ob Reinkarnation überhaupt etwas mit Glauben zu tun habe. Handelt es sich beim Glauben an Reinkarnation oder Inkarnation? Was versteht man im christlichen Weltbild unter ›Glaube‹? »Müssen wir glauben, was wir nicht wissen können?« [38]

Der Begriff Glaube geht zurück auf das mittelhochdeutsche Wort gelouben. Gotisch: galaubjan; germanisch: ga-laubjan = ›für lieb halten, gut- heißen‹. Schon bei den heidnischen Germanen bezog sich das ›Glauben‹ auf das freundschaftliche Vertrauen des Menschen zur Gottheit. Nach der Christianisierung drückte es dann wie lat. credere und grch. pisteuein das religiöse Verhalten des Menschen zum Christengott aus. ›Glauben‹ wird auch benutzt als ›für wahr halten‹ und ›annehmen‹, ›vermuten‹. (Etymologie-Lexikon/Duden) Bei Weinreb findet sich die Beschreibung ›Glaube = wissendes Vertrauen‹. [39]

Der Reinkarnationsglaube war in den frühen christlichen Gemeinschaften eine nahezu selbstverständliche Grundannahme, bis er 553 durch das Zweite Konzil von Konstantinopel erstmals

---

38. Friedr. Weinreb: Die heilige Schrift und die Zahl, Zürich 1979
39. Duden 1991: Etymologie, Seite 225; Verlag Duden

als Irrglauben erklärt und aus der christlichen Verkündigung und damit aus dem Lehramt verbannt wurde. Bereits im alten Testament lassen sich deutliche Beispiele für den Glauben an die Wiedergeburt der Seele in einem anderen Körper erkennen. Im Buch Jona sind Strafinkarnationen in Rinder, wie auch von einer Wiederverkörperung Nimrods beschrieben. (Weinreb a.a.O.) Weinreb erklärt den jüdischen Begriff der Gottseele ›Nschamah‹ als das in allen Menschen gleich vollkommene Göttliche, »aus dem von Zeit zu Zeit mal diese, mal jene Charaktereigenschaft hervortrete«. [40)]

Meyers Konversationslexikon von 1907 führt zum Thema ›Reinkarnation im jüdischen Talmud‹ folgendes aus: Die Juden zur Zeit Christi glaubten ziemlich allgemein an die Seelenwanderung. Die Talmudisten nahmen an, Gott habe nur eine bestimmte Anzahl Judenseelen geschaffen, die daher immer wiederkämmen, solange es Juden gäbe, bisweilen auch zur Strafe in Tierkörper versetzt, am Tage der Auferstehung aber alle gereinigt seien und in den Leibern der Gerechten im gelobten Lande aufleben würden.

Das Alte Testament endet sogar mit der Prophezeiung der Wiedergeburt Elias (um 870 v. Chr.): »Siehe, ich sende Euch den Propheten Elia, ehe der große und furchtbare Tag des Herrn kommt.« (Maleachi 4,5)

Einige Jahrhunderte später erschien dem Zacharias ein Bote und verkündete ihm die Geburt eines Sohnes: »Aber der Engel sprach zu ihm: Fürchte dich nicht, Zacharias! Denn dein Gebet ist erhört worden, und dein Weib Elisabteh wird dir einen Sohn gebären, und du sollst ihm den Namen Johannes geben. Und du wirst voll Jubel und Freude sein, und viele werden sich über seine Geburt freuen. Denn er wird groß sein vor dem Herrn, und Wein und starkes Getränk wird der nicht trinken, und mit dem heiligen Geist wird er erfüllt werden schon im Mutterleib an. Und viele von den Söhnen Israels wird er zu dem Herrn, ihrem Gott, zurückbringen; und er wird vor ihm hergehen im Geist und in der Kraft des Elia, um die Herzen der Väter zu den Kindern zurückzubringen.« (Lukas 1, 13-17)

---

40. Das Buch Jona; Zürich 1970

Auf die Fragen seiner Jünger erklärt Jesus später ausdrücklich, daß Johannes der Täufer Elia war: »Dieser ist's, über den geschrieben steht: ›Siehe, ich sende meinen Boten vor deinem Angesicht her, der deinen Weg vor dir bereiten wird‹. Wahrlich ich sage euch: Unter denen, die von Frauen geboren sind, ist kein

Größerer aufgetreten, als Johannes der Täufer. Doch der Kleinste im Reich der Himmel ist größer als er. Denn alle Propheten und das Gesetz haben auf Johannes hin geweissagt, und wenn ihr es annehmen wollt: Er ist Elia, der kommen soll.« (Matth. 10, 10-14) [41]

Darüber, wo Johannes seine Jugendzeit verbracht hat, wo er ausgebildet wurde, werden keine Angaben gemacht. Bei Lukas heißt es dazu: »Der Knabe aber wuchs heran und ward stark im Geiste. Er lebte in der Wüste bis zu dem Tage, da er vor Israel erscheinen sollte.« (Lukas 1, 80)

Jesus fragt an anderer Stelle seine Jünger: »Für wen halten die Leute den Sohn des Menschen?« Da sprachen sie: Etliche für Johannes den Täufer, andere für Elia, noch andere für Jeremia oder einen Propheten. Er sagte zu Ihnen: Ihr aber, für wen haltet ihr mich? Da antwortete Simon Petrus und sprach: Du bist der Gesalbte, der Sohn des lebendigen Gottes.« (Matth. 16, 13-16)

Die Jünger fragten Jesus: »Warum sagen nun die Schriftgelehrten, zuvor müsse Elia kommen? Er antwortete und sprach: Elia soll zwar kommen und wird alles herstellen; ich sage euch aber: Elia ist schon gekommen, und sie haben ihn nicht erkannt, sondern mit ihm getan, was sie wollten. So wird auch der Sohn des Menschen durch sie leiden müssen. Da verstanden die Jünger, daß er zu ihnen von Johannes dem Täufer redete.« (Matth. 17, 10-13)

»Nach den Evangelientexten bestätigt also Jesus selbst, daß die Seele des Elia als Johannes inkarniert wurde. Elia versuchte den Monotheismus am Königshof durchzusetzen und lehrte, daß sich Gott nicht in Gewalt und Vernichtung offenbart, sondern in einem leisen ›Säuseln‹, also in Langmut und im stillen Wirken. Elia ist ein typischer Wanderprediger, kleidet sich in Lumpen, wird auf wunderbare Weise ernährt, tut selbst Wunder wie die Vermehrung von Speisen und Auferweckung der Toten, hat ei-

41.

nen Salbungsauftrag, spricht davon, daß er gesandt worden ist, und sammelt eine große Schar von Jüngern um sich. Schließlich verschwindet er wieder auf mysteriöse Weise (Himmelfahrt), wird von fünfzig Männern drei Tage lang gesucht, kann aber nirgends mehr aufgefunden werden.« [42]

»Die Jünger Jesu wissen, daß Jesus eine Inkarnation ist, bleiben aber über die Identität im unklaren und stellen einige Spekulationen an.«[43] Jesus nimmt dazu keine Stellung, bestätigt aber die Annahme seiner Jünger indirekt, indem er sie ermutigt, weiterzuraten: »Aber wer sagt ihr, daß ich sei?«

In der Erzählung vom Blindgeborenen, den Jesus heilen soll (Joh. 9), fragen die Jünger ausdrücklich: »Meister, wer hat gesündigt, dieser oder seine Eltern, daß er blind geboren ist?« Schon die Frage, ob jemand wegen seiner eigenen Sünden als Blinder geboren werden kann, setzt selbstverständlich ein vorangegangenes Leben und die darauf folgende Wiedergeburt voraus. Außerdem beinhaltet die Frage auch die Grundannahme eines Karmas, dessen Sinn es sein soll, die Taten des vorhergehendes Lebens sich im darauf folgenden auswirken zu lassen.

»Auch im dritten Kapitel des Johannesevangeliums begegnet man schon dem Gedanken der Reinkarnation so deutlich, daß keine andere Interpretation möglich ist. Als Jesus dem Pharisäer Nikodemus begegnet, begrüßt er diesen ›Obersten der Juden‹ mit folgenden Worten: ›Wahrlich, wahrlich, ich sage dir: es sei denn, daß jemand von neuem geboren werde, so kann er das Reich Gottes nicht sehen‹. Nikodemus, der offensichtlich keine Ahnung von der Lehre der Wiedergeburt hat, fragt erstaunt zurück: ›Wie kann ein Mensch geboren werden, wenn er alt ist? Kann er auch wiederum in seiner Mutter Leib gehen und geboren werden?‹ Darauf antwortet Jesus dann angeblich: ›Wahrlich, wahrlich, ich sage dir: es sei denn, daß jemand geboren werde aus Wasser und Geist, so kann er nicht in das Reich Gottes kommen.‹ (Joh. 3, 4-5) [44]

Bereits um 1900 hat der Amerikaner James Morgan Pryse etliche Hinweise auf die Reinkarnationslehre im NT gegeben: »Nach Pryse setzt sich diese Lehre von den fundamentalen Erkenntnis-

---

42. Holger Kersten: Jesus lebte in Indien, S.105; Verlag Knaur 1983
43. Holger Kersten: Jesus lebte in Indien, S.106; Verlag Knaur 1983
44. Holger Kersten: Jesus lebte in Indien, S.104; Verlag Knaur 1983.

sen der Antike über die Lehren der alten Philosophen ganz selbstverständlich im Neuen Testament fort. Die Wesensgleichheit des spirituellen Prinzips im menschlichen Daseins mit dem spirituellen Prinzip des ganzen Universums (Mikrokosmos/Makrokosmos) sagt aus, daß der Mensch alle Elemente, Kräfte und Prozesse des Kosmos materiell und im göttlichen Sinne in sich trägt.[45)]

Das von J.M. Pryse beschriebene ›spirituelle Prinzip des Kosmos‹ beschreibt der deutsche Physiker Burkhard Heim als ›höhere Dimensionen‹, dem sogenannten Transbereich (jenseits unserer Realität). Er führt aus: »Im ›Transbereich‹ existieren geistige Strukturen, die einerseits von der realen Welt beeinflußt werden, umgekehrt auch diese beeinflussen.«[46)]

Im **mara**-Denkmodell wird der Begriff ›holistisches System‹ inhalts-identisch wie das ›spirituelle Prinzip‹ von Burkhard Heim verwendet. Solche Erkenntnis zeigt die geistige Einheit aller Wesen auf und betrachtet die Natur nicht als von Gott getrennte Existenz. Sie verdeutlich zudem, daß das Göttliche in allem und durch alles ist, zu jeder Zeit, im kleinsten Teil des Universums. Der Mensch kann demzufolge in seiner physischen Erscheinungsform als eine Manifestation aus dem Bereich der grenzen- und zeitlosen göttlichen Einheit, die sich in unterschiedlichen Formen darstellt, gelten.

Das ursprüngliche Sein ist ewig und unveränderlich, hingegen die Natur - oder das Universum - ein ständig veränderndes Werden. Somit ist die Seele - oder der Geist - des Menschen im tiefsten Bewußtsein unvergänglich und in ihrem ständigen Kommen und Gehen (d.i. Reinkarnation) einer ununterbrochenen Folge von Ursachen und Wirkungen ausgesetzt. Um zum göttlichen Zustand zurückzugelangen, muß der Mensch sich dieses Prinzips bewußt werden und durch sein Tun die Überwindung der einseitigen materiellen Orientierung erreichen. Es bezieht sich jedoch allein der freie Wille auf die Entscheidung, ›Karma‹ aufzulösen oder nicht. Oder anders gesagt: Der Mensch kann die Impulse des geistigen Weges beachten, ignorieren und mißachten. Durch Wissen, Erkenntnis, Meditation, Askese, Versenkung. Entsagung usw. ist es möglich, die engen Schranken

---

45. J. M. Pryse: Reinkarnation im NT, S. 215 ;Ansata Verlag 1980
46. J. M. Pryse: Reinkarnation im NT, S. 217 ;Ansata Verlag 1980

der Körperlichkeit schon auf Erden zu überwinden und sich seiner göttlichen Natur bewußt zu werden. Dieses Ziel ist bei Matthäus 5, Vers 48, folgendermaßen formuliert: ›Der Mensch soll vollkommen sein, wie es auch seiner himmlischer Vater ist.‹ Der Weg führt über viele Wiedergeburten, bis der Mensch zur vollen Gotteskindschaft erwacht ist und Werke tut, wie sie auch Jesus getan hat.»Glaubet mit, daß ich im Vater bin und der Vater in mir; wo nicht, so glaubet es doch um der Werke selbst willen. Wahrlich, ich sage euch: Wer an mich glaubt, der wird die Werke, die ich tue, auch tun und wird größere als diese tun.«(Joh. 14, 11-12) [47]

A 4   Genetische Erinnerung?

»Skeptiker beeindrucken die dokumentierten Fälle von Reinkarnationserlebnissen wenig. Sie rechnen mit der Möglichkeit von Täuschung:

Führt die Aussicht auf Geld, Publizität und Prestige einen Therapeuten nicht arg in Versuchung, den Verlauf seiner ›Regressionen‹ zu schönen? Verschweigt ein Patient, daß er sich eingehend über die Epoche kundig gemacht hat, die er dem Therapeuten ausmalt? Persönlichen Begegnungen mit erfolgreichen Reinkarnationstherapeuten hält ein pauschaler Betrugsverdacht allerdings nicht stand. Und oftmals existieren schlicht keine historischen Quellen, die ihnen oder ihren Patienten zugänglich gewesen wären; erst mühsame Recherchen bringen sie nachträglich ans Tageslicht. Für Tausende von Verstorbenen aus allen Epochen detailgetreue Biographien aus dem Stegreif zurechtzuspinnen, würde selbst einen Geschichtsprofessor hoffnungslos überfordern.«*64

Kryptomnesie:

»Verarbeiten ›Zurückgeführte‹ nicht einfach Informationen, die sie durchaus in diesem Leben aufgenommen, deren Herkunft sie inzwischen aber vergessen haben? Mit solchen ›Quellenamnesien‹ grch. krypto = geheim; verborgen; mneme: Gedächtnis kämpfen wir Tag für Tag.« Daß sie Wiedergeburtserlebnisse erzeugen können, fand der amerikanische Psychiater Edwin S. Zo-

---

47. Holger Kersten: Jesus lebte in Indien, S.103; Verlag Knauer 1983

lik bereits 1956 heraus.»Hypnotisch ›zurückversetzt‹ fand sich eine seiner Versuchspersonen im Jahre 1875 als ein gewisser Dick Wonchalk wieder, der ohne Freunde allein am Fluß lebte, mit einem Kleinkalibergwehr jagte und gelegentlich, wenn es kalt war, in Kneipen saß. In seiner ›früheren Existenz‹ starb er 1876 26jährig, nachdem er zuvor einen Monat lang schwer krank gewesen war und sich niemand um ihn gekümmert hatte. Sorgfältig recherchierte Zolik, daß diese Angaben tatsächlich aus einem Film stammten, den der ›Rückgeführte‹ gesehen hatte. ›Die Misere der Hauptpersone des Films‹, die ihre Eltern bei einem Überfall von Indianer verloren hatte, führte zu einer starken emotinonalen Identifizierung‹. Zoliks Proband hatte sich selber seit seiner Kindheit von seinen Eltern isoliert gefühlt; seither quälten ihn Ängste, allein zu sein, von den Menschen nicht akzeptiert und irgendwie vergessen zu werden.

Die Reinkarnationsphantasie setzte er als Mittel ein, um darzustellen, wie er sein jetziges Leben empfand. Daß Kryptomnesien gelegentlich vorkommen, beweist freilich noch lange nicht, daß sie stets beteiligt sind. Für die meisten ›Regressionserlebnisse‹ existieren überhaupt keine Quellen - oder sie waren dem ›Rückgeführten‹ nachweislich zeitlebens unzugänglich.[48]

Entsteigen

»Entsteigen ›frühere Leben‹ vielleicht einer genetischen Erinnerung: einem ›Generationsgedächtnis‹, das irgendwie im Erbgut speichert, was Ahnen erleben, und auf ihre Nachkommen überträgt, die sich dann mit eigenen Erlebnissen verwechseln? Im genetischen Code weitergegeben werden aber nie Lerninhalte, sondern immer nur Lernpotenzen, offene Programme der Informationsverarbeitung.«[49]

Das **mara**-Denkmodell geht von einer holistischen Ebene aus, auf welcher alle Informationen jederzeit zugänglich und abrufbar sind.

---

48. J. M. Pryse: Reinkarnation im NT, S. 225 ;Ansata Verlag 1980
49. Burkhard Heim: Realitäten, Seite 234; München 1990

A 5   Außersinnliche Wahrnehmung (ASW)

Das was in der Parapsychologie mit ASW bezeichnet wird, ist deswegen als Bezeichnung nach dem **mara**-Denkmodell nicht möglich, denn alle Wahrnehmungen sind an die Sinne gebunden. Deswegen kann es niemals Wahrnehmungen außerhalb ihrer selbst geben. Es sollte daher treffend lauten: ›für die Sinne ungewohnte Wahrnehmung‹.

»Angebliche Reinkarnationserlebnisse, mutmaßen Parapsychologen wie Ryzl, lassen sich viel leichter mit ASW als durch Wiedergeburt erklären. Zapft der ›Rückgeführte‹ vielleicht per Telepathie den Wissensschatz des Therapeuten oder anderer Mitmenschen an? Verschafft er sich hellseherisch Zugang zu historischen Quellen, vielleicht gar zu irgendeinem rätselhaften ›Äther‹, indem alles, was jemals geschieht, unauslöslich seinen unverwechselbaren Abdruck hinterläßt? Sieht er womöglich ›präkognitiv‹ künftige Entdeckungen über Schicksale Verstorbener voraus? Oder gelingen unmittelbare Retrokognitionen, Rückschauen, in die Vergangenheit? ASW mag in seltenen Fällen mitspielen. Bei anderen klingt sie schlicht wie an den Haaren herbeigezogen. Sie allein erklärt, warum sich ein Mensch gerade mit dieser Person identifiziert, warum so intensiv, warum derart dauerhaft.ebenso im Dunkel läßt ASW, warum ›Rückgeführte‹ biographische Details in einem Muster verarbeiten, das für die verstorbene Persönlichkeit charakteristisch war, vor allem bringt sie ad hoc eine ansonsten nirgendwo manifeste, geradezu phantastische PSI-Fähigkeit ins Spiel, die ihrerseits mindestens ebenso erklärungsbedürftig wäre wie ›Rückerinnerung‹ selbst. Ein Wunder, fand selbst der englische Empirist David Hume, sollten wir spätestens dann als eines gelten lassen, wenn die Tatsache, daß es keines war, noch viel wunderbarer wäre.[50)]

Diejenige Ebene, die hier angesprochen wird, wird im **mara**-Denkmodell als ›holistische Ebene‹ bezeichnet. Sie ist, wie erwähnt, jene Ebene, die der Physiker Heim als ›Transbereich‹ deklariert. In ihm existieren geistige Strukturen, die einerseits von der realen Welt beeinflußt werden, wie sie auch umgekehrt diese beeinflussen. Im **mara**-Aufbauseminar wird ein Versuch unternommen, bei dem jeder Teilnehmer mittels Tiefenentspannung auf jene Ebene gelangt, von der aus er Zugang zum ›Transbe-

---

50. J. M. Pryse: Reinkarnation im NT, S. 66 ;Ansata Verlag 1980

reich‹ erlangt und dadurch Informationen zu Protokoll geben kann, die, kontrolliert, eine Treffsicherheit von 70-75 Prozent ausweisen.

Die Reinkarnationstheorie verschafft dem westlichen ›Kopfmenschen‹, der meint, allein mit seiner linken Gehirnhälfte die Probleme des Lebens lösen zu könne, Erleichterung. Das, was er als Rationalität bezeichnet, ist real nur eine ›verengte Wirklichkeit‹. »Des wissenschaftlichen Spezialistentums und des Intellektualismus überdrüssig, will man von Wahrheit hören, die nicht enger macht, sondern weiter, die nicht verdunkelt, sondern erleuchtet, die nicht an einem abläuft wie Wasser, sondern ergreifend bis ins Mark der Knochen dringt.« [51]

Den Glaubenshungrigen bietet sich die Auflösung des monotheistischen Gottes durch die Forschungen Jungs scheinbare Möglichkeiten, sich von einem in Ritualen und Dogmen erstarrten Christentum zu befreien. Man darf jedoch nicht vergessen, daß das christlich-kirchliche Denken seit 2000 Jahren den Menschen begleitet und in weitem Umfang determiniert. Ohne die Lehren nach ihrer Glaubwürdigkeit und den wirklichen christlichen Inhalten zu überprüfen, beeinflussen sie die Denkgewohnheiten der christlich orientierten Welt und werden dadurch zu einer Wirklichkeit mit hohem Realitätsbezug. Frank Capras ›Wendezeit‹ und ›Das Tao der Physik‹ legen Denkmodelle nahe, wie die ›Neue Physik‹, die das Universum holistisch und vergeistigt auffaßt, wie es sich René Descartes und Newton nicht träumen ließen; sie befreien uns in gewissem Umfang von den Machtfolgen der kirchlichen Lehren. Das weite Feld der Reinkarnationsidee bietet sich nachgerade als Tummelplatz für Glaubenshungrige an, jedoch sollte bei allen befreienden ›Erkenntnissen‹ sehr deutlich vor Augen stehen, daß es sich bei sogenannten Reinkarnationserlebnissen um nicht nachspürbare Vorgänge handelt.

Eines der heikelsten Probleme beinhaltet die Präzisierung der ›Erlebnisse‹. Daß in Einzelfällen ›Erinnerungen‹ als echt bestätigt werden konnten, garantiert noch lange nicht, daß der eigene ›Fall‹ darin einzuordnen ist, auch wenn noch so detaillierte, gefühlsmäßig-personale, plastische Bilder zu vergegenwärtigen sind. Ein regressiv beigebrachtes ›früheres Selbst‹ ist wie die Aussagen von Medien fast immer vollkommen imaginär, glaubt

---

51. J. M. Pryse: Reinkarnation im NT, S. 201 ;Ansata Verlag 1980

Stevenson, genauso wie die Inhalte der meisten Träume. »Deshalb handelt verantwortungslos, wer seine Klienten mit unüberprüfbaren Daten allein läßt. Er schließt ihm eine neue Identität auf, von der allein aufgrund der Sitzungen niemand beweisen kann, ob sie die wahre ist mit möglicherweise verheerenden Folgen für Stabilität, Selbstbewußtsein und Selbstwertgefühl des ›Rückgeführten‹. Wer seine therapeutische Fürsorgepflicht ernst nimmt, kann sich nicht davor drücken, seinem Patienten verifizierbare Erlebnisse zu verschaffen, also exakte biographische Angaben über die frühere Existenz und Lebensumstände sowie jegliche Art von Details, für die sich anschließend Quellenmaterial ausfindig machen läßt.[52]

Im **mara**-Denkmodell nehmen Inkarnation und Reinkarnation einen festen Platz ein, allerdings wird die bewußt eingeleitete Rückführung abgelehnt. Die Unsicherheiten, die durch die ›Ergebnisse‹ einer solchen Rückführung mit den sodann freiwerdenden Informationen entstehen können, sind aus dieser Sicht nicht zu verantworten. Gelingt indes eine Rückführung, ist weiterhin ungeklärt, inwieweit die eigene Reinkarnation davon betroffen ist oder ob nicht ein anderes ›Energiefeld‹ (z.B. das des Therapeuten) ›angezapft‹ wurde.

Informationen, die im Heim'schen Transbereich gespeichert sind, werden durch die Dimension der Seele auf der materiellen Ebene repräsentiert. Quantenphysiker wie Jean E. Charon sprechen davon, »daß im kleinsten Teilchen alles (d.h. alle Informationen) enthalten sind: »Die Speicher sind Photonenwolken, welche im Inneren der Elektronen nachweisbar sind.«

Daraus ergibt sich für das **mara**-Denkmodell die Konsequenz, daß wenn im Kleinsten alles gespeichert ist, darin auch Daten über Inkarnation und Reinkarnation vorzufinden sind. Daraus schließt, daß durch ein bewußtes Einleiten von Reinkarnationserlebnissen letztlich irgendeine Reinkarnation ausgewählt werden kann, die z.B. dem momentanen psychischen Status des Klienten entspricht.

Mit anderen Worten: Er hat Zugang zur ›inneren Intelligenz‹, die das Bild aus dem Gesamt auswählt, um ihm eine wichtige innere Situation zu verdeutlichen. Derlei Ergebnisse haben nichts mit Reinkarnation gemein, wenn überhaupt etwas damit zu tun. Es

---

52. **mara** Ausbildungsunterlagen Seite S 4/25

ist im übrigen ohnehin gleichgültig, welche Stellung jemand in einem früheren Leben einnahm, denn gemäß des **mara**-Denkmodells ist allein die Konfrontation mit der augenblicklichen Realität maßgebend und nicht die ›Erfahrungen‹ in der Rückblende. Es soll im Jetzt gelebt werden und nicht in der Vergangenheit.

A 6 Entstehung der Bezeichnung BioPsychoSymmetrie

Der Begründer und Autor des Buches bekam von seiner Frau eine BPS-Anwendung. Er erlebte sich in der Uniform eines Soldaten des Ersten Weltkrieges in einem Schützengraben inmitten des Kampfgeschehens; es muß an vorderster Front gewesen sein. Neben ihm stand ein Offizier. Granaten schlugen heftig ein. In einer Feuerpause sprach ihn der Offizier an: »Ich bin Arzt und ich möchte dir sagen, was du eigentlich machst. Es ist eine ›energetische‹ Arbeit, die du verrichtest, bei der die psychischen mit den physischen Abläufen synchron sind. Die Arbeit heißt Biopsychosymmetrie.« Nach weiteren umfangreichen Erläuterungen biologischer und psychologischer Zusammenhänge ertönte plötzlich ein lauter Knall und der Offizier neben ihm wurde durch eine Granate zerrissen.

Die Sitzung endete dadurch und der Autor notierte unverzüglich die ihm zugegangenen Informationen. Zum besseren Verständnis des Erlebnisses soll hinzugefügt werden, daß der Autor einen Onkel hatte, der das Lieblingskind der Großmutter war. Als Kind erzählte die Großmutter häufig von ihm, der ›Arzt‹ sein sollte. Sollte der Autor nun etwa dieser Onkel im jetzigen Leben sein?

Er begann zu recherchieren und trug folgende Daten zusammen: Der Onkel war kein Arzt gewesen, wollte aber nach dem Abitur Medizin studieren. Es war der Wunsch seiner Mutter, daß ihr Lieblingssohn Arzt werden sollte, doch er starb bei einem Angriff der französischen Armee am Großen Belchen im Elsaß. Die Großmutter wußte um diesen Tod und seine Ursache.

Das Erlebnis während der BPS-Sitzung könnte so interpretiert werden: Im Nichtbewußten des Autors war sehr wohl die Dimension seiner Arbeit mit dem **mara**-System gespeichert und die Erinnerung an den Onkel, den er als Kind bestaunte, war lediglich das Transportmittel, um das nichtbewußte Wissen in das Bewußtsein zu bringen.

A 7   Der Nordafrikaner

Ein weiteres Erlebnis des Autors soll hier geschildert werden. In seiner 7. Rebirthing-Sitzung hatte er ein Erlebnis, daß ihn und den leitenden Therapeuten sehr stark beeindruckte. Das Geburtserlebnis wurde durch Sauerstoffüberschuß im Blut, also Hyperventilation, erreicht. Die Augen sind bei der Sitzung geschlossen.Der praktische Ablauf ergab, daß der Autor mittels Hyperventilation in eine Tetanie kam und sich durch aktives, intensives Atmen durch die Tetanie ›hindurchatmen‹ konnte. Gegen Ende der Tetanie wurde ihm völlig schwarz vor dem inneren Auge, und plötzlich stand ein riesengroßes Gesicht vor ihm. Es war so groß, daß er lediglich dessen Augen im Blickfeld hatte. Um das gesamte Gesicht erfassen zu können, mußte er es mit dem inneren Auge wie eine Landschaft abtasten.

Das Gesicht glich denen nordafrikanischer Männer: schwarze Haare, tiefschwarzer, doch kurzgestutzter Vollbart, eine Locke hing über die Stirn bis zur Nasenwurzel. Bei der intensiven Betrachtung des Antlitzes wußte der Autor, daß er sich für diesen Typus Mensch entscheiden mußte. Er konnte sich mit dem Gedanken lange nicht anfreunden, denn es handelte sich um etwas Fremdartiges. Als er das Gesicht betrachtete, empfand er daß es sich um Christus handeln mußte, dessen Erscheinung jedoch wenig mit dem überkommenden Abbild zu tun hatte, doch er gab den Widerstand auf und ›entschied‹ sich für dieses Bildnis. In diesem Moment wurde das Gesicht kleiner, und er erkannte die ganze Gestalt. An deren Bekleidung kann er sich nicht mehr erinnern, weiß jedoch noch, daß diese wie ›Batman‹ flog und auf der Spitze eines schwarzen Obelisken landete. Der Mensch war winzig klein, und der Obelisk war ›unglaublich‹ hoch. Der Autor ›flog entlang des Obelisken nach oben, und wie er an der Spitze angekommen war, erlebte er eine totale Finsternis, in deren Zentrum ein leuchtender Punkt pulsierte. Der Lichtpunkt kam näher, und dann erlebte er seine eigene Geburt.

Zur Erhellung des Erlebten soll hinzugefügt werden, daß der Autor das Ende des Zweiten Weltkrieges zu Hause erlebte. Sein Vater war Lehrer und sie wohnten zusammen im Schulhaus. Der Autor und sein Bruder mußten in dieser Zeit viel hungern und litten sehr unter der gesamten Situation. Als die Wohnung von den Franzosen in ein Offizierskasino umgewandelt wurde, änderte sich durch den Koch die Lage schlagartig. Sie erhielten schöne Speisen und es kam ihnen vor wie im Schlaraffenland. Dieser Koch nun war jener Nordafrikaner, der ihm in der Tetanie begegnet war. Die Folgerung könnte sein, daß sich die Schmerzen der Tetanie an die Schmerzen des Hungers gekoppelt hatten; die ›Erlösung‹ nahte in Gestalt des Nordafrikaners. War dies nun nur eine Ankoppelung oder eine Reinkarnation und der Autor der Nordafrikaner? Die Version der Stillung des Hungers durch den französischen Koch scheint realistischer zu sein.

Dem ›geistigen Weg‹ entsprechend ist jeder Lernprozeß ein Weitergehen auf dem eigenen Lebensweg. Ein Rückwärtsschreiten ist nach dem **mara**-Denkmodell nicht möglich. Unter diesem Aspekt kann es nur eine Inkarnation, nicht aber eine Reinkarnation geben.

Teil IV

A Arbeiten mit mara-map

Die Entwicklung dieses Programmes beanspruchte viele Jahre. Vergleichbar mit dem **mara**-System, entsprang es einem Gedanken. Seine Realitätsbezogenheit wurde in unzähligen Versuchen erforscht. Es ging schließlich darum festzustellen, ob und inwieweit solche Realität ›meßbar‹ würde und unter dem Aspekt des reduktionistischen Denkens als gesicherte Erkenntnis einzustufen wäre. Die sogenannte gesicherte Erkenntnis ist jedoch vom Ansatz her lediglich Gedankenursprungs, man könnte auch sagen, eine ›Erfindung‹, doch zu finden vermag man nur etwas, was schon irgendwo, irgendwann und irgendwie vorhanden ist. Solch Urgrund - sagen wir Ur-Erfindung - stellt sich uns als das holistische (ganzheitliche) System dar. Zum Kern einer ›Erfindung‹ sagt Albert Einstein:

»Wir wissen heute, daß wissenschaftliche Erkenntnis nicht aus der Empirie alleine kommen kann, daß wir bei der wissenschaftlichen Theoriebildung mit der freien Erfindung arbeiten müssen, die erst a posteriori durch das Experiment auf ihre Brauchbarkeit hin überprüft werden kann. Je mehr eine Kultur begreift, daß ihr aktuelles Weltbild eine Fiktion ist, desto höher ist ihr wissenschaftliches Niveau.«[53] In diesem Sinne könnte die Aufforderung ergehen, das unerschöpfliche Potential des holistischen Systems zu nutzen und daraus eigene ›Erfindungen‹ abzuleiten. Es dürfte sicher sein, daß wer sucht, auch findet.

A 1 mara-map

Das **mara**-map-System dient als Hilfestellung zum Fixieren schwieriger Texte und zur leichteren Bewahrung eine Überblicks über das Wesentliche ihres Inhalts. Eingegliedert wurden zugleich die Erkenntnisse der Traumpsychologie, die besagen, daß Informationen über das Zukünftige als Bilder auf der linken Seite der **mara**-map erscheinen; jene über Vergangenes demnach auf der rechten Seite. Positive Begriffsinhalte - die Zukunft positiv gestaltet wünschen sind daher links aufgelistet. Die rechte Seite gilt diesbezüglich als Platz für Begriffe weniger positiven Inhalts. Neutral erscheinende Begriffe stehen über oder unter dem Zen-

---

53. Jane. E. Charon: Komplexe Relativitätstheorie, S. 131 12/88 Goldmann

tralbegriff. Er wird als der Begriff verstanden, um den das **mara**-map angelegt ist. Unter ›Peripheriebegriff‹ ist alles um den Zentralbegriff Angelegte zu verstehen.

Beispiel Osterei

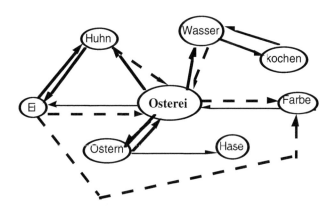

Hier stellt sich die Gedankenkette dar als Ei - Huhn - Wasser - Kochen - Farbe - Hase - Ostern. Mag auch im ersten Moment die Erstellung eines **mara**-map kompliziert erscheinen, so kann man jedoch, sobald eine konstruktive Auseinandersetzung damit erfolgt ist, eine ›neue‹ Übersichtlichkeit gewonnen werden. Die Mühe lohnt sich allemal, das Grundkonzept zu erarbeiten, denn es gelingt danach, sich schnell über schwierige Texte und komplizierte Situationen zu informieren. Es entfallen umfangreiche Notizen und an ihre Stelle treten Stichworte, die den schnellstmöglichen Weg durch den ›Dschungel‹ der Gedanken bahnen helfen.

Die Grundlegung von **mara**-map erfolgte durch die Arbeiten von Tony Buzan. Er entwickelte eine sogenannte Denkkarte, die er mind mapping nannte. Statt üblicherweise Zusammenfassungen vorzunehmen, gestaltete er einen stilisierten Baum, in dessen Zentrum das Hauptthema steht. Er kombiniert Worte und Informationen mit einem Bild und beginnt mit dem Thema in der (Baum-) Mitte. Themeninhalt und/oder Überschrift sind umrandet; die Untergliederungen verlaufen von hier aus strahlenförmig. Ihnen werden ›Äste‹ zugeordnet, so daß das Ganze schließlich den Eindruck einer Baumkrone erzeugt. Symbole und Bilder sowie Querverweise führen dazu, daß der gesamte Themenbereich mit allen Referenzen mit einem Blick vor Augen liegt. Es ist ein Leichtes, Ergänzungen hinzuzufügen. Die Grafik zeigt den Aufbau solches mind-maps unter dem Rubrum ›Wie lernen wir?‹.

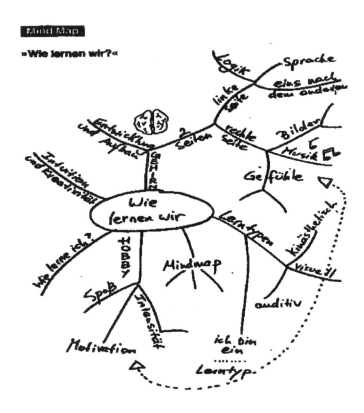

Dieses Bild ist freilich durch die Einbringung eigener Gedanken und Erfahrungen, die aufgeführten Punkte betreffen, ergänzbar. Daraus kann sodann der Überblick über die eigene Lebenssituation resultieren.

Die Wertung

Nach dem Soziogramm von Hartmut Doer und Gerd W. Schneider ist in Veröffentlichung ›Soziologische Bausteine [54)]ausführlich beschrieben. Ausgangspunkt der gruppendynamischen Betrachtungsweise ist die Erkenntnis, daß sich das Individuum innerhalb einer Gruppe anders verhält, als außerhalb derselben. Die Anwesenheit anderer Menschen wirkt sich demnach auf das Erleben und Verhalten des Einzelnen aus. »Man kann diesen Einfluß als ›sozialen Effekt‹ der Gruppe bezeichnen. Dieser soziale Effekt für die einzelnen Gruppenmitglieder ergibt in der Gesamtheit der Gruppe so etwas wie ein ›soziales Klima‹, eine besondere Gruppenatmosphäre. So kann man bei jeder länger bestehenden Gruppe eine bestimmte Ausprägung der Beziehungen untereinander feststellen, z.B. freundlich, feindlich, streng, herzlich, harmonisch, ausgeglichen, gereizt, aggressiv. Das soziale Klima einer Gruppe wirkt natürlich auch auf die einzelnen Gruppenmitglieder zurück und bestimmt deren Verhalten.

Wenn also gesagt worden ist, daß eine soziale Gruppe eine bestimmte Atmosphäre hat und ein einheitliches Gebilde darstellt, so heißt das aber nicht, Gruppen seien in sich einheitlich. Die Mitglieder einer sozialen Gruppe haben unterschiedliche Stellungen inne. Diese Rangordnung teilt eine Gruppe in Führer, Mitläufer, Randfiguren, Außenseiter usw. ein. Besonders wichtig sind die Rangplätze des Gruppenführers und des Außenseiters (›schwarzes Schaf‹). Beachtenswert dabei ist, daß der Führer mit den Geführten nicht ›machen‹ kann, was er will.

Vielmehr wird er desto eher als Führer anerkannt, je besser er das Verhalten der ganzen Gruppe repräsentiert. Der Führer ist stärker als jedes einzelne Gruppenmitglied, er gibt Befehle, sie gehorchen. Er ist schwächer als die Gruppentradition und gezwungen, sie zu akzeptieren; er ist also stärker als die einzelnen Mitglieder, jedoch schwächer als das Gebilde Gruppe. Wichtig an der Stellung des Außenseiters ist seine

Funktion, den Zusammenhalt der Gruppe zu fördern, indem er als ausgewählter Sündenbock die anderen Gruppenmitglieder von ihren Schwierigkeiten entlastet.[55)]

---

54. Doer Hartmut und Gerd W. Schneider:Soziologische Bausteine, Seite 32 ff.; Verlag unbekannt

Eine probate Möglichkeit, die Rangordnung innerhalb von Gruppen herauszufinden, ist durch die Soziometrie gegeben. Bei diesem Verfahren wird die Gruppenstruktur unter dem Aspekt einer positiven und negativen Wahl untersucht. Mitglieder von Kleingruppen werden beispielsweise befragt, mit wem sie am liebsten zusammenarbeiten oder in Urlaub fahren würden. Die Ergebnisse solcher Befragungen lassen sich dann im sogenannten Soziogramm graphisch darstellen. Beziehungen der Gruppenmitglieder werden durch Pfeile charakterisiert. Sind diese durchgezogen, bedeutet dies eine positive Wahl (Bevorzugung), sind sie unterbrochen, eine negative Wahl (Ablehnung).

Das **mara**-map nimmt eine Wertung von Worten und Begriffen vor. Sie werden ebenfalls mit Pfeilen gekennzeichnet. Eine starke Beziehung wird durch einen nicht unterbrochenen, eine schwache durch einen unterbrochenen Pfeil symbolisiert. Das Beispiel zeigt die Entstehung zwei einfacher **mara**-maps.

---

55. Doer Hartmut und Gerd W. Schneider:Soziologische Bausteine, Seite 23 ff.; Verlag unbekannt

Das erste beinhaltet als Zentralbegriff **Osterei**.

Das Osterei hat mit dem Ei zu tun, also eine starke Beziehung = durchgezogener Pfeilstrich.

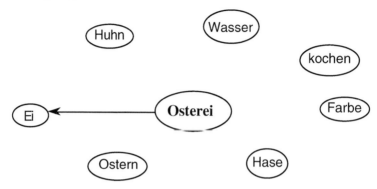

Das Ei hat mit dem Osterei zu tun. Allerdings haben Eier auch noch andere Verwendungszwecke. Deswegen eine schwache Beziehung = nicht durchgezogener Strich.

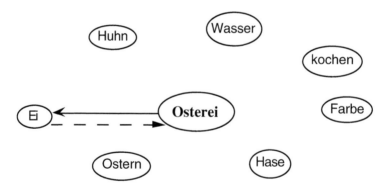

Das Osterei hat mit dem Huhn als dessen Produzenten zu tun, deswegen eine starke Beziehung = durchgezogener Strich.

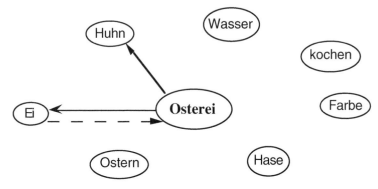

Das Huhn hat mit dem Osterei wenig zu tun, denn Eier werden auch zu vielen anderen Zwecken verwendet, also eine schwache Beziehung = unterbrochener Pfeilstrich.

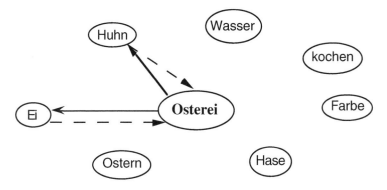

Um das Osterei zu kochen, brauchen wir Wasser, also eine starke Beziehung = durchgezogener Pfeilstrich.

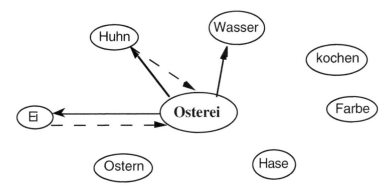

Wasser hat mit dem Osterei wenig zu tun, denn Wasser kann auch andere Verwendungen finden, deswegen keine starke Beziehung = kein durchgezogener Strich.

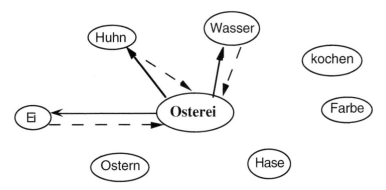

Nur durch Kochen im Wasser werden rohe Eier zu hartgekochten Eiern, deswegen starke Beziehung = durchgezogener Strich.

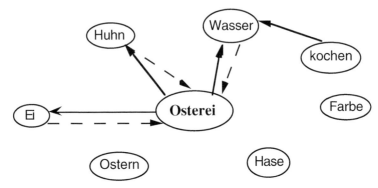

Wasser hat mit Kochen wenig zu tun, denn Wasser kann auch andere Verwendungen finden, deswegen keine starke Beziehung = kein durchgezogener Strich.

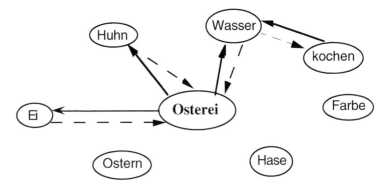

Das Osterei hat viel mit Ostern zu tun, also eine starke Beziehung = durchgezogener Pfeilstrich.

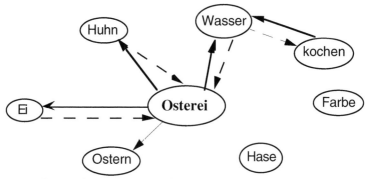

Ostern hat viel mit dem Osterhasen zu tun, also eine starke Beziehung = durchgezogener Pfeilstrich.

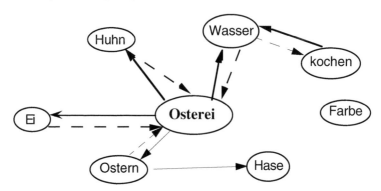

Der Hase hat keinen Bezug zu Ostern = also keine Beziehung = kein durchgezogener Strich.

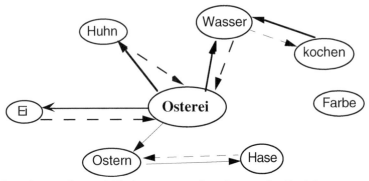

Das Osterei hat mit Farbe zu tun, also eine starke Beziehung = durchgezogener Pfeilstrich.

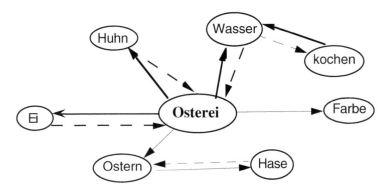

Farbe hat mit Ostern und Osterei wenig zu tun. Farbe wird außerdem vielseitig verwendet, also eine schwache Beziehung = unterbrochener Pfeilstrich.

Farbe hat mit Ostern und Osterei wenig zu tun. Farbe wird außerdem vielseitig verwendet, also eine schwache Beziehung = unterbrochener Pfeilstrich.

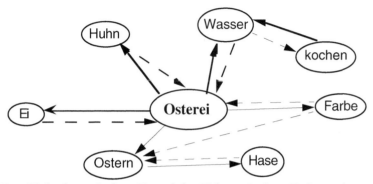

Das Huhn hat mit dem Ei und das Ei hat mit dem Huhn viel zu tun (was war zuerst da: Das Huhn oder das Ei?) – deshalb sind beide Beziehungen stark = durchgezogene Pfeilstriche.

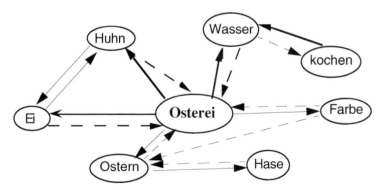

Farbe hat mit dem Ei und das Ei hat mit der Farbe wenig zu tun. Farbe wird außerdem vielseitig verwendet, also eine schwache Beziehung = unterbrochene Pfeilstriche.

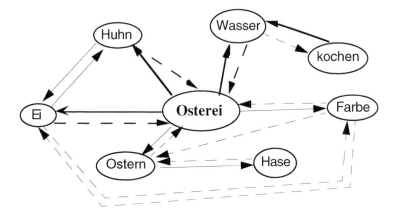

Als weiteres Beispiel zur Erkenntnisvertiefung soll das Autofahren dienen.

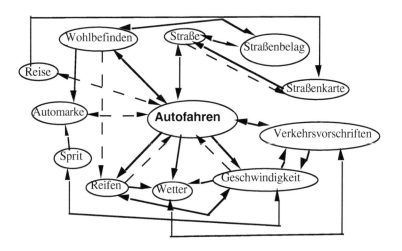

Zentralbegriff:

Autofahren.

Peripherie:

Reifen - Sprit - Automarke - Reisen - Wohlbefinden - Straßenbelag - Straße - Straßenkarte - Verkehrsvorschriften - Geschwindigkeit - Wetter.

- Autofahren und Wetter (-Abhängigkeit) = starke Beziehung. Autofahren und Reifen (-Abnutzung) = starke Beziehung. Autofahren und Geschwindigkeit = starke Beziehung Geschwindigkeit kann auch anders erzeugt werden = schwache Beziehung.

- Reifen als solche haben nur bedingt etwas mit Autofahren gemein = schwache Beziehung. Autofahren und Verkehrsvorschriften = starke Beziehung Auch im umgekehrten Verhältnis = starke Beziehung Autofahren und Geschwindigkeit = starke Beziehung.

- Geschwindigkeit als solche ist nicht vom Autofahren abhängig = schwache Beziehung. Geschwindigkeit hat mit Reifen und deren Abnutzung (Profil = Sicherheit) viel gemeinsam = starke Beziehung.

- Verkehrsvorschriften und Verkehrssicherheit in Verbindung mit dem Wetter weisen wenig Gemeinsamkeiten auf, da deren Funktion nur bedingt davon abhängig ist = schwache Beziehung.

- Das Wetter selbst hat mit dem Autofahren keine Gemeinsamkeit = schwache Beziehung.

- Automarke und Autofahren = schwache Beziehung.

- Reisen und Autofahren sind nicht unbedingt verbunden = schwache Beziehung. Reisen und Wohlbefinden korrelieren = starke Beziehung. Reisen und Straßenkarten als Wegweiser = starke Beziehung

- Automarke und Wohlbefinden = schwache Beziehung.

- Wohlbefinden und Sicherheitsempfinden, welches zum Teil vom Zustand der Reifen abhängig sein kann = schwache Beziehung. Autofahren und Wohlbefinden derer, die unter dem Fahren zu leiden haben, weshalb ihnen Wohlbefinden wichtig ist = starke Beziehung

- Straßenbelag als Teil der Straße = starke Beziehung. Wohlbefinden und Straßenbelag = starke Beziehung.

- Straße und Straßenkarte als solche = schwache Beziehung.

- Straßenkarte und Straßen = starke Beziehung

Gesetzt der Fall, es gelte nun, über den Zentralbegriff ›Autofahren‹ einen Vortrag zu halten, so bietet sich die Anwendung des **mara**-map in der beschriebenen Form an. Man kann mit dem Peripheriebegriff beginnen und muß nur den Pfeilen folgen, um so über alle Begriffe, die dem Zentralbegriff zugeordnet sind, sprechen zu können.

Reifen: Intakte Reifen sind zur Sicherheit des Fahrers erforderlich. Reifen üben einen direkten Einfluß auf Geschwindigkeit und Straßenlage des Fahrzeugs aus. Erstere tangiert die Verkehrsvorschriften und den Spritverbrauch, letztere die Verkehrssicherheit.

Verkehrsvorschriften: Sie sind erforderlich, um beispielsweise bei bestimmten Wetterlagen sicher zu fahren. Geschwindigkeit und Beschaffenheit der Reifen haben natürlich auch einen direkten Einfluß auf das Autofahren und korrelieren mit dem Wohlgefühl. Ihm ist zugleich ein guter Straßenzustand zuzuordnen.

Reisen: Autofahren kann Freude bereiten, was wiederum für das Wohlbefinden von Bedeutung ist. Die Planung von Reisen ist bei der hervorragenden Qualität der Straßenkarten kein Problem.

So oder in anderer Abfolge kann der Zentralbegriff aufgefächert werden, wobei Plazierung und Verwendung mehrerer Begriffe als Zentralzuordnungen durchaus möglich sind. Dies erfolgt unter Benutzung von Peripheriebegriffen, die sodann den Status des Zentralbegriffes erhalten, von dem wiederum Begriffsinhalte abgeleitet werden. (Die Wissenschaft nennt solche Vorgehensweise Deduktion, d.h. es wird, vom Oberbegriff ausgehend, auf die kleinste Begriffseinheit abgeleitet = deduziert).

Die Verwendung mehrer Zentralzuordnungen geschieht wie folgt:

• Zentralbegriff A symbolisiert den Hauptbegriff, z.B. ›Zeit‹

• Zuordnung B (Unterbegriff Zukunft)

• Zuordnung C (Unterbegriff Vergangenheit)

• Zuordnungen werden bei **mara**-map mit einem geschlossenen Strich, ohne Pfeil, mit dem

• Zentralbegriff verbunden. Sie verfügen sodann über jeweils eigene Peripherien.

Beispiel Clown

Zentralbegriff: Clown

Zuordnung A: Dummer August und weißer Clown als klassische Erscheinungen des Clowns.

Zuordnung B: Gott und Erwachsensein.

Die Vereinigung von weißem Clown un dummen August als Polarität bedeutet Erwachsensein. Die Vereinigung dieser Zuordnungen wiederum bewirkt im **mara**-System das Verständnis von ›Gott‹.

Als weiteres Beispiel soll das **mara**-map ›Macht‹ dienen. Es ist aufgeteilt in positive Macht und negative Macht und vermeidet so eine Unübersichtlichkeit bei der Darstellung dieses Begriffes. Gegeben ist darüber hinaus eine statistische Auswertung der **mara**-maps:

Weißer Clown

Chaos

1. Pfeile, die auf Peripheriebegriffe hinweisen
2. Pfeile, die von Peripheriebegriffen fortweisen

Häufungen und Starke Beziehung

Pfeile. die zum Begriff zeigen: schwache Beziehung

Pfeile die, vom Begriff weg zeigen: Häufungen:

	starke Beziehung Pfeile, die zum Begriff zeigen		schwache Beziehung Pfeile, die vom Begriff weg zeigen	
Begriff	**hin**	**weg**	**hin**	**weg**
dummer August	5	5	0	0
weißer Clown	8	8	0	0
Gott	2	2	0	0
Erwachsensein	2	2	0	0
Bewußtsein	1	1	1	1
Nichtbewußtsein	3	5	0	0
Gesetz	3	3	0	0
Recht	2	2	1	1

	starke Beziehung Pfeile, die zum Begriff zeigen		schwache Beziehung Pfeile, die vom Begriff weg zeigen	
Begriff	**hin**	**weg**	**hin**	**weg**
Chef	2	2	1	1
Lehrer	1	1	1	1
Verstand	2	2	0	0
logisches Denken	3	3	0	0
red. Denken	4	4	1	1
Vaterrolle	8	9	0	0
Mutterrolle	4	4	0	0
Empfinden	5	6	1	1
Gefühl	5	4	1	1
Zufall	2	2	0	0
Gefühl	5	5	0	0

A 1 Wahrnehmung und Gehirnfunktion

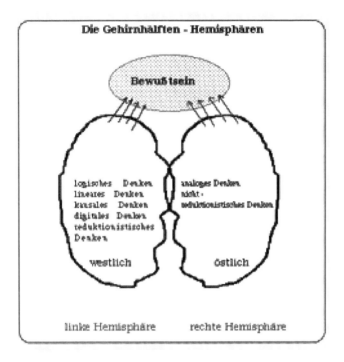

Die Darstellung der Gehirnhälften mit ihrer Funktion ist stark vereinfacht. Es geht bei dieser Beschreibung lediglich um die Darstellung des Prinzips.

Die LINKE Gehirnhälfte wird überwiegend genutzt für das logische Denken, auch linear-kausales Denken oder digital-reduktionistisches Denken genannt.

Die RECHTE Gehirnhälfte ist für das analoge-nicht reduktionistische Denken zuständig. In der Praxis findet jedoch ständig ein Zusammenspiel beider Gehirnhälften statt.

Beide Gehirnhälften können durch Übungen harmonisiert werden.

Harmonisierung der Gehirnhälften heißt:

1. Optimales Wahrnehmungs- und Bewußtseinsvermögen. Wir müssen unterscheiden zwischen Wahrnehmung und Bewußtsein, denn nur relativ wenige Wahrnehmungen werden uns bewußt.

2. Die Lücken im logischen Denken werden geschlossen. Das logische Denken, auch lineares oder digitales Denken genannt, ist in der Chaosforschung das reduktionistische Denken. Das bedeutet, daß der Mensch alle Dinge, die ihm bewußt werden, auf das Verstehbare reduziert.

3. Optimaler ERFOLG ist die enge Koppelung von reduktionistischem Denkens und dem nicht reduktionistischen Denken. Wichtig ist zu wissen, daß das reduktionistische Denken auch eine hoch effektive Art des Denkens ist; der Aufwand zu optimalen Erfolgen zu kommen ist jedoch größer als bei einer engen Koppelung der verschiedenen Denkmethoden.

Beim ›westlichen‹ Menschen ist die linke Gehirnhälfte besser konditioniert als die rechte. Diese Konditionierung erfolgt über die Schrift. In der westlichen Welt werden Buchstaben zu einem Wort gefügt, was ein lineares Denken hervorruft.

Im Gegensatz dazu sind bei den Japanern beide Gehirnhälften ähnlich konditioniert. Die japanische Schrift besteht zu ca. 45 Prozent aus buchstabenähnlichen Zeichen und zu etwa 55 Prozent aus Symbolen.

Diese werden mittels der rechten Gehirnhälfte erfaßt, die Zeichen mit der linken Gehirnhälfte. In der Praxis bedeutet das, daß beim westlichen Menschen der Hauptanteil des bewußten Wahrnehmens über die linke Gehirnhälfte gesteuert wird, beim östlichen Menschen hingegen die rechte.

A 2 Lernvorgang beim Arbeiten mit map

Beispiel: schriftlicher Lerninhalt

Der Lerninhalt wird wahrgenommen und als Schriftzeichen erkannt. Das Schriftbild gelangt in die linke und rechte Hemisphäre. Die linke koppelt an Erfahrungen an, welche als Wissen gespeichert sind, die rechte an die nichtbewußte Ebene, was bedeutet, daß das Gesamt zugleich angesteuert wird und somit gleichbedeutend mit einer holistischen Funktion der rechten Gehirnhälfte zu sehen ist. Beide Ankoppelungen vermischen sich, gehen jedoch in die linke Hemisphäre zurück, um über sie ins Bewußtsein zu gelangen. Das bedeutet beispielsweise, daß der schriftliche Lerninhalt durch die individuelle Struktur eine starke Veränderung erfährt.

A 3 Holistisches System oder Akasha-Chronik und Lernen

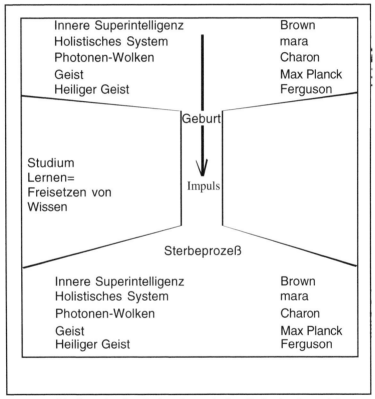

Der angeblich nichtphysische ›kosmische Gedächtnisspeicher‹, d.h. die Speicherung aller sich jemals ereigneten Geschehnisse vermag vom manchen Menschen nach dem **mara**-Denkmodell ›angezapft‹ werden.

»Alle Materie entsteht und besteht nur durch eine Kraft, welche die Atomteilchen in Schwingungen bringt und sie zum winzigsten Sonnensystem des Atoms zusammenhält. Da es aber im ganzen Weltall weder eine intelligente noch eine ewige Kraft gibt, so müssen wir hinter dieser Kraft einen bewußten, intelligenten Geist annehmen.«[56]

Durch die Geburt wird der bewußte Zugang zu diesem universellen Wissen so sehr begrenzt, daß er lediglich in Form von Archetypen als äußerst geringem Zugang erhalten als bliebt. Während der Dauer seines Lebensweges ›lernt‹ der Mensch und erlangt durch mannigfache Möglichkeiten ›mehr Wissen‹. Ist jedoch im kleinsten Teilchen alles Wissen gespeichert, ist dieses Wissen zwangsläufig in jedem Menschen vorhanden. Folgerichtig ist das, was allgemein als Lernen bezeichnet wird, nur ein Freisetzen von Wissen, sozusagen ein Erinnern. Durch den Prozeß des Sterbens trennt sich der Körper von der geistigen Struktur, womit die Einengung durch den materiellen Körper entfällt. In dieser Situation ist der Betroffene wieder in die Lage versetzt, Zugang zum holistischen System und dessen umfangreichen Wissen zu erhalten.

A 4   Übungsanleitung zum Erarbeiten und Nacharbeiten von mara-map

In diesem Teil werden unterschiedliche **mara**-maps aufgezeichnet. Zu jedem **mara**-map gibt es einen Begleittext, der Hinweise auf die Darstellung geben soll. Von Bedeutung ist, daß jedes **mara**-map eine rein subjektive Darstellung ist, die keinen Anspruch auf Objektivität stellt. Die eigene subjektive Sicht zu definieren beansprucht gewiß Mut, verhilft indes dazu, der inneren Struktur näherzukommen.

Merksatz: Die momentane subjektive Sicht der Dinge stellt nur die ohnehin im Augenblick wahrzunehmen mögliche Wirklichkeit dar!

mara-map ist stets die Darstellung der momentanen Wertung jenes Begriffs, der als Zentralbegriff definiert wird. Das bedeutet, daß **mara**-maps Denkhilfsmittel zur Erlangung eines Überblicks

---

56. Johnson George + Scheppach Josef, Wissenschaftsredakteur New York Times 14/92

über möglicherweise verwirrende Aspekte einer Sache sind. **mara**-maps dienen dazu, ein Problem stufenweise zu durchdenken und zur Vertiefung festzuhalten. Es empfiehlt sich, den Text gründlich durchzuarbeiten und die Verbindungen zwischen dem Zentralbegriff und den Peripheriebegriffen herzustellen. Nach den eigenen Versuchen finden sich auf den nachfolgenden Seiten fertige **mara**-maps zu den entsprechenden Zentralbegriffen. Diese **mara**-maps verfügen über eine Beschreibung, die zu verstehen hilft, weshalb die unterschiedlichen Wertungen entstehen und entsprechende Verbindungen vorhanden sind.

Das Arbeiten mit **mara**-maps im Rahmen einer Übung ist ein sehr leicht beschreitbarer Weg des Vertrautwerdens mit dem **mara**-Denkmodell. Das Einfachste ist, die in der Übungsanleitung enthaltenen maps durchzuarbeiten.

Die in den Zusammenstellungen ersichtlichen **mara**-maps beziehen sich ausschließlich auf das **mara**-System! mara-maps können allerdings für jede Situation aufgebaut werden, gleichgültig, ob es sich hierbei um wirtschaftliche oder persönliche Probleme handelt. Wie gesagt - es gehört gewiß ein wenig Mut dazu, Fragen aufzuwerfen, sie niederzuschreiben und mara-maps zu erstellen. Es werden sich jedoch bestimmt etliche Probleme auf diesem Wege lösen lassen. Vorab einige Informationen über das mara-System in Form eines Presseberichtes. [57]

57.

MARA: Vom Alltag zum All Tag.

Ralf Michael Seele berichtet über den Autor und seine Frau:

Ein Angebot zur Lebensbewältigung aus persönlicher Sicht.

Suche und Begegnung

Kein Leben ist so schwer, daß man es nicht erleichtern könnte durch die Art und Weise wie man es aufnimmt.« Diese Worte von Ellen Glasgow verweisen eindeutig auf die Funktion der Einstellung jedes Einzelnen zu sich und zur Welt. Es ist unmöglich, menschliches Sein erfahren zu können, ohne die persönliche Position miteinzubringen.

Jedes Welt- und Selbstbild ist immer eine subjektive Wirklichkeit. Da jeder Mensch Teil unseres Universums ist, gibt es keine objektive Beschreibung als Sicht von außen. Wir halten für wirklich, was wir selbst für möglich erklären, und dies am konsequentesten bei dem, was wir leibhaftig erfahren haben.

Auf der Suche nach neuen philosophischen Wahrheiten begegneten mir eines Tages zwei äußerst angenehme und herzliche Menschen - Margot und Rainer Binder aus Gaildorf bei Schwäbisch Hall. Durch sie lernte ich MARA kennen - ihre individuelle Form der Lebensbewältigung, welche sie offenen und suchenden Mitmenschen in Seminaren und Ausbildungskursen weitervermitteln. Sie sind Bio-Psycho-Symmetrietherapeuten, Mitglieder im Berufsverband beratender Psychologen sowie Mitarbeiter der Deutschen Gesellschaft für Holistische Medizin e.V. in München.

Nach Ansicht der Binders entsteht Harmonie, wenn es den Menschen gelingt, Polaritäten zu Ganzheiten zu verschmelzen, ohne dabei die Gegensätze ineinander aufzulösen. Eine grundsätzliche menschliche Seinsweise ist das Pendeln zwischen zwei Polen, als Rhythmus im zeitlichen Nacheinander und als Symmetrie im räumlichen Nebeneinander erlebbar. Doch die Menschen in unserer normierten Leistungsgesellschaft neigen dazu, sich extrem auf einen der beiden Pole solcher Dualitäten zu fixieren, wie zum Beispiel Außen- und Innenwelt, Anspannung und Entspannung, Leben und Tod, Rationalität und Emotionalität. Damit entfernen sie sich von jedem Harmonie beinhaltendem Ganzheitserleben. Ein erster Schritt dahin ist aber, tiefe Entspannung bewußt zuzulassen.

Neugierig überließ ich mich in zwei MARA-Seminaren den Begegnungen mit Margot und Rainer Binder: Bilder dieser Welt. MEDIARAMA zeigt Bilder dieser Welt. Bilder einer Welt, die Ruhe und Weite atmet, die Geheimnis und Frieden ist - Worte, die zu Beginn eines jeden Seminars erklingen. Sie leiten MEDIARAMEN ein individuelle Prägungen von Dia-Überblend-Projektionen, verbunden jeweils mit einer speziellen Klangkomposition.

MEDIARAMA ist ein Kunstwort und entstand aus **ME**DIUM-**DIA**POSITIV-**RA**INER-**MA**RGOT. Vor mir tauchen beeindruckende Motive wie Wolken, Landschaften, Pflanzen, Gesichter, Kristalle und ähnliches auf und verlaufen allmählich in neue. Die anfangs eindeutig identifizierbaren Bilder werden immer abstrakter. Es sind faszinierende Details, Momentaufnahmen meist alltäglicher Lebensräume, die auf diese Weise sehr intensiv erlebt werden. Die abstrakten Bilder geben Raum, eigene Erinerungen und Assoziationen in sie hineinzuprojizieren. Eine nach archetypischen Bildstrukturen erfolgte Motivwahl potenziert die harmonisierende und die Phantasie anregende Wirkung der Dias.

Auf einem Drehbuch beruhen Reihenfolge der Motive wie auch der Rhythmus des Bildwechsels. Das kontinuierliche Umwandeln der Standbilder ineinander mit differenzierten Überlagerungen erzeugt den Eindruck eines Prozesses. Ihn unterstützt bildsynchron ablaufende Begleitmusik, komponiert nach einer Methode des Bulgaren Georgie Losanov, dem Erfinder des Superlearning bzw. der Suggestopädie. Nach ihm führt Musik in einer bestimmten Taktfrequenz das Gehirn in einen als Alphastufe bezeichneten Schwingungszustand, welcher entspannt, einen leichteren Zugang zum Unterbewußten und zum kreativen Potential sowie Selbstheilung ermöglicht. Gegen Ende der Diaserien kehren die Binders den Ablauf der Bild-Klang-Kombinationen um und führen dadurch den Betrachter zurück in den Schwingungszustand des gewohnten Tagesbewußtseins, auch als Beta-Zustand bezeichnet.

Die Präsentation dieser von Margot und Rainer gezielt gesucht oder zufällig gefundenen Motiven hinterläßt in den Seminarteilnehmern, welche entspannt liegen, einen intensiven und nachhaltigen Eindruck. Ihre Wirkung hängt weder von intellektuellen Vorkenntnissen noch von kulturell bedingten

Sehgewohnheiten ab. Die Bilder werden relativ unvoreingenommen verinnerlicht und hinterlassen meist eine tiefe emotionale Berührung, eben weil hier archetypische Hör- und Sehmuster anklingen. Etwa sieben Diaserien stellen die Binders während der beiden Tage vor. Sie bilden dabei ein strukturierendes Grundgerüst.

Bilder des MEDIARAMAS zeigen uns Leben, Leben mit einer Welt, die in uns ist, die wir anklingen lassen wollen.« Diese Worte verraten eine weitere Funktion der Seminare. Die Teilnehmer haben Gelegenheit, über ihre Wahrnehmungen, Gefühle und Gedanken zu sprechen, die sie während der Vorführung erleben. Einigen kommen Tränen, anderen werden plötzlich körperliche Verspannungen bewußt, wieder andere erinnern sich spontan an vergangene Ereignisse in ihrer Biographie. Sensibilität für den eigenen Körper und für die subjektive, geistige Innenwelt entwickeln und trainieren ist eines der Ziele von Margot und Rainer.Zwischen den Dia-Vorführungen und Gesprächen erläutern die Binders ihre Methode, geben Einblick in wissenschaftliche Theorien und lassen noch ungeklärte Phänomene, an denen es in den Seminaren keineswegs mangelt, im Raum stehen. Ihr MARA beruht unter anderem auf dem symmetrischen Aufbau sowie der Funktionsteilung des Gehirns. Wir in der europäisch geprägten Zivilisation beanspruchen hauptsächlich das logische, kausale, lineare Denken. Dies vollzieht sich in der linken Gehirnhälfte. Die von uns meist vernachlässigte rechte Gehirnhälfte spricht auf ganzheitliche Wahrnehmungen, wie Bilder und Musik, an und ist für das Kreativ-Unbewußte sowie für nichtlineare Phänomene zuständig. MARA beansprucht beide Sphären gleichermaßen und harmonisiert deren Funktionen.

Verbinden wir gezielt rationales Denken mit ganzheitlicher (holistischer) Wahrnehmung wird dies uns erfahrbar als Bewußtseinserweiterung und meßbar als Steigerung der geistigen Leistungsfähigkeit. Das kann nahezu jeder Teilnehmer am Ende der Seminare für sich als Erfolg verbuchen.

Unterstützt von harmonisierenden Klangkompositionen führen die Binders verbal die Teilnehmer in einen tief entspannten Zustand. Je vollkommener sie ihn erreichen, um so deutlicher wird der Unterschied zur meist als Normalität betrachteten, übermäßig angespannten Alltagsbefindlichkeit. Erst dieses Differenzerleben ermöglicht es, sich auf das der jeweiligen Tätigkeit genügende Maß von Anspannung zu beschränken und als positives Lebensgefühl zuzulassen und zu pflegen.

Mediziner wiesen nach, daß in tiefer Entspannung der Organismus zehn und mehr Abwehrkräfte gegen Erkrankungen erzeugt, als in der täglich gelebten unnötigen Dauerspannung. Das Besondere am System von Margot und Rainer ist die schnelle Erlernbarkeit. Im entspannten Zustand gibt jeder Teilnehmer sich ein selbstgewähltes Körpersignal, zum Beispiel eine besondere Handhaltung. Es entsteht so ein bedingter Reflex, welcher in beliebiger Situation übermäßige Spannung abbauen kann. Nach zwei- bis dreimaligem Training ist diese Methode bereits (richtig: er-) gelernt - ein großer Vorteil gegenüber vergleichbaren Verfahren, wie z. B. dem Autogenen Training.Den Alpha-Zustand relativ willkürlich herbeizuführen ist Voraussetzung für die weiteren Übungen der MARA-Seminare. Einige davon bieten die Binders auch aus Audio-Kassetten an, stets in der Kombination von Musik und verbaler Führung entsprechend dem Superlearning-Prinzip. Der Unterschied gegenüber zahlreichen auf dem Markt angebotenen Meditationskassetten liegt in der deutlichen Rückführung in den Wachzustand (Betastufe) am Ende der Übungen. Dies gilt auch für alle MEDIARAMEN.

Die Anleitungen zur Entspannung und Selbstwahrnehmung sind so offen formuliert, daß sie als Projektionsflächen dienen und die individuelle Aktivität des Hörers erfordern. Damit verleiten sie so wenig wie möglich zu Abhängigkeit und Passivität. Der Hörer fühlt sich immer wieder auf sich selbst angewiesen. Seine Befindlichkeit zunächst bedingungslos anzunehmen, ist ein erster Schritt zur Veränderung. Die Binders sind davon überzeugt, daß der Mensch seine Entwicklungsmöglichkeiten in sich trägt und über körpereigene Regulationsprozesse verfügt. Daher braucht er sich viel weniger von außen Medikamente oder starre Verhaltensprinzipien aufzuzwingen, als er üblicherweise glaubt. Sie fordern eigenes Handeln gemäß innerer Notwendigkeit bei jedem Einzelnen.

Wie deutlich die Teilnehmer Veränderungen an sich bereits während der Seminare feststellen, zeigt eine Blickkontaktübung. Nachdem sie ein MEDIARAMA in sich aufgenommen haben, welches die Vielfalt menschlicher Gesichter und Körper beinhaltet, setzt sich jeder einem durch Zufallswahl bestimmten Partner gegenüber. Beide schauen sich eine Weile schweigend an und beobachten ihre eigenen Wahrnehmungen und Reaktionen. Für die meisten ist es nicht einfach, einander offen zu begegnen, denn dies widerspricht tendenziell unseren gesellschaftlich sanktionierten Verhaltensmustern. Es folgte ein weiteres MEDIARAMA, anschließend wird die Übung wiederholt. Die Teilnehmer spüren, wie sie ihre Einstellung und Wahrnehmung verändern. Anstelle des gewohnten Standhalten- und Verschließenmüssens sowie dem Bedürfnis, sich gegenüber anderen abzugrenzen, entdecken sie eine tiefere Verbundenheit und Wesensgleichheit jenseits automatisierter sozialer Rollen. Achtung, Toleranz und Annahme gewinnen an Bedeutung.

Mit jeder Übung lassen die Binders ihre Teilnehmer etwas erfahren, was sie selbst vorzuleben versuchen und was eines ihrer Seminarziele darstellt. »Wenn ich mit Dir spreche, bist Du für mich in diesem Augenblick das Wichtigste.« Dieser Leitgedanke erwuchs Margot und Rainer aus der vielfach erfahrenen Notwendigkeit, dem jeweiligen Begegnungspartner in all seinen Verhaltensweisen ernst zu nehmen und sich ihm voll zuzuwenden. In gewohnter Weise urteilen wir vorschnell und maßen uns dabei an, unser Gegenüber mehr oder weniger zu kennen.

Für die Binders sind alle Menschen besondere Erscheinungen des gleichen Hintergrundes, Urgrundes. A priori bestehen keine Wertunterschiede zwischen ihnen. Gerade das Vertrauen der Teilnehmer untereinander darauf, in keiner Weise oberflächlichen und verletzenden Wertungen ausgesetzt zu sein, erzeugt jene harmonisierende und das Lebensgefühl jedes Einzelnen bejahende Atmosphäre als Voraussetzung für Kreativität und Wohlbefinden. Diese soziale Aura scheint mir eine der angenehmsten Seiten der MARA-Seminare zu sein.

Die Übereinstimmung, mit welcher Margot und Rainer Binder ihren Weg vermitteln, resultiert aus dem eigenen Erleben von Leid und Spontanheilung. Nunmehr selbst konsequent ihr MARA lebend und von vielen ehemaligen Seminarteilnehmern und Patienten bestätigt, erweckten sie auch in mir volles Vertrauen. Ihr Weg begann vor Jahren, als Margot an einem Tumor im Rückenmark erkrankte. Die Schulmedizin prognostizierte ihr ständige Behandlung und ein Leben im Rollstuhl. Ihr Krankengymnast verwies sie auf ein in den USA entwickeltes Verfahren, im Alpha-Zustand zu visualisieren, also sich bildlichen Vorstellungen hinzugeben. Auf ihr Leiden angewandt, konnte sie nach geraumer Zeit genesen. Sie tat also nichts anderes, als die dem Organismus innewohnenden Möglichkeiten zu nutzen, sich selbst zu regulieren und damit zu heilen.

Sowohl Margot als auch Rainer lernten Visualisieren und erlebten damit viele Überraschungen, die sie zunächst nicht in ihr bisheriges mechanistisches Weltbild einordnen konnten. Es folgten weitere Ausbildungen und Selbstversuche. Sie begegneten Menschen, die ebenfalls über scheinbar außergewöhnliche Fähigkeiten verfügten, nach und nach erweiterten sie schließlich ihre philosophischen Grundüberzeugungen. Angeregt unter anderem von der Bio-energetik, Kinesiologie von Dr. E. Diamond, Reflexionslehre, Rebirthing, Psychosomatik von Thorwald Detlefsen, Visualisierung nach Josee Silva und Chaostheorie entwickelten die Binders ihr MARA mit den MEDIARAMEN als strukturierende Bestandteile. Nach Dia-Vorträgen, Experimenten mit Videodokumentationen ihrer eigenen künstlerischen Arbeit, Schmalfilme und Erkenntnissen über die Jahrtausende bekannte Heilwirkung von Musik fanden sie zu dieser eigenständigen Kunstform einer multimedialen Präsentation. Die Komponisten Wolfgang von Wolpertshausen und Siegfried Klaiber schaffen speziell für jede Diaserie einen harmonisierenden Klangraum.

Zu den wohl erstaunlichsten Erfahrungen während der Seminare zählen Erlebnisse, welche ich mit dem Begriff Raum-Zeit-Sprünge umschreibe. Sie lassen unerklärliche Phänomene plötzlich einordnen und durchschaubarer werden und illustrieren als persönliche Erfahrungen anschaulich neueste physikalische Theorien: Alle Seminarteilnehmer charakterisieren auf einem Zettel eine ihnen gut bekannte Person. Anschließend werden diese Zettel willkürlich verteilt. Je zwei Teilnehmer setzen sich Rücken an Rücken. Nach Auslösen des Alpha-Zustandes nennt der eine Partner Namen und Alter der schriftlich beschriebenen, fremden Person. Nach geraumer Weile kann der andere Partner Bilder visualisieren, welche der erstere zu Papier bringt.

Danach wechseln beide ihre Rolle. Am Ende dieser Übung werden die Visionen untereinander verlesen. Für alle kaum faßbar - tendenziell jede Aussage ließ sich bestätigen. Dieses Ergebnis reihte sich widerspruchslos in die statistischen Erhebungen der Binders ein. Wie ist dieses für die Beteiligten als Realität erlebte Phänomen zu erklären?

Die wissenschaftlichen Theorien der Physik des 20. Jahrhunderts widerlegen die bisherige Annahme einer absoluten Zeit und eines absoluten Raumes. Unter bestimmten Bedingungen eröffnen sich dem Bewußtsein Zugänge zu weiterer Raum-Zeit-Dimensionen. Wir bekommen Informationen auch aus der Vergangenheit und Zukunft. Derartige Raum-Zeit-Sprünge gehörten jedoch zur Weisheit aller Naturvölker und sind Bestandteil jeder mystischen Richtung der Weltreligionen und Naturphilosophien. Also nur für den sich selbst beschränkenden westlichen Zivilisationsmenschen eine Neuheit!?

Auf einem, ebenfalls von der Physik noch nicht endgültig geklärten Energiephänomen beruht der von den Binders praktizierte BioPsychoSymmetrie-Anwendung ist die Christussituation in praktisches TUN verwandt, den sie als Einzeltherapie anbieten. Mittels über Musik eingeleitete Tiefenentspannung und langsamen Bewegungen des Körpers des Patienten lösen sich organisch manifestierte psychische Konflikte. Besonders die Gelenke sind Ansätze solcher Blockierungen.

Die Bewegungen begleiten die Binders mit intensiven Vorstellungen, zum Beispiel, daß sie den Kopf des behandelten Partners ins Unendliche strecken. Überraschend daran ist, daß der entspannt liegende Partner ähnliche bis gleiche Bilder assoziiert, wie der ihn behandelnde. Es erfolgt, auf welche Weise auch immer, eine Energie- bzw. Informationsübertragung. Ziel ist, psychische und physische Prozesse miteinander in Harmonie zu bringen, eine Bio-Psycho-Symmetrie zu erreichen. Die langsamen Bewegungen führen dazu, daß das Körperleben des passiven Partners der Kontrolle seines linearen Denkens entgleitet. Sein Raum-Zeit-Empfinden dehnt sich ins Unendliche aus. Der Erfolg der BPS-Anwendung ist die Christussituation in praktisches TUN verwandt liegt bei ca. 72 Prozent.

Es fällt mir schwer, das komplexe Angebot MARA mit einem bekannten Begriff zu umschreiben und in das traditionelle System linearer zuordnungen einzubringen.   Diese für mich bisher einzigartige Synthese von ästhetischem Genuß, wohltuender Entspannung, praktischer Übung, vertrauensvollem Gespräch, innovativer Wissensvermittlung, allseitiger Selbsterfahrung und befreiendem Spiel läßt sich wohl nicht besser umschreiben als mit dem prosaischen, und bereits auf der sprachlichen Ebene Polarität und Ganzheit symbolisierenden **MARA** - einem Kunstwort aus den Anfangssilben der Namen **MA**rgot und **RA**iner. Das aus persönlichem Erleben entwickelte MARA mag vielleicht so manchem auf das begrenzte mechanistische Weltbild programmierten, leistungsorientierten Menschen geheimnisvoll erscheinen. Allein durch Einlassen auf über diese Weise transformierten Erfahrungen kann sich das Bewußtsein auch jener erweitern, welche bis dahin keine andere Realität außer ihrer selbstgebastelten Wirklichkeit ertragen konnten.

Es gibt mit Sicherheit mehr als nur die von uns angenommene Wirklichkeit. Suche nach Wahrheit, nach dem Sinn des Daseins, beginnt in jedem selbst und kann aus dem Alltag einen All-Tag werden lassen. Wir können es wieder lernen, mit scheinbar sich ausschließenden Polaritäten als zwei einander bedingende Seiten ein und desselben komplexen Ganzen zu leben. Jener Weg führt unweigerlich auch in Raum-Zeit-Dimensionen, die sich wörtlich nicht mehr entsprechend beschreiben lassen, die sich dem linearen Denken entziehen.

›Ein einzigartiges Erlebnisangebot bieten Margot und Rainer Binder aus Gaildorf bei Schwäbisch Hall mit ihren MARA-Seminaren. Ihr Angebot ist gelungene Synthese aus ästhetischem Genuß, wohltuender Entspannung, praktischer Übung, vertrauensvollem Gespräch, innovativer Wissensvermittlung, allseitiger Selbsterfahrung und befreiendem Spiel. Sie lassen sich nicht besser umschreiben als mit dem prosaischen Kunstwort. Sensibilität für den eigenen Körper und für die subjektive, geistige Innenwelt entwickeln und trainieren ist eines der Ziele der Binders. Nicht zuletzt stehen die Seminare auch im Zusammenhang mit der sich weltweit vollziehenden Erweiterung des Weltbildes. Unter bestimmten Bedingungen, die der Teilnehmer im Seminar trainiert, eröffnen sich dem Bewußtsein Zugänge zu weiteren Raum-Zeit-Dimensionen. Wir bekommen Informationen aus der die individuelle Biographie überschreitende Vergangenheit und Zukunft. Dem auf das begrenzte mechanistische Weltbild programmierten Industriestaaten-Menschen erscheint das Angebot zunächst zwiespältig. Allein durch Einlassen auf über diese Weise transformierten Erfahrungen kann sich das Bewußtsein auch jener erweitern, welche bis dahin keine andere

Realität außer ihrer selbstgebastelten Wirklichkeit ertragen konnten. Die Suche nach Wahrheit, nach dem Sinn des Daeins, beginnt in jedem selbst und führt unweigerlich in bereits wissenschaftlich nachweisbare Raum-Zeit-Dimensionen, die nicht anders vermittelbar sind als durch persönliche Erfahrung.«

Teil V

A Informationen über das ›mara-System‹

»Forschungen auf dem Gebiet der Psycho-Neuro-Immunologie (PNI) aus dem USA belegen, was wir schon lange so empfinden; ein gewisses Maß an Anforderungen hält uns aktiv und leistungsfähig - aber zuviel Streß und Druck legen sich bleischwer auf die Seele und machen auch körperlich krank.«[58]

US-Mediziner haben bewiesen, daß der Körper in tiefer Entspannung zehnmal mehr Abwehrkräfte gegen Krankheiten erzeugt, als in Streßsituationen. (Dr. Larry Dossey 1989) Doch: Eine regelmäßige Tiefenentspannung zu betreiben ist für in belastenden Lebenslagen steckenden Menschen nahezu unmöglich. Wie soll man einfach›abschalten‹, wenn die Situation es nicht zuläßt? Wie sollen sich Berufstätige aus dem Leistungsdruck ausklinken, Hausfrauen schwierige Familiensituationen einfach ›wegstekken‹, Rentner trotz abnehmender Abwehrkräfte und mit dem Blick auf das nahende Lebensende glücklich in den Tag hineinleben können? Es gibt jedoch ein System: die **mara**-Methode, mit der sich schnell und tief entspannen läßt. Sie hilft beim Verlassen des Teufelskreises aus Streß, Krankheit und Druck. Tiefe Entspannung erzeugt Gelassenheit bei der Bewältigung von Schwierigkeiten, eine neue Sichtweise von der jeweiligen Situation und eine ›neue‹ Offenheit gegenüber anderen Menschen.

Die Verbesserung des Gesundheitszustandes und Lebensgefühles und die tatsächliche Verbesserung der Lebensumstände gehen bei den meisten Menschen Hand in Hand. Kreativität, Intuition und Lebensfreude nehmen in dem Maß zu, wie das Gefühl entsteht, besser mit dem eigenen Leben zurechtzukommen. Nicht die Flucht vor der Realität in eine Phantasiewelt oder gar in Drogen darf die Antwort auf Probleme sein. Nur ein menschlicher, gelassener, dabei jedoch hellwacher Umgang mit der persönlichen Situation führt zur Bewältigung.

A 1 Mit dem mara-System zur Entspannung

Viele Menschen in Deutschland, Schweiz, Portugal und anderen Ländern haben bereits mit Erfolg an den zweitägigen Entspannungsseminaren teilgenommen. Es werden Dia-Überblend-Projektionen (Mediaramen) aus der Natur gezeigt, die den

---

58. Larry Dossey:Psychic Research; Vortrag 1978 New York

Teilnehmern im wahrsten Sinne des Wortes ›die Augen öffnen‹ für die Schönheit der Natur. Sie sollen zur Ruhe kommen, an den Kern des Menschseins herangeführt werden und das Leben in seiner Vergänglichkeit und zugleich die Kostbarkeit des Augenblicks erfassen.Gegenüber solchen Dimensionen erscheint manches Problem dann schon geringer.

Eine speziell zu den Mediaramen von Wolfgang von Wolpertshausen und Siegfried Klaiber komponierte Musik führt die Teilnehmer über die Taktfrequenz auf die tief entspannende Alphastufe (Gehirnströme 8 - 13 Hertz nach EEG), auf der nachgewiesenermaßen die Produktion von Abwehrstoffen gegen Krankheiten drastisch ansteigt.[59]

Gesundheit, Wohlbefinden, gesteigerte Intuition, Kreativität und Lebensfreude durch eine bessere Streßabwehr sind die dauerhaften und spürbaren Erfolge. Es schwindet das überbetonte Denken an Vergangenes und Zukünftiges und es wächst die Bereitschaft, mehr dem Augenblick, dem Heute, zu leben, denn echte Lebendigkeit liegt nur im Hier und Jetzt! Die Mediaramen sprechen die rechte Gehirnhälfte an, jene Hemisphäre für Intuition und Kreativität, die durch die für logische Denkprozesse zuständige linke Gehirnhälfte zumeist überlagert wird. Eine Harmonisierung beider Gehirnhälften, d.h. die Aktivierung der rechten Seiten, ermöglicht Denkleistungen, gestützt von Intuition und Spontaneität, die sich sogar Wissenschaftler und Manager in dieser Auswirkung nicht vorgestellt hätten. Dieser Auswirkung liegt die Erkenntnis zugrunde, daß das Unterbewußte unbeirrbar weiß, was richtig ist - man muß nur wagen, sich darauf zu verlassen. Dieses Vertrauen wächst sukzessive durch Erfahrung in den **mara**-Seminaren.

Über bestimmte Taktfrequenzen und Tonhöhendynamik wird diese Potentialschwankung auf eine niedrige Frequenz gebracht, die beruhigend und entspannend wirkt. Diese Wirkung wurde mit dem EEG (Elektroenzephalogramm [60]) nachgewiesen.

EEG Untersuchungen wurden am 19.091990 Nr.2375/90 in der neurologischen Abteilung des Bezirkskrankenhauses in Suhl vorgenommen und bestätigt.

---

59. **mara** Ausbildungsunterlagen, Seite 4/13
60. **mara** Ausbildungsunterlagen, Seite 3/16

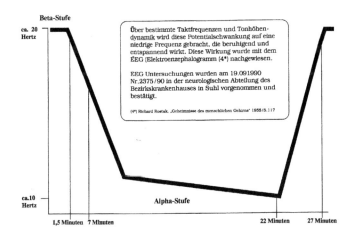

Beta-Stufe

ca. 20
Hertz

Über bestimmte Taktfrequenzen und Tonhöhendynamik wird diese Potentialschwankung auf eine
niedrige Frequenz gebracht, die beruhigend und
entspannend wirkt. Diese Wirkung wurde mit dem
EEG (Elektroenzephalogramm (4*) nachgewiesen.

EEG Untersuchungen wurden am 19.09.1990
Nr.2375/90 in der neurologischen Abteilung des
Bezirkskrankenhauses in Suhl vorgenommen und
bestätigt.

(4*) Richard Rostak, „Geheimnisse des menschlichen Gehirns" 1955/S.117

ca.10
Hertz

Alpha-Stufe

1,5 Minuten   7 Minuten   22 Minuten   27 Minuten

191

mara-map = mara-System

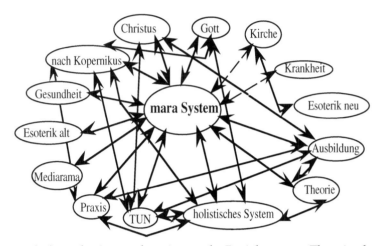

Das holistische System hat eine starke Beziehung zur Theorie, da die holistische Ebene über die Theorie sowie über praktische Erfahrungen erschlossen werden kann. Die Theorie ist jedoch für das Wissen über den Zugang zum holistischen System sehr wichtig, daher durchgezogener Strich.

Das holistische System hat zu Gott eine starke Beziehung, denn das, was Max Planck beschreibt, ist, was in der kirchlichen Terminologie mit Gott bezeichnet wird, daher durchgezogener Strich.

Nach Kopernikus ist die Ebene die holistische Ebene:

Durch vorsichtiges Abschätzen der Wahrnehmungs-Dimension können die Begegnungen auf der gegenwärtigen Ebene als Erscheinungen des holistischen Systems erkannt werden, was zu einer ehrfurchtvollen Haltung führt: deshalb eine starke Beziehung, daher durchgezogener Strich.

Durch das TUN ergibt sich die Chance, die Ebene des holistischen Systems zu erfahren. Das TUN ist die Übertragung einer theoretischen Erkenntnis auf die praktisch erfahrbare Ebene.

So wie das TUN erfolgt, gestaltet sich seine Qualität. Nach der Vorstellung des **mara**-Systems sollte das TUN mit einer positiven Zuwendung geschehen. Positiv ist, das Wissen um die holistische Ebene in das TUN einfließen zu lassen, weil dadurch die Erscheinung der materiellen Ebene zu einer höheren Wertigkeit transformiert werden kann.

Das holistische System hat mit der Praxis eine starke Beziehung, weil durch das TUN die Praxis des Denkmodells ›**mara**-System‹ und damit das holistische System deutlich wird, daher durchgezogener Strich.

A 2   Begriffe des mara-Systems

Theorie

Die Theorie hat eine starke Beziehung zum holistischen System, da die holistische Ebene nur über die Theorie erschlossen werden kann, daher durchgezogener Strich.

Ausbildung

Die allgemeinen Bezüge zur Ausbildung sind in der Erläuterung des Begriffs Theorie beschrieben.

Nach dem **mara**-System werden BioPsychoSymmetrie-Therapeuten ausgebildet, die der **mara**-Anwendung in Einzelsitzungen durchführen.

Die Grundlagen dieser Ausbildung beruhen auf der Auffassung, daß alle Menschen Erscheinungen des holistischen Systems sind. Der Sinn der Individualität ist darin zu sehen, durch Struktur und TUN des einzelnen den ›Geist‹ des holistischen Systems in der jeweils spezifischen Struktur sichtbar werden zu lassen.

Die Ausbildung hat eine starke Beziehung zur Theorie, daher durchgezogener Strich.

Ausbildung ist TUN und Praxis, deshalb eine starke Beziehung, daher durchgezogener Strich.

Die Ausbildung hat mit dem Erkennen dessen zu tun, was unter holistischem System erörtert wurde.

Die Sicht des holistischen Systems und der Ausführungen von Max Planck beschreiben eine Sichtweise des Menschen, welche in der christlichen Terminologie auch als Christussituation bezeichnet wird.

Das durch Paulus geschaffene Bild von Jesus wurde von einem Teil der Menschen der westlichen Welt akzeptiert und ist deswegen in ihnen Realität geworden. Genau deswegen wirkt es auch als sogenannte Christussituation. Alle folgenden Nennungen beziehen sich auf diesen Sachverhalt.

Diese tatsächliche ›Christussituation‹ wird allerdings von den offiziellen Kirchen nicht anerkannt. Christus sagt: »Ich bin der Sohn Gottes« und anderer Stelle: »Ihr seid die Kinder Gottes«.

Das bedeutet, daß es keinen Unterschied zwischen den Menschen gibt. Genau das weitet Max Planck mit seinen Ausführungen auf alle Erscheinungen der materiellen Ebene aus, deswegen starke Beziehung, daher durchgezogener Strich.

Esoterik neu

Esoterik neu steht nicht in Verbindung mit der vorher beschriebenen Christussituation. Es gilt zu unterscheiden zwischen Esoterik alt und Esoterik neu. Esoterik bedeutet ›inneres Wissen‹. Dieses innere Wissen wurde von sogenannten Eingeweihten bewahrt und war nur jenen zugänglich, die in oft jahrelangen Übungen an das ›innere Wissen‹ herangeführt wurden.

Dadurch wurde sicherlich eine Lage geschaffen, in der nur derjenige, der verantwortungsbewußt mit diesem Wissen umging, Zugang zur ›Christussituation‹ besaß. In den letzten zehn Jahren jedoch wurde das innere Wissen für jedermann zugänglich, wodurch viele Menschen, ohne Rücksicht auf die Entwicklung ihrer inneren Struktur, an Wissen gelangten, welches sie nicht im Sinne der Christussituation verwenden können.

Der Mitbegründer des New Ages, Fridjoff Capra hat genauso wie der Schweizer Pestalozzi aus der entstandenen Bewegung herausgenommen. Die Begründung ist: *„Wir haben das Ziel verfehlt. Unsere Vorstellungen wurden zu genau dem Gegenteil verkehrt"* (Wissenschaftliche Berichte 7/1998). Praktisch heißt das, daß die New Age- und Esoterikbewegung keine positiven Veränderungen in der Gesellschaft hervorrufen konnten. Die Lehren der neuen Esoterik haben die Anhänger zu Menschen gemacht, die sich aus der allgemeingültigen Realität herausgenommen haben und durch ihre *„spirituelle Weltsicht"* das Urteilsvermögen im allgemeinen Realitätsbezug in großem Umfang eingebüßt haben.

Die Folge ist ein Zurückziehen aus der Verantwortlichkeit dem Ganzen gegenüber und die Förderung der eigenen Nabelschau. Durch diese Haltung wurden in weitestem Umfang die bis vor Beginn der Esoterikbewegung gültigen Rechtsmaßstäbe des christlichen Denkens aufgelöst. Die Gleiche ist 2001 deutlich festzustellen; die Gewalttätigkeit und das schwankende Rechtsbewußtsein hat auf allen Ebenen zugenommen. Die Fähigkeit, sich gegen solche Entwicklungen zu stellen und ein hartes NEIN gegenüber manchen Alltagsforderungen zu verantworten hat kräftig nachgelassen. Dies als kurze Darstellung dessen, was der Autor unter ›Esoterik neu‹ versteht.

Die Esoterik neu hat eine starke Beziehung zur Kirche, weil diese durch die intern praktizierende Hierarchie die Christussituation ablehnt, da ansonsten beispielsweise ein Priester keine Sünden vergeben dürfte. Erhebt er den Anspruch dennoch darauf, stellt er sich in der hierarchischem Ordnung über den ›Sünder‹. Das jedoch schließt die Christussituation aus, deswegen starke Beziehung, daher durchgezogener Strich.

Krankheit

Man ist gewohnt, den Begriff Krankheit negativ zu bewerten. Von Müller Eckard stammt die ebenso provokante wie bedenkenswerte These, »es sei die vielleicht menschlichste und wichtigste und notwendigste Leistung, nämlich krank sein zu können.« »In einer unerträglichen Lebensatmosphäre könne der Leib nein zu sagen zu dem zerstörenden Geschehen und krank werden. Dann beinhalte die Krankheit mehr Weisheit und Wahrheit als die ›Gesundheit‹ der offiziellen Medizin. In dem Krank-sein-Können vieler Patienten sei mehr Gesundheit als in dem Funktionieren von Millionen leidfreier Scheingesunder.

Die Möglichkeit, die seelische Mobilität oder die seelische Aktivität wieder zu erhalten, hat meines Erachtens direkt mit dem Antrieb zu tun, den wir Schmerz nennen. Lernt unsere Gesellschaft wieder, Schmerz zuzulassen, dann entsteht wieder ein Antrieb, die spirituelle Ebene und damit die spirituelle Existenz des Menschen zu erkennen.

Der Schmerz als ein wichtiger Antrieb und eine wichtige Informationsquelle über innere Konfliktsituationen sollte wieder beachtet werden. Der Schmerz als solcher hat eine wichtige Aufgabe im System des Heil-Werdens.«

Horst Eberhard Richter sagte in einem Vortrag anläßlich der 31. Arbeitstagung des Deutschen Kollegiums für Psychosmomatische Medizin in Gießen. Wie Viktor von Weizsäcker verdanken wir Hans Müller Eckard sehr bedeutende Beiträge für das Verständnis des Sinns von Krankheit. Beide haben einen einsichtigen Unterschied gemacht zwischen Heil-sein und symptomloser Heillosigkeit. Sie haben von der doppelten Aufgabe des Arztes gesprochen, unermüdlich zum Heilen beizutragen, aber zugleich Ehrfurcht vor der Krankheit zu bewahren.

Im **mara**-System wird Krankheit als eine spirituelle Dimension erkannt, deren Sinn es ist, an die spirituelle Ebene heranzuführen. Das bedeutet, daß Krankheit ebenso zum Leben gehört wie Gesundheit. Krankheit weist eine starke Beziehung zum **mara**-System auf, daher durchgezogener Strich.

Kirche

Kirche besitzt durch ihre hierarchische Struktur eine schwache Beziehung zum **mara**-System, daher kein durchgezogener Strich.

Gott

Der Begriff Gott hat ein starke Beziehung zum holistischen System, denn das, was Max Planck in seinem Vortrag über die Materie beschreibt, ist, was in der christlich-kirchlichen Terminologie als Gott bezeichnet wird, daher durchgezogener Strich.

Der Begriff Gott hat eine starke Beziehung zum **mara**-System, weil das *mara*-System in der **mara**-Anwendung die Christussituation realisiert, daher durchgezogener Strich.

Der Begriff Gott ist realisiert in der Situation nach Kopernikus, deswegen eine starke Beziehung, daher durchgezogener Strich.

Christus

Der Begriff Christus steht in enger Beziehung zum **mara**-System, weil das **mara**-System in der **mara**-Anwendung die Christussituation realisiert, daher durchgezogener Strich.

Der Begriff Christus wird in der Ausbildung zum BioPsycho-Symmetrie-Therapeuten allmählich in seiner eigentlichen Bedeutung, der Christussituation, deutlich und Schritt für Schritt realisierbar, deswegen starke Beziehung, daher durchgezogener Strich. In der **mara**-Anwendung ist die Christussituation in praktisches TUN verwandelt, darum ist es wichtig, den Christusbegriff in Form des Christusbegriffes als TUN zu realisieren, deswegen starke Beziehung, daher durchgezogener Strich.

nach Kopernikus

Der Begriff nach Kopernikus stellt das Bild für die Auslegung Max Plancks Ausführungen über ›die Materie‹ dar. Die Situation nach Kopernikus beschreibt, daß Gott in allen Erscheinungen unserer Ebene sichtbar wird, deswegen starke Beziehung, daher durchgezogener Strich.

Nach Kopernikus ist gleichzeitig ein Bild für das holistische System sowie das Umsetzen der ›geistigen Ebene‹ in die Praxis durch das TUN, deswegen starke Beziehung, daher durchgezogener Strich.

Esoterik alt

Der Unterschied zwischen Esoterik neu und Esoterik alt ist unter dem Begriff Esoterik neu erörtert worden.

Esoterik-alt besitzt eine enge Verbindung zum **mara**-System, deswegen starke Beziehung, daher durchgezogener Strich.

Gesundheit

Gesundheit ist gleichbedeutend mit ›Heilsein‹, also unversehrt an Leib und Seele sein.zumeist wird Gesundheit auf die rein körperliche Gesundheit bezogen, der Mensch kann jedoch nur auf spiritueller Ebene ›heil‹ sein. Die Definition von Heilsein kann deshalb nicht dahingehend verstanden werden, indem man sagt, daß nur in einem gesunden Körper ein gesunder Geist sein könne, was einer Mißinterpretation aus Juvenals Satiren zugrundeliegt, wo es heißt: ›Mens sana in corpore sano‹ = ›eine gesunde Seele in einem gesunden Körper‹. Heilsein bedeutet in der Situation nach Kopernikus Realisierung auf der materiellen Ebene, oder vereinfacht gesagt, den Werk-Tag zum All-Tag zu machen. Deswegen starke Beziehung, daher durchgezogener Strich.

Mediarama

Mediarama ist ein Kunstwort und zusammengesetzt aus Medium Diapositiv und rainer und margot. Mediaramen sind eine Besonderheit des **mara**-Systems, deswegen starke Beziehung, daher durchgezogener Strich.

Praxis

Praxis steht in engem Zusammenhang mit TUN, mit der Situation nach Kopernikus, mit Ausbildung und dem **mara**-System; deswegen starke Beziehung, daher durchgezogener Strich.

TUN

Dieser Begriff TUN beschreibt all das, was das **mara**-System verkörpert. An einem Beispiel aus der Physik läßt es sich verdeutlichen. Mischt man die Grundfarben des Lichtes, Rot-Blau-Gelb, erscheint das Licht als weiß, d.h. es ist unsichtbar. In der Physik wird hierbei von einer additiven Lichtmischung gesprochen.

Obwohl Licht vorhanden ist, erscheint der Weltraum dem Auge dunkel. Das Licht ist jedoch nur deshalb unsichtbar, weil außer den Sternen nichts vorhanden ist, was Licht reflektieren könnte. Reflektiert werden nur Strahlen, die vom reflektierenden Gegenstand nicht absorbiert werden. Sähen wir eine Rose mit roten Blättern, würden vom Blütenblatt alle farbigen Lichtanteile, außer Rot, aufgenommen. Licht wird demzufolge erst durch Reflexion sichtbar. Übersetzt man nun Licht mit ›Gott‹, so kann Gott nur in der Reflexion sichtbar werden.

Sämtliche Erscheinungen der materiellen Ebene reflektieren, wobei ihre Struktur bestimmt, was reflektiert wird. In diesem Sinne kann Gott nur durch Reflexion sichtbar werden oder durch TUN.

Hierbei geht es um die Qualität des TUNS. Sie hat eine enge Beziehung zu Christus, zur Situation nach Kopernikus, zur Ausbildung und natürlich zur Praxis des **mara**-Systems; deswegen starke Beziehung, daher durchgezogener Strich.

Häufungen

Begriff	starke Beziehung Pfeile, die zum Begriff zeigen		schwache Beziehung Pfeile, die vom Begriff weg zeigen	
	hin	weg	hin	weg
Hol. System 6600	6	6	0	0
Theorie	3	3	0	0
Ausbildung	5	5	0	0
Esoterik neu	1	1	0	0
Krankheit	0	0	1	1
Kirche	1	1	1	1
Gott	3	3	0	0
Christus	3	3	0	0
n. Kopernikus	4	4	0	0
Gesundheit	1	1	0	0
Esoterik alt	1	1	0	0
Mediarama	1	1	0	0
Praxis	4	4	0	0
TUN	5	5	0	0

mara-map ›Kopernikus‹

Die wissenschaftlichen Erkenntnisse des Astronomen Kopernikus zeichnen ein hervorragendes Bild, um die Erscheinungen
der materiellen Ebene, somit des momentanen Aufenthaltes des
Menschen, besser zuordnen zu können.

Unter ›Erscheinungen‹ sind Begebenheiten zu verstehen, denen
man täglich begegnet. Es ist dabei gleichgültig, ob es sich hierbei
um innere oder äußere Begegebenheiten handelt, ob sie sich tagsüber ereignen oder im Traum. Es geht um das Gesamt solcher Begebenheiten. Vor Kopernikus herrscht die Meinung der
Astronomie vor, daß die Erde den Mittelpunkt des Weltalls bilde
und sich die Sonne um sie drehe.

Übertragen auf den Menschen, bedeutet das, daß er sich oftmals
im Mittelpunkt des Gesamts aller Begegebenheit wähnt und sich
die Welt sozusagen um ihn zu drehen habe. Anders das im übertragenen Sinne zu sehende kopernikanische Weltbild: die Sonne
steht im Mittelpunkt, die Erde und andere Planeten umkreisen
sie. Menschen sind wie Planeten; sie leben vom Licht des Mittelpunktes, der Sonne. ›Sonne‹ kann ausgetauscht werden gegen
›Tao‹, ›Gott‹, Allah‹ etc.; der Mensch ist stets nur Erscheinung
dieses Hintergrundes, d.h. gleichen Wertes und somit gleich-
wertig. So stellt sich, der christlichen Terminologie zufolge, die
Christussituation dar. Auf die Situation des Menschen, übertragen mittels des kopernikanischen Denkmodells, meint dies, daß
der Mensch, wie alle Erscheinungen seiner Ebene, die Stellung
des Planeten einnimmt. Planeten erhalten das Licht von der Sonne: Dies ist der Hintergrund, vor dem alle Erscheinungen existieren.

Tauscht man nunmehr ›Hintergrund‹, ›Gott‹ usw. durch ›Licht‹
aus, ergibt sich, daß die Planeten = Menschen Erscheinungen einer Reflexion sind, der Reflexion des Hintergrundes ›Gott‹ (vg.
Erkenntnisse der additiven Lichtmischung).[61] Der Hintergrund
ist nur reflektierbar durch den Menschen selbst und daher auch
nur durch ihn selbst wahrgenommen werden. Das Sichtbarwer-
den ist mit der spirituellen Ebene oder Dimension gleichzusetzen. Sie stellt zugleich die Christusebene dar. Die Christusebene
ist die totale Auflösung der Hierarchie.

61.

Eine Teilnehmerin des Aufbauseminars erlebte sie bei einer Visualisierungsübung folgendermaßen: »Ich erlebte mich als Blume auf einer herrlichen Blumenwiese. Es waren viele, viele Blumen, und alle zusammen waren die Blumenwiesen, auf die die Sonne schien.«

Nach dem Maßstab der Spiritualität (Situation nach Kopernikus) existieren weder Richtig noch Falsch; was ›ist‹, ist, und es hat damit die Berechtigung in der ihm gemäßen Form vor diesem Hintergrund sichtbar zu werden. Hierbei wird deutlich, daß die christlich-kirchliche Darstellung von Schuld nicht der ›Christussituation‹, d. h. der Situation ›nach Kopernikus‹ entspricht. Schuldbewußtsein beruht auf Maßstäben, an denen Handlungen gemessen werden. Maßstäbe, die zum Vergleichen der momentanen Situation angelegt werden, bedeuten jedoch Hierarchie, denn derjenige, der Maßstäbe erstellt, ist der ›Wissende‹ (oder er meint es zu sein), was bedeutet, daß er sich in einer hierarchischen Ordnung an eine höhere Stelle setzt. Das Erzeugen eines Schuldbewußtseins ist eine Erfindung der Kirchen, die die Maßstäbe dafür aufgestellt hat, was ›Schuldigsein‹ heißt. Das ›Schuldiggewordensein‹ verlangt nach Vergebung, weshalb die Person eines Erlösers installiert wurde.

mara-map ›vor Kopernikus‹

Die astronomische Sicht in der Zeit nach Kopernikus wird als Beispiel auf den Menschen übertragen und im **mara**-map dargestellt. Die Situation des Menschen, der astronomischen Sicht Kopernikus' vor dessen revolutionärer Entdeckung entsprechend, empfindet sich der Mensch als Mittelpunkt des Geschehens.

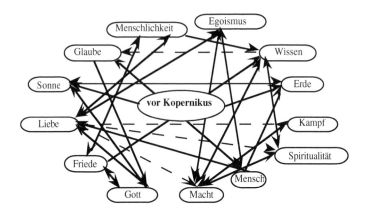

Macht

Macht ist ein vom Ursprung her gesehen neutraler Antrieb oder eine Kraft, die zum Durchsetzen der eigenen Weltsicht angewandt werden will. Die Sicht, Mittelpunkt zu sein, in Verbindung mit Macht heißt Durchsetzung = Kampf; deswegen eine starke Beziehung, daher durchgezogener Strich. Macht ist in der Situation vor Kopernikus ein Mittel, um Egozentrik durchzusetzen. Dies hat mit dem eigentlichen Sinn von Spiritualität nichts gemeinsam; deswegen eine starke Beziehung, daher durchgezogener Strich.

Macht in Verbindung mit Wissen dient zur Darstellung der eigenen Person als den Träger des Wissens; deswegen eine starke Beziehung, daher durchgezogener Strich. Macht in der erwähnten Form ist Egoismus; deswegen eine starke Beziehung, daher durchgezogener Strich. Macht und Egoismus sowie Kampf haben eine sehr schwache Beziehung zu Liebe, deswegen unterbrochener Strich.

Mensch

Der Mensch ist derjenige, in dem das Denkmodell realisiert wird. Der Mensch lebt auf der Erde, und auf der Ebene dieser Erde muß er seine Denkmodelle realisieren; deswegen eine starke Beziehung, daher durchgezogener Strich. Die Realisierung durch den Menschen ist bei diesem Denkmodell nur über Egoismus möglich; deswegen eine starke Beziehung, daher durchgezogener Strich. Da der Mensch darauf angewiesen ist, an das Denkmodell zu glauben, also nicht zu wissen, ergibt sich eine starke Beziehung; daher ein durchgezogener Strich. Liebe ist für den Menschen in diesem Denkmodell Befriedigung egoistischer Vorstellungen, deswegen eine starke Beziehung, daher durchgezogener Strich.

Spiritualität

Spiritualität bedeutet in diesem Denkmodell Macht und Machtanwendung; deswegen eine starke Beziehung, daher durchgezogener Strich. Spiritualität ist Wissen. Es sagt nichts über den Umfang dessen aus, was bewußt wahrgenommen wird; deswegen eine starke Beziehung, daher durchgezogener Strich. Spiritualität hat stets mit Liebe zu tun, d.h. Liebe zum Menschen. Unter Liebe wird in der Spiritualität verstanden, was in der kirchlichen Terminologie mit ›Agape‹ bezeichnet wird. Das bedeutet selbstlose, von Egoismus freie Liebe.

Im Denkmodell ist jedoch die egozentrische Haltung des Menschen zu sehen, was Liebe in dieser Definition nur wenig zuläßt; deswegen schwache Beziehung, daher durchbrochener Strich.

Kampf

Kampf ist eine Realisierung von Macht; deswegen eine starke Beziehung, daher durchgezogener Strich.

Erde

Erde ist die Ebene vor Kopernikus, deswegen eine starke Beziehung, daher durchgezogener Strich. Erde als Polarität von Sonne ist eine enge Koppelung, denn die Erde und die Menschen darauf können ohne Sonne nicht bestehen Im Denkmodell vor Kopernikus hält die Anziehungskraft der Erde die Sonne in ihrer Bahn; deswegen eine starke Beziehung, daher durchgezogener Strich.

Wissen

Wissen ist im Sinne des holistischen Wissens Spiritualität; deswegen eine starke Beziehung, daher durchgezogener Strich. Wissen ist in der egoistischen Situation des Menschen vor Kopernikus Macht, deswegen eine starke Beziehung, daher durchgezogener Strich.

Egoismus

Egoismus bezeichnet die Situation vor Kopernikus. Egoismus wird von Menschen gelebt; deswegen eine starke Beziehung, daher durchgezogener Strich. Egoismus und Macht sind nicht zu trennen; deswegen eine starke Beziehung, daher durchgezogener Strich. Egoismus und Liebe haben außerhalb der Ebene ›Agape‹ viel gemeinsam, deswegen starke Beziehung, daher durchgezogener Strich.

Menschlichkeit

Menschlichkeit beruht auf dem Wissen über Zusammenhänge, deswegen eine starke Beziehung, daher durchgezogener Strich. Menschlichkeit ist im Grunde genommen realisierter Frieden, deswegen eine starke Beziehung, daher durchgezogener Strich.

Glaube

Der Glaube ist für Menschen wichtig, die den Zugang zum holistischen Wissen verloren haben; deswegen eine starke Beziehung, daher durchgezogener Strich. Glaube ist gebunden an nicht nachprüfbare Erscheinungen; wären sie nachprüfbar, wäre es Wissen. Gott ist nicht meßbar, weshalb in den Begriff Gott vieles projiziert werden kann. Dadurch ist der Glaube an die unbekannte Institution Gott für viele Menschen zur Lebensbewältigung wichtig. Jeder Mensch besitzt die Möglichkeit, den Glauben einmal in Wissen zu verwandeln. Der Glaube an das Unsichtbare, d.h. an Gott, ist, solange der Mensch im Stadium des Glaubens ist, wichtig; deswegen eine starke Beziehung, daher durchgezogener Strich.

Sonne

Sonne als Polarität zur Erde ist nicht trennbar, deswegen eine starke Beziehung, daher durchgezogener Strich. Sonne wurde im Denkmodell vor Kopernikus als Gott gesehen, deswegen eine starke beziehung, daher durchzogener Strich.

Liebe

Liebe, insoweit sie unter dem Denkmodell ›Agape‹ gesehen werden kann, hat stets mit Gott zu tun; deswegen eine starke Beziehung, daher durchgezogener Strich.

Friede

Friede und Menschlichkeit sind nicht zu trennen, deswegen eine starke Beziehung, daher durchgezogener Strich. Friede kann aus dem Wissen im intellektuellen Bereich ebenso wie dem aus dem Bereich der Empfindungen. Frieden ist nicht Abwesenheit von Krieg. Frieden und Krieg sind eine unaufhebbare Polarität. Friede ist mit Wissen eng verflochten. Der Mensch, der den Zugang zur holistischen Ebene gefunden hat, kann Wissen erkennen und dadurch Friede realisieren; deswegen eine starke Verbindung, daher durchgezogener Strich.

Gott

Gott und Friede sind untrennbar; deswegen eine starke Beziehung, daher durchgezogener Strich. Gott und Liebe sind nicht zu trennen, denn Gott ist die realisierte Liebe, die man als ›Agape‹ bezeichnen kann; deswegen eine starke Beziehung, daher durchgezogener Strich. Gott und Sonne haben einen engen Bezug, da im Denkmodell vor Kopernikus die Sonne und Gott von den meisten Philosophen gleichgestellt wurden; deswegen eine starke Beziehung, daher durchgezogener Strich.

Häufungen:

	starke Beziehung Pfeile, die zum Begriff zeigen		schwache Beziehung Pfeile, die vom Begriff weg zeigen	
Begriff	hin	weg	hin	weg
Macht	4	4	1	0
Mensch	2	2	0	0
Spiritualität	2	2	1	0
Kampf	1	1	0	1
Erde	3	1	0	0
Wissen	4	1	0	0
Egoismus	3	3	0	0
Menschlichke it	2	1	0	0
Glaube	1	2	1	0
Sonne	3	2	0	0
Liebe	4	3	0	1
Friede	2	3	0	0
Gott	4	3	0	0

Wichtig: Es ist von Bedeutung, die **mara**-maps ›vor Kopernikus‹ und ›nach Kopernikus‹ miteinander zu vergleichen. Hierbei wird deutlich, in welchem Umfang Veränderungen durch eine

andere Betrachtungsweise des Lebens ermöglicht werden. Die
Situation ›nach Kopernikus‹ ist eine der wenigen Chancen, Frieden
bei sich und in der Welt zu erzeugen.

mara-map ›nach Kopernikus‹

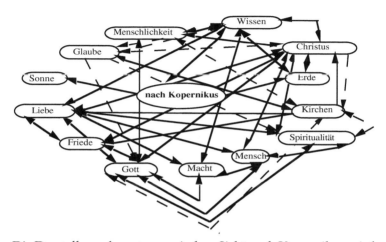

Die Darstellung der astronomischen Sicht nach Kopernikus wird
auf das ›**mara**-map nach Kopernikus‹ übertragen und in obiger
Grafik dargestellt.

Sonne

Kopernikus hat eine starke Beziehung zur Sonne, daher durchgezogener
Strich.

Glaube

Glaube hat eine schwache Beziehung zu Gott, daher durchbrochener
Strich. Glaube weist deshalb eine schwache Beziehung
auf, weil im Gleichnis ›nach Kopernikus‹ die Beziehung zu Gott
nur Wissen sein kann. Glaube hat auch eine nur schwache Beziehung
zur Spiritualität, weil Spiritualität Wissen ist und nicht
Glaube, daher durchbrochener Strich. Glaube besitzt eine starke
Beziehung zu Kirchen, denn Kirchen bauen auf Glauben und
nicht auf Wissen, daher durchgezogener Strich. Glaube hat eine

schwache Beziehung zu Christus, denn in der Situation nach Kopernikus geht es um Christus-Wissen und nicht um Christus-Glauben, daher durchbrochener Strich. Glaube hat mit Wissen wenig gemein, denn Glaube ist ›ein klein wenig Wissen‹, deshalb eine schwache Beziehung, daher durchbrochener Strich.

Menschlichkeit

Menschlichkeit ist dem Gleichnis nach Kopernikus mit Wissen verknüpft. Die Beziehung ist rein bewußt, deswegen starke Beziehung, daher durchgezogener Strich. Menschlichkeit hat eine starke Beziehung zu Christus, denn die Situation nach Kopernikus ist die Christus-Situation, daher durchgezogener Strich. Menschlichkeit hat eine schwache Beziehung zu Kirchen, denn die Kirchen lehren zu glauben, und Glaube ist ein mehr oder weniger bewußtes (transzendentales = bewußtes, aber nicht erfahrenes) Wissen und somit durch Machtstrukturen zu manipulieren. Das schränkt Menschlichkeit ein, wie auch die Glaubenskriege zeigen, daher durchbrochener Strich. Menschlichkeit steht in starker Beziehung zu Gott, denn durch sie wird Gott sichtbar und erfahrbar, daher durchgezogener Strich.

Wissen

Wissen steht in starker Beziehung zu Macht, daher durchgezogener Strich. Wissen besitzt eine starke Beziehung zur Erde, denn die Erde ist die Ebene, auf der der Mensch momentan lebt und dadurch Wissen realisieren kann und soll, daher durchgezogener Strich. Wissen hat eine starke Beziehung zu Christus, daher durchgezogener Strich.

Christus

Der Begriff Christus beinhaltet die gesamte Situation nach Kopernikus, deshalb starke Beziehung zu Menschlichkeit und Erde. Die Erde ist die Ebene, auf der der Mensch momentan lebt. Es ist die Ebene, auf der die Situation nach Kopernikus und somit die Christus-Situation realisiert werden kann, daher durchgezogener Strich. Christus ist die direkte Realisierung von Spiritualität, daher durchgezogener Strich. Christus hat eine starke Beziehung zum Menschen, denn nur er kann bewußt Christus auf der momentanen Lebensebene realisieren, daher durchgezogener

Strich. Christus besitzt eine starke Beziehung zu Gott, denn durch Christus kann Gott erst erfahrbar werden, daher durchgezogener Strich. Christus steht in starker Beziehung zu Friede, denn die Christussituation wie die Situation nach Kopernikus ist praktizierter Friede, daher durchgezogener Strich. Christus ist Liebe, also starke Beziehung. Die Christus-Situation ist Liebe, weil jeder Mensch nur eine Erscheinung Gottes auf der Ebene seines momentanen Aufenthaltes ist; daher durchgezogener Strich. Christus hat eine schwache Beziehung zur Kirchen, da die Kirchen einen Christusglauben vermitteln und nicht Christus-Wissen, daher durchgezogener Strich.

Erde

Erde hat eine starke Beziehung zu Wissen und Christus, weil beides an die Ebene der Erde gebunden ist, daher durchgezogener Strich.

Kirchen

Kirchen haben zu Spiritualität eine schwache Beziehung, da bei den meisten Kirchenvertretern Christus als ›der spirituelle Christus‹ abgelehnt wird, daher eine schwache Beziehung. Kirchen haben eine starke Beziehung zur Frieden und Liebe und Glaube, denn in den Kirchen wird Friede und Liebe und Glaube gepredigt, also starke Beziehung, daher durchgezogener Strich. Kirchen haben zu Menschlichkeit eine schwache Beziehung, denn Kirchen verkünden die Ausschließlichkeit des von der Kirche vertretenen Glaubens und schließen somit Andersgläubige aus. In den Kirchen werden Hierarchien gefördert, und dies widerspricht der Christussituation. Eine Hierarchie ist z.B., daß dem ›Gläubigen‹ angeblich die Sünden vergeben werden und dem ›Nichtgläubigen‹ nicht. Dieses Verhalten entspricht nicht der Situation nach Kopernikus und hat wenig mit Menschlichkeit zu tun, daher durchbrochener Strich. Kirchen haben zu Gott eine schwache Beziehung, denn der Schwerpunkt der christlichen Kirchen ist der vergebende Christus und nicht Gott, daher durchbrochener Strich.

Spiritualität

Spiritualität alt‹ ist angewandte Esoterik, d.h. das früher streng gehütete Geheimnis der Weisen.Spiritualität besitzt eine starke Beziehung zu Christus, denn die realisierte Christus-Situation ist Spiritualität; deshalb eine starke Beziehung, daher durchgezogener Strich. Spiritualität hat eine starke Beziehung zu Liebe, denn Liebe, in der christlichen Terminologie Agape genannt, ist angewandte Spiritualität, daher durchgezogener Strich. Spiritualität weist wenig Gemeinsamkeit mit Kirchen auf, da die Kirchen nicht die Christus-Situation realisieren und damit die Situation nach Kopernikus. Deshalb eine schwache Beziehung, daher durchbrochener Strich. Spiritualität hat eine starke Beziehung zum Menschen, denn nur er kann Spiritualität bewußt realisieren. Deshalb starke Beziehung, daher durchgezogener Strich.

Mensch

Mensch und Christus haben eine starke Beziehung, was auch für die Beziehung zur Macht gilt, denn der Mensch kann durch die Christus-Situation die Macht nur noch positiv anwenden; daher durchgezogener Strich. Die Situation nach Kopernikus hat eine starke Beziehung zu Menschen und Liebe, daher durchgezogener Strich. Mensch und Gott haben eine starke Beziehung, denn Gott kann nur durch den Menschen und seine spirituelle Dimension sichtbar werden, daher durchgezogener Strich.

Macht

Macht hat eine starke Beziehung zu Gott und Mensch, daher durchgezogener Strich. Macht hat mit dem Wissen um die Situation nach Kopernikus zu tun, deswegen eine starke Beziehung, daher durchgezogener Strich. Macht hat eine starke Beziehung zu Liebe, denn durch die Liebe kann die Macht nur dazu verwendet werden, die Christus-Situation immer wieder deutlich werden zu lassen, daher durchgezogener Strich.

Gott

Gott hat eine starke Beziehung zum Menschen, da er sich durch ihn auf der materiellen Ebene realisieren kann, daher durchgezogener Strich. Gott hat eine starke Beziehung zu Spiritualität, denn sie ist die Realisierung von Gott auf der materiellen Ebene, daher durchgezogener Strich. Gott hat eine schwache Beziehung zu Kirchen, da in den Kirchen der ›vergebende Christus‹ gepredigt wird und nicht die Christus-Situation und damit die Situation nach Kopernikus; daher durchbrochener Strich. Gott hat eine starke Beziehung zu Liebe und Friede und Menschlichkeit und Christus, daher durchgezogener Strich.

Friede

Friede steht in starker Beziehung zu Christus und Liebe, daher durchgezogener Strich.

Liebe

Liebe hat eine starke Beziehung zu Mensch-Spiritualität-Gott-Friede, daher durchgezogener Strich. Liebe hat eine starke Beziehung zu Macht, daher durchgezogener Strich. Eine starke Beziehung besteht zudem zwischen Liebe-Christus-Wissen, daher durchgezogener Strich. Wirkliches Wissen um Liebe und Christus muß zwangsläufig auf Glauben verzichten.

Häufungen:

Begriff	Pfeile, die zum Begriff zeigen	Pfeile, die vom Begriff weg zeigen
Gott	9	8
Christus	8	9
Liebe	8	7
Wissen	6	6
Spiritualität	5	4
Mensch	5	5
Kirchen	5	6

Begriff	Pfeile, die zum Begriff zeigen	Pfeile, die vom Begriff weg zeigen
Menschlichkeit	4	6
Macht	3	4
Erde	3	1
Glaube	3	5
Sonne	1	0

Wichtig: Der Vergleich der ›**mara**-maps vor und nach Kopernikus‹ verdeutlicht den Umfang der Veränderungen aufgrund einer anderen Betrachtungsweise (der Dinge) des Lebens. Die Situation ›nach Kopernikus‹ ist eine der wenigen Möglichkeiten, Frieden zu erlangen.

mara-map ›Clown‹

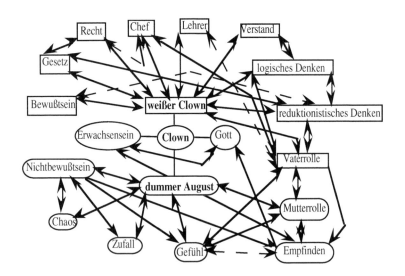

Viele Menschen haben den Zugang zu einfachen symbolischen Bildern verloren, jene Bilder, die das Grundprinzip der Erscheinungen der gegenwärtigen Ebene des Aufenthaltes verdeutlichen. Unter ›Erscheinungen‹ sind alle Begebenheiten zu verstehen, die dem Menschen widerfahren, d.h. äußere und innere Erlebnisse. Seien es die in der Alltagswelt oder solche während des Traumes, es sind stets Erscheinungen dieser Ebene des momentanen Lebens. Als Beispiel kann der Zirkus gelten und in ihm die Clowns. Es gibt dort den ›weißen Clown‹, jenen attraktiven, weiß geschminkten mit seinem Spitzhütchen. Er ist der Geck, der Vornehme, der Macho und vertritt das empirische Ich. Der weiße Clown soll die Vernunft, das (Tages-) Bewußtsein, die Kontrolle und Disziplin symbolisieren.

Und es tritt der sogenannte dumme August auf, der umhertappst, vieles kaputt macht, in zu großer Hose und zu weiter Jakke erscheint und das Gewöhnliche, sogar Heruntergekommene im Menschen vorzeigt.

Er soll das Rebellische und Irrationale der Seele repräsentieren. Er erscheint als Vertreter des Nichtbewußten und Chaotischen. Chaotisch erscheint dem Menschen gemeinhin, was nicht in seine gültigen Maßstäbe paßt und nicht zuzuordnen ist. Er empfindet dies dann als unlogisch, unvernünftig und chaotisch. Was indes dem jeweiligen Denksystems einzuordnen ist oder mit bekannten, d.h. selbst anerkannten Maßstäben zu messen ist, verursacht weder Angst noch Ablehnung, denn er kann regelgerecht agieren und re-agieren. Es sind gewissermaßen die Spielregeln bekannt. Dies bedeutet die Ebene des Bewußten. Auf ihr bewegt sich der weiße Clown und nicht der ›dumme August‹.

Der dumme August

Der große Filmregisseur Fellini läßt seinen Film ›Der Clown‹ folgendermaßen enden: Beide Clowns begegnen sich und gehen Hand in Hand miteinander fort. Weshalb erscheint diese Situation anrührend? Weil beide Clowns einen Mythos verkörpern, ein Verlangen, das in jedem Menschen ist: die Versöhnung der Gegensätze und der Wunsch nach einer Einheit des Seins.

Fellini interpretiert dies so: »Der Kampf zwischen dem dummen August und dem weißen Clown ist der Kampf zwischen dem herrlichen Kult der Vernunft und der Freiheit des Triebes und des Unbewußten.«

Der ›dumme August‹ und der weiße Clown sollten demzufolge einigen, das Zusammenspiel lernen, um zu Weisheit und ›Leben‹ zu gelangen. Begriffe, die für das **mara**-map Clown verwendet werden:

Reduktionistisches Denken

Der Begriff ›reduktionistisches Denken‹ resultiert aus der Chaosforschung. Er besagt, daß mittels des alltäglichen, also des üblich gewordenen Denkens, sich die Wahrnehmungen auf das reduzieren, was allgemein verständlich erscheint. In der praktischen Erfahrung bedeutet dies, daß aus einer Vielzahl von Wahrnehmungen nur jeweils das herausgenommen wird, was der mo-

mentanen Situation gelegen kommt, also nicht verwirrt oder
›schadet‹. Ein Beispiel aus der Physiologie soll diese Aussage un-
termauern.

Wahrnehmung und Chaos

Pro Sekunde verarbeiten die Rezeptoren (Wahrnehmungsorgane)
10 000 000 000 bits Informationen.

Um solche gigantische Menge zu veranschaulichen, soll darauf
hingewiesen werden, daßein Buchstabe ca. 4,5 bits, eine Buchseite ca. 1 000 bits aufweist.

In das Bewußtsein gelangen jedoch lediglich 100 bits!
Wahrnehmung = 10 000 000 000 bits

Der Mensch vermag - erstreckt über seine Lebenszeit - maximal
so viele bits in das Bewußtsein transportieren, wie er in einer Sekunde aufzunehmen vermag.[62]

Unter Bewußtsein ist jene Informationsverarbeitung zu verstehen, die kontrolliert erfolgt.

Die Anzahl an Informationen sind hingegen nichtbewußt; sie
werden dem Menschen demzufolge nicht direkt bewußt, bleiben
jedoch nicht ›unterbewußt‹, wie fälschlich argumentiert wird.

Dem **mara**-Denkmodell gemäß erfolgt die Unterteilung des Unterbewußten in verschiedene Bereiche: beispielsweise als Infor-
mationsspeicherung aus der eigenen Lebensgeschichte, die seit
der Zeugung angesammelt worden ist oder Informationen prä-
nataler (vorgeburtlicher) Art. C.G. Jung verwendete hierzu diesen Vergleich: »Das Unbewußte hat die Größe der Weltmeere;
das Bewußtsein im Verhältnis dazu die Größe einer Nußscha-
le.[63]

Im **mara**-System wird das Unbewußte ›Nichtbewußtes‹ genannt, denn es ist treffender für die Verdeutlichung des Umstan-
des, daß das was nicht bewußt ist, nicht als unbewußt bezeichnet
werden kann. Das reduktionistische Denken stellt in diesem Sinne die Alltagserfahrung dar, von der gemeint wird, daß damit

62. Prof.Dr.Barbara Schott , Assotiate Trainer in N.L.P ;Vortrag 2/97
63. C. G. Jung: Psychologische Typen, Seite 331 Rascher Verlag
    Zürich 1921

Zusammenhänge erklärt zu werden vermögen. Diese Erklärungsweise ist jedoch nur scheinbarer Natur: also Schein und nicht Sein.

Erwachsensein

Erwachsen zu sein bedeutet im allgemeinen, sich zum Großteil aus den Verwicklungen gelöst zu haben, die aus der Beziehung zu Eltern und kindlich-jugendlichem Umfeld hervorgingen.

Bei der Geburt ist der Mensch noch das ursprüngliche Ich, er selbst. Die Seele, die den physischen Leib erhalten hat, besitzt in diesem Stadium noch den Zugang zum ›universellen Wissen‹. Nach der Geburt erfolgt die allmähliche Verwicklung über Erziehungs- und Umfeldeinflüsse; der Zugang zum universellen Wissen wird mehr und mehr verbaut. Mit zunehmendem Alter gerät das Wissen um das universelle Wissen immer mehr in Vergessenheit. Der Begriff universelles Wissen ist auch austauschbar durch das Wort ›Gott‹, wiewohl je nach philosophischer Richtung dafür unterschiedliche Termini verwendet werden.

Erwachsensein bedeutet, die nichtbewußte Ebene mit der bewußten Ebene zu verschmelzen, wobei im sogenannten Nichtbewußten das individuell Nichtbewußte und das universelle Wissen enthalten ist.

weißer Clown

Der weiße Clown vertritt die Ebene des Bewußtseins und der Ordnungen jener bewußten Ebene, d.h. Gesetz - Recht - Chef (Hierarchie) - Lehrer - (Hierarchie) - logisches Denken - reduktionistisches Denken.

Bewußtsein

Der weiße Clown verkörpert das Bild des Bewußtseins.

Was damit bezeichnet wird hat nicht nur mit reduktionistischem Denken zu tun. Wird z.B. ein Geruch wahrgenommen, wird dieser Geruch bewußt, muß jedoch nicht zwangsläufig reduktionistisch in die Logik eingeordnet werden, deswegen unterbrochene Linie = somit schwache Beziehung.

216

Gesetz

Der weiße Clown vertritt in archetypischer Weise das Gesetz. Das Gesetz ist nach den Gesetzen des Rechts und des reduktionistischen Denkens aufgebaut, deswegen starke Beziehung = durchgezogener Strich.

Recht

Der weiße Clown ist der Vertreter des Rechts. Recht ist vielfach mit dem Gesetz verflochten, deswegen starke Beziehung = durchgezogener Strich. Recht hat mit dem Kern des Begriffs Chef nur wenig Beziehung. Der Chef muß sich auf Gesetze im weitesten Sinne berufen, fällt jedoch viele Entscheidungen, ohne auf ein Gesetz im juristischen Sinne zurückzugreifen, deswegen unterbrochene Linie = somit schwache Beziehung.

Lehrer

Der weiße Clown ist der Lehrer. Der Lehrer ist gleichzeitig für Schüler in einer Art Vaterrolle, deswegen unterbrochene Linie = schwache Beziehung.

Verstand

Der weiße Clown ist der Vertreter des Verstandes. Verstand und logisches Denken weisen eine starke Beziehung auf = durchgezogener Strich.

logisches Denken

Der weiße Clown ist der Vertreter des logischen Denkens. Das logische Denken zeigt eine starke Beziehung zum reduktionistischen Denken = durchgezogener Strich. Zugleich hat das logische Denken etwas mit der Vaterrolle gemein.

Vaterrolle

Der weiße Clown ist der Vertreter des Vaters. Die Vaterrolle wird nicht nur durch das reduktionistische Denken geprägt. Vom Vater wird Gefühl und Empfinden verlangt, deswegen starke Beziehung = durchgezogener Strich. Vom Vater wird zudem erwartet, daß er als Lehrer die logische Ebene in der Partnerschaft vertritt. Im Rollenverhalten ist der Vater zugleich Chef, deswegen starke Beziehung = durchgezogener Strich.

Dummer August

Der dumme August ist der Vertreter des Archetypen Mutter - Empfinden - Recht - Gefühl - Zufall - Chaos - Nichtbewußtsein, deswegen starke Beziehung = Durchgezogener Strich

Mutterrolle

Der dumme August ist der Vertreter der nicht rationalen Seite des Menschen, deswegen starke Beziehung = durchgezogener Strich. Die Mutterrolle ist ein Archetypus. Im wird zugeordnet: Empfinden - Gefühl - Verbindung zur Vaterrolle, deswegen starke Verbindung = durchgezogener Strich. Bei diesen Betrachtungen muß die Mutterrolle als Archetypus von der Frau und Mutter getrennt werden. Der Archetypus Mutterrolle ist stets im weiblichen Aspekt in allen Menschen vorhanden. Es ist ein nichtbewußter Aspekt der Psyche und wird nur mehr oder weniger bewußt.

Empfinden

Der dumme August ist der Vertreter der nichtrationalen Seiten im Menschen. Empfinden ist nicht rational, deswegen starke Beziehung = durchgezogener Strich. Empfinden besitzt eine starke Beziehung zur Mutterrolle und zum Nichtbewußtsein, deswegen durchgezogener Strich. Empfinden besitzt zu Gefühl eine schwache Beziehung, da Empfinden eine objektive Wahrnehmung darstellt, währenddessen das Gefühl ausdrückt, was der Mensch an subjektiven Wahrnehmungen mit den Empfindungen koppelt und damit die Qualität seiner Empfindungen verändert. Die Wahrnehmung der Ebene ›Gott‹ ist nur über das Empfinden möglich, deswegen eine starke Beziehung = durchgezogener Strich.

Gefühl

Der dumme August ist der Vertreter der nichtrationalen Seite des Menschen. Gefühl ist nicht rational, deswegen starke Beziehung = durchgezogener Strich. Gefühl weist eine starke Beziehung zur Mutterrolle - Vaterrolle - Nichtbewußtem auf, deswegen durchgezogener Strich.

Zufall

Der dumme August ist der Vertreter der nichtrationalen Seiten des Menschen. Zufall ist nicht rational-logisch erfaßbar und zeigt eine starke Beziehung zum Nichtbewußten, deshalb durchgezogener Strich.

Chaos

Der dumme August ist der Vertreter der nichtrationalen Seite des Menschen. Chaos ist nicht rational erfaßbar, deswegen starke Beziehung = durchgezogener Strich. Das Chaos hat viel mit dem Nichtbewußten zu tun, deswegen starke Beziehung = durchgezogener Strich.

Häufungen

	starke Beziehung Pfeile, die zum Begriff zeigen		schwache Beziehung Pfeile, die vom Begriff weg zeigen	
Begriff	hin	weg	hin	weg
dummer August	5	5	0	0
weißer Clown	8	0	0	0
Gott	2	2	0	0
Erwachsensein	2	2	0	0

Begriff	starke Beziehung Pfeile, die zum Begriff zeigen		schwache Beziehung Pfeile, die vom Begriff weg zeigen	
	hin	weg	hin	weg
Bewußtsein	1	1	1	1
Nichtbewußtsein	3	5	0	0
Gesetz	3	3	0	0
Recht	2	2	1	1
Chef	2	2	1	1
Lehrer	1	1	1	1
Verstand	2	2	0	0
logisches Denken	3	3	0	0
red. Denken	4	4	1	1
Vaterrolle	8	9	0	0
Mutterrolle	4	4	0	0
Empfinden	5	6	1	1
Gefühl	5	4	1	1
Zufall	2	2	0	0

	starke Beziehung Pfeile, die zum Begriff zeigen		schwache Beziehung Pfeile, die vom Begriff weg zeigen	
Begriff	hin	weg	hin	weg
Gefühl	5	5	0	0
Chaos	2	2	0	0

mara-map ›Positive und negative Macht‹

Macht ist ein vom Ursprung her gesehener neutraler Antrieb oder eine Kraft, die zur Durchsetzung der eigenen Weltsicht angewandt werden kann oder aber zur Revierabgrenzung notwendend - notwendig - ist. Die menschliche Situation, die der astronomischen Sicht des Kopernikus vor seiner revolutionären Entdeckung entspricht, ist, daß sich der Mensch als Mittelpunkt des Geschehens empfand. Jene Weltsicht in Verbindung mit Machtanspruch gebracht, bedingt eine negative Macht. Als negativ gilt sie deshalb, weil sie dazu verwendet wird, lediglich die eigenen Interessen durchzusetzen. In Verbindung mit einer gewissen Egozentrik bedeutet dies, eine hierarchische Ordnung zu installieren, die den Machthaber an deren Spitze setzt. Macht in Verbindung mit Egozentrik und ohne Liebe ist Gewalt gleich. Zumeist unbewußte Verknüpfungen, auch mit geschichtlichen Ereignissen, lassen das eigene Macht-streben weniger gefährlich erscheinen als es in Wirklichkeit ist. Der nicht bewußte Inhalt von Macht läßt diese generell als etwas Schlecht erscheinen. ›Macht‹ entstammt dem Mittelhochdeutschen ›maht‹ und bedeutet soviel wie können, tun, vermögen. (Duden) Psychologischerseits wird Macht definiert als ›Macht (power, social power); allgemeine und umfassende Bezeichnung für die meist an eine soziale Position gebundene Chance, innerhalb bestimmter sozialer Beziehungen oder Beziehungssystem den eigenen Willen durchzusetzen.

(Drewer-Fröhlich; Wörterbuch der Psychologie)

Nach dem **mara**-Denkmodell besteht zwischen dem, was der Mensch ›macht‹ und ›Macht‹ ein enger Zusammenhang. Richte ich zum Beispiel einen Brotteig an, verwende ich die Zutaten gemäß des Rezeptes. Die Zutaten indes haben hierbei keine eigene Bestimmung, sich frei hinsichtlich ihrer Verwendung zu entscheiden. Die Zusammensetzung geschieht nach des Anwenders Willen. Das ist eine konkrete Machtanwendung und in diesem Fall positiv. Menschen entwickeln eine Unzahl von Aktivitäten, denn den größten Teil der Wachzeit sind sie mit TUN beschäftigt. Dies bestimmt den Tagesablauf und das Handeln insgesamt.

Das **mara**-map ›Situation nach Kopernikus‹ zeigt auf, wie das TUN durch Denken eine positive Qualität entfaltet: ›Macht positiv‹. Das **mara**-map ›Situation vor Kopernikus‹ ist hingegen als typisches Beispiel für TUN mit negativer Qualität. Mit jener Denkhaltung wird TUN negativ: ›Macht negativ‹.

Beispiele für Macht und deren Anwendung:

mara-map ›Macht negativ‹

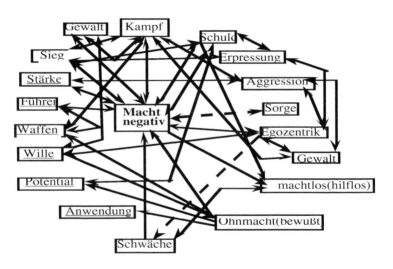

222

Potential

Potential steht für Machtpotential. Das Machtpotential steht für Machtpotential. Das Machtpotential, welches der Mensch besitzt, stellt ihn vor die Entscheidung, ob er es positiv oder negativ verwenden will. Dieses Potential wird normalerweise stark unterschätzt. Der Mensch wendet Macht ständig an, und zwar häufig ohne es zu wissen. Ein hohes Machtpotential weisen auf:

Am Beispiel Krankheit sei dies aufgezeigt: Krankheit bringt Zuwendung und Aufmerksamkeit durch das Umfeld. Eine ältere Frau mußte sich einer Brustamputation unterziehen.

Die Folge war, daß sie sich jetzt des Mittelpunktes der Aufmerksamkeit bewußt war und dieser nicht mehr der an Asthma leidenden Schwiegertochter zukam. Damit erhielt die Ältere einen Zuwachs an Macht = Erhöhung des Machtpotentials.

Ein hohes Machtpotential geht auch aus dem speziell im christlich-kirchlichen Bereich vorhandenen Schuldbewußtsein hervor, deshalb eine starke Beziehung = durchgezogener Strich.

Ohnmacht erzeugt bei den Menschen normalerweise Mitleid. Wird Ohnmacht dazu genutzt, um Zuwendung und Aufmerksamkeit zu erlangen, ist Ohnmacht eine Form negativer Machtanwendung. Machtpotentiale zeigen sich ebenfalls in der bewußt gewollten Ohnmacht (Ohnmacht = ohne Macht), daher eine starke Beziehung = durchgezogener Strich.

Wille

Über die Äußerung des Willens entscheidet sich, inwieweit Macht negativ oder positiv angewandt werden will, deshalb eine starke Beziehung = durchgezogener Strich. Ist der Wille mit der Egozentrik eng verbunden, wirkt Macht eher negativ, daher eine starke Beziehung = durchgezogener Strich. Bewußte Ohnmacht ist die willentlich eingesetzte Ohnmacht, d.h. eine Vorspiegelung von Ohnmacht, daher eine starke Beziehung = durchgezogener Strich. Der Wille zur Gewaltanwendung kommt einer negativen Macht gleich, somit eine starke Beziehung = durchgezogener Strich.

Waffen

Waffen können eingesetzt werden, sobald sich durch bewußte Ohnmacht in eine (nur scheinbar) schwache Position begeben wird, da in diesem Moment der Angriff mit Waffen nicht vermutet wird (sogenannte Kriegslist). Waffen als dingliche Objekte können natürlich auch völlig anderer Art sein, z.B. Kriegsgerätschaften. Auch Höflichkeit kann ebenfalls zur Waffe werden, um (verbale) Angriffe abzuwehren. Als Erscheinungsform der Ohnmacht ist sie eine konkrete Waffe, derer sich auch sogenannte Führer zur Lenkung von Menschen bedienen, um ihre eigene Weltsicht durchzusetzen, daher eine starke Beziehung = durchgezogener Strich. Die Anwendung von Waffen bedeutet gemeinhin Kampf, jedoch nicht unbedingt in Gestalt von Kriegsgerät; Waffen sind Mittel, auch um sich zur Wehr zu setzen, daher eine starke Beziehung = durchgezogener Strich.

Führer

Führer wenden ihre Macht dann negativ an, sobald sie ihre Weltsicht kompromißlos durchsetzen wollen. Negativ insofern, als solche Führer nicht die ›Situation nach Kopernikus‹, d.h. die Christussituation, verwirklichen, deshalb eine starke Beziehung = durchgezogener Strich. Führer können, um ihre Ziele zu verwirklichen, Waffen unterschiedlichster Art einsetzen, daher eine starke Beziehung = durchgezogener Strich.

Stärke

Stärke kann je nach Überzeugung eine negative Machtanwendung wie auch eine positive Machtanwendung zur Folge haben. Stärke und Aggression korrelieren sehr heftig, daher eine starke Beziehung = durchgezogener Strich.

Sieg *gewonnen – Ersieger – verwirklicht ↑*

Die etymologische Wurzel von Sieg ist ›sigis‹ (got.) und ›sige‹ (engl.) und hierbei auf ›segh‹, was gleichbedeutend mit ›Gewalt, Sieg‹ ist. Sieg ist eine Form negativer Machtanwendung, denn ein Sieger benötigt einen Verlierer, doch dies wird durch die ›Situation nach Kopernikus‹ ausgeschlossen. Daher ist der Wahlspruch: »Christus ist der Sieger« nicht im Sinne der Christussituation, somit anti-christlich. Zu siegen offenbart deshalb stets

Christus hat das höchste Ziel erreicht, daß wir alle erreichen wollen bewußt o. unbewußt! ↑ weg.

224

eine negative Machtanwendung, daher eine starke Beziehung = durchgezogener Strich. Sieg ist immer eng mit Erpressung gekoppelt, daher eine starke Beziehung = durchgezogener Strich. Sieg beweist auch eine enge Verflechtung mit Schuld, denn der Besiegte wird als der Schuldige dargestellt: Er trägt die Schuld am Verlieren. DER Sieger erlangt durch den Sieg eine hohe Machtposition und kann sie bei negativer Machtanwendung zur Erpressung benutzen. Die Position des Besiegten läßt diesen leicht erpreßbar werden, deshalbe eine starke Beziehung = durchgezogener Strich.

Gewalt

»Macht ohne Demut und Disziplin ist Gewalt« (**mara**) Gewalt bedeutet stets das Durchsetzen gegen Dritte, was zumeist in Form eines Krieges erfolgt. Krieg ist nicht unbedingt die Einsetzung technischen Materials, sondern er besitzt zugleich eine geistige Dimension, was besonders deutlich hervortritt bei der Bezeichnung des amerikanischen Missionspredigers Billy Graham als ›das Maschinengewehr Gottes‹. (Oder die dtsch. Heilsarmee) Krieg und Kampf und Gewalt weisen eine nicht trennbare Verflechtung miteinander auf, daher eine starke Beziehung = durchgezogener Strich. Gewalt manifestiert sich immer als die Durchsetzung des eigenen Willens, daher eine starke Beziehung = durchgezogener Strich.

Kampf

Kampf und Gewalt sind nicht zu trennen, deshalb eine starke Beziehung = durchgezogener Strich. Ein Kampf vermag sowohl mit materiellen Waffen wie auch mit denen des Intellekts geführt werden, daher eine starke Beziehung = durchgezogener Strich. Kampf widerspricht der Situation nach Kopernikus. Kampf und negative Macht - d.h. die Situation außerhalb der beschriebenen Haltung ›nach Kopernikus‹ , deshalb eine starke Beziehung = durchgezogener Strich. Der Antrieb zum Kampf beruht überwiegend auf Aggression. Aggression ist ein Antrieb zur Arterhaltung. »Aggression ist eine allgemeine und umfassende Bezeichnung für gehäuft auftretendes feindseliges, sich in verbalen und tätlichen Angriffen äußerndes Verhalten bzw. Überwiegen feindselig ablehnender und oppositioneller Einstellungen beim Menschen.« (Drewer-Fröhlich, Wörterbuch der Psychologie) Deshalb eine starke Beziehung = durchgezogener Strich.

Schuld

Sehr viele Menschen leiden unter dem durch die christlichen Kirchen postulierten Verständnis von Schuld. In einer großen Klinik für Psychosomatik wurden Psychologen, Neurologen und Psychotherapeuten nach den Gründen des Behandlung ihrer etwa 900 Langzeitpatienten in der Psychotherapie befragt.

Die Antworten ergaben, daß ca. 85 Prozent von ihnen unter nicht auflösbaren Schuldbewußtsein litten. Schuld daran trägt nach Friedrich Weinreb ›die Gottesferne‹.

Solche Denkweise stellt das typische reduktionistische Denken dar, in der Handlungen an der ›Gottesferne‹ gemessen und beurteilt werden. Eine solche Beurteilung ohne saubere Definition des Begriffes ›Gott‹ ist jedoch unmöglich. Im christlich-kirchlichen Bereich wird Schuld als Schuldigsein, unabhängig von der individuellen Lebensweise, definiert. Der Druck, der daraus resultiert, läßt den Gedanken an Erlösung und den Wunsch danach entstehen. Diese Situation wird durch die unterschiedlichen kirchlichen Praktiken ausgenutzt, die in dem Angebot von Erlösungsmodellen gipfelt, welche allerdings das Schuldbewußtsein nicht aufzulösen vermögen. Nach dem **mara**-Denkmodell ist der Begriff von Schuld, ebenso wie das Schuldbewußtsein, unter einem völlig anderen Aspekt zu sehen. Schuldigsein im Sinne der christlichen Kirchen existiert nicht.Gottesnähe ist dem **mara**-Denkmodell nach das Erkennen der Situation ›nach Kopernikus‹ oder das Erkennen der ›Christussituation‹.Unter normalen Lebenssituationen ist der Mensch nicht in der Lage, konsequent die Christussituation zu verwirklichen; gemäß der christlichen Auffassung käme dies jedoch schon einem Schuldigwerden gleich. Nach dem **mara**-Denkmodell wiederholt sich immer und immer wieder die Situation, in der es nicht gelingt, die ›Christussituation‹ zu realisieren - und dies geschieht so häufig, bis es einmal gelingt.

Merksatz: Es gibt keine Schuld, sondern lediglich Lernsituationen, die es zu bewältigen gilt.

Das Ziel ist, die Christussituation praktisch zu verwirklichen oder die Situation ›nach Kopernikus‹ in die Lebenswirklichkeit zu übertragen. Professor A. Brown: »Es gibt in uns eine Superintelligenz, die steuernd eingreift.[64)] Schuld und Sieg stehen in einem engen Verhältnis, denn ein Sieg kann im Unterlegenen Schuldempfinden gegenüber den versäumten Situationen erzeugen, daher eine starke Beziehung = durchgezogener Strich. Schuld kann als Druckmittel eingesetzt werden, denn sobald es dem ›Schuldigen‹ schlecht ergeht, kann er denjenigen, dem es besser ergeht, erpressen; das stellt eine negative Machtanwendung dar, deshalb eine starke Beziehung = durchgezogener Strich. Schuld besteht aus einem hohen Potential an Macht, daher eine starke Beziehung = durchgezogener Strich. Schuld macht den Menschen hilflos, also eine starke Beziehung = durchgezogener Strich.

Erpressung

Erpressung kann durch einen Sieg entstehen. Der Sieger kann den Besiegten so unter Druck setzen, das daraus eine Erpressung abgeleitet wird; daher eine starke Beziehung = durchgezogener Strich. Erpressung wird dort ermöglicht, wo Menschen mit entsprechendem Schuldbewußtsein vorhanden sind, deshalb eine starke Beziehung = durchgezogener Strich. Erpressung stellt vorrangig eine egozentrische Haltung dar, also eine starke Beziehung = durchgezogener Strich.

Aggression

In Hinblick auf die Arterhaltung nach Lorenz stellt sich Aggression als Stärke vor, deswegen eine starke Beziehung = durchgezogener Strich. Aggression kann jedoch auch der Antrieb zu Kampfhandlungen sein, daher eine starke Beziehung = durchgezogener Strich.

Egozentrik

Egozentrik beeinflußt die Machtanwendung stets negativ, da der positive Umgang mit Macht Egoismus verlangt, deshalb eine starke Beziehung = durchgezogener Strich. Egozentrik in Ver-

---

64. Alan Brown + M.Odurith: „Yale University Papers, 1987

227

bindung mit dem Willen (=Willensstärke) steht in einer Verbindung, daher eine starke Beziehung = durchgezogener Strich. Egozentrische Machtanwendung benötigt einen Partner, der normalerweise den Schwächeren stellt, daher eine starke Beziehung = durchgezogener Strich.

machtlos - hilflos

Machtlosigkeit ist Schwäche, da in Wirklichkeit der Machtlose nur im Augenblick keinen Zugang zu seiner Machtanwendung besitzt. Seine Macht-anwendung wird ihm im Moment der Machtlosigkeit nicht bewußt. Er ist seine ›Macht los‹, daher eine starke Beziehung = durchgezogener Strich.

Ohnmacht

Ohnmächtig sein bedeutet ohne Macht zu sein. Präzise müßte es heißen: sich momentan seiner Macht nicht bewußt sein. Ohnmacht läßt den Betroffenen als Opfer für negative Machtanwendung empfänglich werden, deshalb eine starke Beziehung = durchgezogener Strich. Ohnmacht kann ein auslösendes Moment sein, um zur Waffe zu greifen, um mittels technischen Potentials wieder Macht auszuüben, daher eine starke Beziehung = durchgezogener Strich.

Schwäche

Schwäche kann ein starkes Potential bilden, um machtlos = hilflos zu erscheinen. Die Ausnutzung solcher Lage kann dazu verführen, Macht negativ anzuwenden; daher eine starke Beziehung = durchgezogener Strich.

Häufungen:

Begriff	starke Beziehung Pfeile, die zum Begriff zeigen		schwache Beziehung Pfeile, die vom Begriff weg zeigen	
	hin	weg	hin	weg
Potential	2	1	0	0
Wille	2	3	0	0
Waffen	3	3	0	0
Führer	2	2	0	0
Stärke	3	3	0	0
Sieg	3	3	0	0
Gewalt	3	3	0	0
Kampf	5	5	0	0
Schuld	4	5	0	0
Erpressung	3	3	0	0
Aggression	4	4	0	0
Egozentrik	4	4	0	0

mara-map ›Macht positiv‹

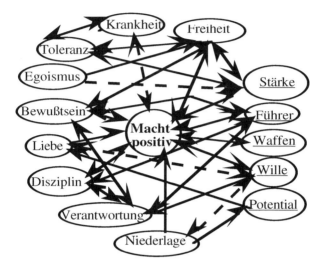

Niederlage

Sicherlich ist es überraschend, den Begriff ›Niederlage‹ unter
›Macht positiv‹ behandelt zu sehen. In der Einführung zu den
Mediaramen heißt es jedoch: »Die Welt ist (nur) so schön, wie
wie sie zu erleben vermögen.« Demzufolge wird die Bedeutung
einer Niederlage allein durch den Blickwinkel, auf die subjektive
Empfindung hin, definiert. Normalerweise allerdings erlebt der
Mensch dann eine Niederlage, wenn er nicht mehr fähig ist,
Macht anzuwenden. Niederlagen bedeuten aber stets auch
Chancen, wie in der **mara**-map ›Spiritualität‹ und ›nach Koper-
nikus‹ zu ersehen war. In der chinesischen Sprache tragen ›Kata-
strophe‹ und ›Chance‹ dieselbe Bedeutung. Die Begriffe
Niederlage und Macht haben daher sehr viel gemeinsam, somit
eine starke Beziehung = durchgezogener Strich.

Potential

Eine Niederlage kann ein hohes Potential an Veränderungsmöglichkeiten schaffen und, damit einhergehend, vielfältige Mobilität, deshalb eine starke Beziehung = durchgezogener Strich.

Wille

Im Augenblick der Niederlage vermag der Mensch kaum eine hohe Willensleistung zu vollbringen. Dessen Einsatz kann erst nach (der Verarbeitung) der Niederlage erfolge, daher eine schwache Beziehung = durchbrochener Strich. Das Macht-Potential entscheidet, in welchem Umfange das TUN im Sinne der Spiritualität verwirklicht werden kann. Erfolgt dies im Sinne der Spiritualität oder im Sinne der ›Situation nach Kopernikus‹, bedeutet dies Liebe, somit eine starke Beziehung = durchgezogener Strich. Der Wille gestaltet den bewußten Einsatz von Macht und ist an die Verantwortung gekoppelt. Verantwortung entsteht durch TUN im Sinne der ›Situation nach Kopernikus‹, also eine schwache Beziehung = durchbrochener Strich. Der Wille stellt den Vorsatz einer bewußten Anwendung von Macht dar, daher eine starke Beziehung = durchgezogener Strich.Der Wille hat im Normalfall die Verwirklichung der eigenen Interessen zum Ziel. Dies hat i.d.R. wenig mit Liebe gemein, daher eine schwache Beziehung = durchbrochener Strich

Waffen

Waffen und positive Macht sind eng miteinander verflochten, denn sie können zur Erhaltung des Friedens dienen. Damit ist nicht an den Einsatz von Waffen zur Erhaltung der Macht gedacht, daher eine starke Beziehung = durchgezogener Strich.

Führer

Die meisten Menschen benötigen ein Vorbild, gewissermaßen einen Führer durchs Leben. Je nach Entwicklungsstufe wählt der Mensch ein Vorbild oder einen Führer. Vorbild oder Führer können zum wichtigen Faktor werden, denn sie erteilen Verhaltensregeln, die die Bewältigung des Alltags erleichtern können. Entscheidend dabei ist, in welchem Umfang der Führer die ›Situation nach Kopernikus‹ verwirklicht und sie seine Anhänger lehrt. Die Anleitung zur Selbständigkeit und positiven Anwendung von Macht ist eine bedeutende Aufgabe für Führer, also eine starke Beziehung = durchgezogener Strich. Führer tragen eine hohe Verantwortung für eine positive

Machtanwendung, somit eine starke Beziehung = durchgezogener Strich. Führer benötigen Disziplin, um die genannten Aufgaben zu bewältigen, daher eine starke Beziehung = durchgezogener Strich. Führer sind nur zur positiven Bewältigung fähig, wenn sich ihre Entscheidungen am Umfang ihres Bewußtseins orientieren, daher eine starke Beziehung = durchgezogener Strich.

Stärke

Stärke erfährt der Mensch unter anderen durch die positive Anwendung von Macht.

Stärke entsteht, wenn die Macht positiv angewandt wird und die Situation nach Kopernikus‹ bewußt ist. Dies erzwingt Toleranz, deshalb eine starke Beziehung = durchgezogener Strich. Stärke erzeugt durch positive Machtanwendung Freiheit. Freiheit ergibt wiederum die Möglichkeit, bewußt positive Macht anzuwenden und die Menschen ihre eigene innere Struktur entwickeln zu lassen. Freiheit ist die Möglichkeit, die Stärke der eigenen Persönlichkeit zu entwickeln und sie im Sinne der ›Situation nach Kopernikus‹ zu nutzen, daher eine starke Beziehung = durchgezogener Strich.

Freiheit

Freiheit weist, wie zu sehen war, eine enge Verbindung zur Stärke auf, daher eine starke Beziehung = durchgezogener Strich. Freiheit ist erforderlich, um Macht positiv anzuwenden, somit eine starke Beziehung = durchgezogener Strich. Freiheit ohne Bewußtsein ist nicht möglich, daher eine starke Beziehung = durchgezogener Strich. Freiheit ohne Toleranz ist nicht denkbar, deshalb eine starke Beziehung = durchgezogener Strich.

Krankheit

Krankheit birgt in sich die Chance, die eigene Toleranzgrenze zu erhöhen und dadurch eine positive Machtanwendung zu verwirklichen, deshalb eine starke Beziehung = durchgezogener Strich. In der Krankheit gefangen, ist es kaum möglich, Macht positiv anzuwenden, da zumeist Krankheit nicht als Möglichkeit erachtet wird, deren spirituelle Ebene zu erleben und zu realisieren.

Versteht der Mensch jedoch Krankheit als das körperliche Signal, welches darauf hinweist, daß die Zeit der körperlichen Existenz auf der materiellen Ebene begrenzt ist, erlangt er dadurch Zugang zur spirituellen Ebene. Da solcher Zusammenhang nicht allen Kranken deutlich ist, vermögen sie Macht nicht positiv anzuwenden, daher eine schwache Beziehung = durchbrochener Strich.

Toleranz

Toleranz und Krankheit weisen eine enge Verflechtung auf, daher eine starke Beziehung = durchgezogener Strich. Toleranz ist die Grundvoraussetzung für Freiheit, somit eine starke Beziehung = durchgezogener Strich.

Toleranz üben zu können ist eine Stärke des Menschen. Durch sie ist es möglich, Macht positiv anzuwenden, daher eine starke Beziehung = durchgezogener Strich.

Egoismus

Egoismus kann in Verbindung mit Freiheit eine Möglichkeit sein, Macht positiv anzuwenden, daher eine starke Beziehung = durchgezogener Strich. Egoismus ist nur bedingt eine Stärke, also eine starke Beziehung = durchgezogenen Strich.

Bewußtsein

Zwischen Bewußtsein und Freiheit besteht eine enge Verbindung, denn Freiheit zu erleben ist ohne differenziertes Bewußtsein nicht möglich, daher eine starke Beziehung = durchgezogener Strich. Bewußtsein und Führer sind eng gekoppelt. Das Bewußtsein seiner Führerposition läßt den Führer verantwortungsbewußt handeln, somit eine starke Beziehung = durchgezogener Strich. Ein differenziertes Bewußtsein ermöglicht eine positive Machtanwendung, daher eine starke Beziehung = durchgezogener Strich. Differenziertes Bewußtsein entwickelt im Menschen ein Verantwortungsbewußtsein, daher eine starke Beziehung = durchgezogener Strich.

Liebe

Liebe ist eine der wenigen Möglichkeiten, Macht positiv anzuwenden, deshalb eine starke Beziehung = durchgezogener Strich. Liebe hat mit Wille in Form von Durchsetzung wenig gemein, denn Liebe ist nicht das Durchsetzen eigener Sichtweisen, sondern die Anerkennung anderer Sichtweisen. Liebe pflegt mit Wille eine schwache Beziehung = durchbrochener Strich.

Disziplin

Disziplin ist die Voraussetzung, um Macht positiv anzuwenden, deshalb eine starke Beziehung = durchgezogener Strich. Disziplin ist die Voraussetzung, um Führer in der ›Situation nach Kopernikus‹ zu sein, daher eine starke Beziehung = durchgezogener Strich. Disziplin und Verantwortung sind nicht zu trennen, denn nur wer diszipliniert ist, kann Verantwortung im positiven Sinne tragen, deshalb eine starke Beziehung = durchgezogener Strich.

Verantwortung

Verantwortung und Disziplin sind nicht zu trennen, daher eine starke Beziehung = durchgezogener Strich. Verantwortung kann nur dann übernommen werden, wenn ein hoher Grad an Bewußtsein entwickelt wurde, daher eine starke Beziehung = durchgezogener Strich.

Verantwortungsbewußtsein ist erforderlich, um Führer im Sinne der ›Situation nach Kopernikus‹ zu sein, also eine starke Beziehung = durchgezogener Strich. Verantwortung und Wille sind nicht zu trennen, denn Verantwortung zu tragen benötigt einen starken Willen, deshalb eine starke Beziehung = durchgezogener Strich.

Häufungen:

Begriff	starke Beziehung Pfeile, die zum Begriff zeigen		schwache Beziehung Pfeile, die vom Begriff weg zeigen	
	hin	weg	hin	weg
Niederlage	0	2	1	1
Potential	1	1	0	0
Wille	1	1	2	2
Waffen	1	1	0	0
Führer	4	4	0	0
Stärke	3	3	1	0
Freiheit	5	4	0	0
Krankheit	1	1	1	1
Toleranz	2	2	0	0
Egoismus	0	1	0	1
Bewußtsein	4	4	0	0
Liebe	1	1	1	1
Disziplin	3	3	0	0
Verantwortung	4	4	0	0

mara-map › Vertrauen ‹

Ich habe den Ball gefangen, obwohl
ich nicht seine Flugbahn kannte.
Ich habe Wissen in mir, obwohl ich es nicht erlernt habe.
Die Feder ist sicher gelandet,
obwohl sie nie das Fliegen lernte.
Ich bin sicher im Auto gefahren, obwohl ich
von Technik nichts verstehe.
Ich lebe zufrieden in meinem Haus, obwohl ich nichts von Bau-
statik verstehe.
Ich habe meinen inneren Gesetzen vertraut und den
Ball gefangen.
Ich habe mir vertraut und habe Wissen bekommen.
Ich habe Tausende von technischen Teilen vertraut und bin si-
cher Auto gefahren.
Ich habe den Handwerkern vertraut und weiß, daß mein Haus
nichteinstürzen wird.
Ich habe Vertrauen in die Dimensionen des Lebens.

mara

Vertrauen?

Vertrauen? Worin sollen wir Vertrauen haben?

Vertrauen worauf?

Welches Vertrauen bringt innere Ruhe?

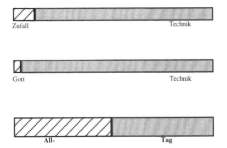

Es ist erstaunlich, wie wenige Menschen Vertrauen zu haben scheinen.

Vertrauen in den Alltag

Der All-Tag: Der Lichtschalter wird betätigt und darauf vertraut, daß die Elektrik in Ordnung ist.

Der Kaffee wird im Vertrauen auf die funktionierende Technik gekocht.

Das Auto wird benutzt im Vertrauen auf das reibungslose Zusammenspiel aller Teile dieses komplizierten technischen Gerätes.

Im Vertrauen darauf, daß die anderen Verkehrsteilnehmer Regeln und Vorschriften beachten, bewegt sich der Fahrzeuglenker im Straßenverkehr.

Bei der Benutzung eines Flugzeuges wird darauf vertraut, daß es korrekt gewartet worden ist und die dafür zuständigen Fachleute sich ihrer Verantwortung bewußt waren.

Dieses Vertrauen in Bezug auf die vorgenannten Alltäglichkeiten einer zivilisierten Lebensorganisation ist in den meisten Menschen fest verankert, doch haben sie aus zu diesen Alltäglichkeiten auch ein anderes Vertrauen aufzuweisen, beispielsweise das Vertrauen zum holistischen System, dem Ur-Hintergrund, zu Gott, zum Tao?

Vertrauen wirkt bereits dann, wenn sich auf etwas verlassen wird, dessen man sich in seiner Funktion nicht ganz sicher ist.

Kein Vertrauen zu haben ist die perfekteste Form des reduktionistischen Denkens schlechthin. Das Gegenteil davon ist ein Vertrauen in die Dimension eines nicht wissenschaftlich oder wie auch immer als gesichert geltenden Wissens.

Wie die Grafik zeigt, ist unsere Vergangenheit geprägt davon, nicht auf eine Dimension zu vertrauen, die in der Terminologie der Religionen ›Gott‹ genannt wird.

Die Erfahrungen und Darstellungen mit der kirchlichen Dimension Gott sind für viele Menschen negativer Art, da das Gottvertrauen als Instrument der Macht von kirchlichen Organisationen mißbraucht wird. Solche Prozesse führten dazu, daß das Vertrauen verlorenging und aus dem Bewußtsein verdrängt wurde. Das Ur-Vertrauen litt jedoch nicht darunter, denn ohne Vertrauen wäre die Alltagsbewältigung lediglich eine denkbar hektische Werktagsbewältigung. Vertrauen hingegen kann aus dem hektischen Werktag einen All-Tag machen.

Die Grafik zeigt auch, daß es notwendig ist, sich bewußt zu machen, daß Vertrauen stets nur ein Vertrauen in die holistische Ebene sein kann, in die Dimension ›Gott‹ oder ›Tao‹. Anders gesagt: Vertrauen in das nicht reduktionistische Denken ist ein Vertrauen in die Strukturen des Chaos.

Die Grafik zeigt die Aufteilung des Vertrauens auf unterschiedliche Aspekte des Werktages und der Freizeit. ›Vor Kopernikus‹ besitzen die technisch bestimmten Abläufe den Hauptteil des Vertrauens. ›Nach Kopernikus‹ wird dem Bewußtsein deutlich, daß jedes Vertrauen in vollem Umfange nur jenen Erscheinungen der momentanen, materiellen Ebene gelten kann, da sie allesamt Erscheinungen desselben Hintergrundes sind. Nur die Art und Weise ihrer Erscheinung ist verschieden.

Ob diese Dimension nun als Es, Tao oder als allumfassende Superintelligenz bezeichnet wird, ist nebensächlich. Die Bezeichnung ist allein von dem gewählten Denkmodell abhängig

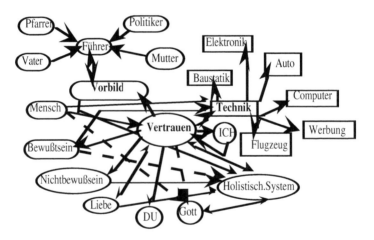

Du

Unter diesem Begriff ist in diesem **mara**-map die Kommunikation mit der Außenwelt zu verstehen, d.h. mit den Erscheinungen auf dieser materiellen Ebene. Du und Vertrauen zeigen eine starke Beziehung = durchgezogener Strich.

Gott

Gott und das holistische System stehen in enger Beziehung, denn das holistische System ist Gott und umgekehrt. Beide haben somit eine starke Beziehung zueinander = durchgezogener Strich.

Holistisches System

Das holistische System ist Gott, deswegen eine starke Beziehung = durchgezogener Strich. Das holistische System hat eine enge Verbindung mit dem VERTRAUEN, denn es ist das Vertrauen und nicht die reduktionistische Ebene. Beide symbolisieren eine starke Beziehung = durchgezogener Strich.

Ich

Ich ist das realisierte Vertrauen. Ohne dies kann das Ich nicht bewußt werden; Ich und Vertrauen haben eine starke Beziehung = durchgezogener Strich

Technik

Technik ist als Erscheinung ein typisches Resultat der linken Gehirnhälfte, d.h. des linearen, kausal-logischen Denkens. Die Verwirklichung von Ideen (in der rechten Gehirnhälfte vorhanden) erfolgt überwiegend durch die Inanspruchnahme der linken Gehirnhälfte und wird damit auf die Ebene des reduktionistischen Denkens reduziert. Technik steht in Verbindung mit allen relevanten Erscheinungsformen, u.a. der Baustatik, Elektronik, Kraftfahrzeugen, Computer, Werbung, Flugzeugen, somit besteht eine starke Beziehung = durchgezogener Strich.

Vorbild

Die meisten Menschen entscheiden sich für Denkmodelle, die ihnen gemäß sind, um ihre Lebensprobleme zu bewältigen. In jedem Denkmodell ist eine Führerfunktion eingebettet. Wird sie von einem Menschen wahrgenommen, wird dem Führer und seiner Fähigkeit, zu führen, vertraut.

Das Vorbild ist ein hingegen Denkmodell, welches nicht durch einen Menschen wirkt, sondern mittels der Vorstellung, die sich der Mensch vom Führer macht. Vorbild und Führer haben eine starke Beziehung = durchgezogener Strich. Ein Vorbild kann beispielsweise das holistische System, welches jene Führer, die es verinnerlicht haben, menschfreundlich und liebevoll agieren läßt. Es werden jedoch nur wenige Vorbilder Zugang zum holistischen System haben, ansonsten die Realisierung der ›Situation nach Kopernikus‹ oder die ›Christussituation‹ weitaus größer erfahrbar wäre. Vorbild und holistisches System stehen in schwacher Beziehung zueinander = durchbrochener Strich.

Mensch

Der Mensch kann ohne ein hohes Maß an Vertrauen auf dieser Lebensebene nicht existieren.

Deshalb besitzen Mensch und Vertrauen eine starke Beziehung = durchgezogener Strich. Der Mensch hat das Vertrauen in Gott größtenteils verloren.

Dies dürfte durch den Verlust an Vertrauen hervorgerufen worden sein, der dadurch entstand, daß die offiziellen Vertreter der Christussituation - die Kirche - diese Situation nicht in die Alltagsrealität übernommen haben. Mensch und Gott haben daher eine schwache Beziehung zueinander = durchbrochener Strich.

Bewußtsein

Das Bewußtsein für die Technik ist durch einen hohen Vertrauensvorschuß geprägt, deswegen eine starke Beziehung = durchgezogener Strich. Da das Bewußtsein nur ein winziges Segment des universellen Wissens ist, haben Bewußtsein und holistisches System nur eine schwache Beziehung = durchbrochener Strich.

Nichtbewußtsein

Nichtbewußtsein ist eine Bezeichnung, die im **mara**-Denkmodell vertreten wird. Dieser Ausdruck wird anstelle des üblichen Unterbewußtsein verwendet. Was nicht bewußt ist, ist demzufolge eher nicht bewußt als unbewußt. Das Nichtbewußtsein verfügt über eine enge Verbindung zum holistischen System und besitzt somit eine starke Beziehung = durchgezogener Strich.

Liebe

Liebe ist das Vertrauenhaben in die nicht reduktionistische Ebene des Denkens. Diese Ebene ist die Ebene des holistischen Systems; beide haben eine starke Beziehung = durchgezogener Strich.

Häufungen:

Begriff	starke Beziehung Pfeile, die zum Begriff zeigen		schwache Beziehung Pfeile, die vom Begriff weg zeigen	
	hin	weg	hin	weg
DU	1	0	0	0
Gott	3	1	0	0
Hol.System	6	2	1	0
ICH	1	1	0	0
Flugzeug	1	0	0	0
Werbung	1	0	0	0
Liebe	1	1	0	0
Computer	1	0	0	0

Begriff	starke Beziehung Pfeile, die zum Begriff zeigen		schwache Beziehung Pfeile, die vom Begriff weg zeigen	
	hin	weg	hin	weg
Auto	1	0	0	0
Elektronik	1	0	0	0
Baustatik	1	0	0	0
Vertrauen	4	7	0	0
Vorbild	2	1	0	0
Mutter	1	0	0	0
Politiker	1	0	0	0
Pfarrer	1	0	0	0
Vater	1	0	0	0
Führer	5	1	0	0
Mensch	0	2	0	1
Bewußtsein	1	1	0	1
Nichtbewußtsein	1	1	0	0

mara-map ›Zeit‹

»Zeit ist die Möglichkeit, Vorfälle der Reihe nach zu ordnen.«(Albert Einstein)

Was dem Menschen als Zeit erscheint, ist stets nur eine Maßeinheit, erfahrbar auf der materiellen Ebene, somit auf jener Ebene, auf der wir Menschen uns gegenwärtig aufhalten und auf der mittels des linear-logischen Denkens erstaunliche Erfolge auf dem Gebiete von Wissenschaft und Technik erzielt wurden. Viele Menschen ›leben‹ überwiegend in der Vergangenheit oder für die Zukunft, nur wenige in der unmittelbaren Gegenwart, dem Jetzt. Sie vergleichen Situationen, in denen sie sich gegenwärtig befinden, mit ähnlichen aus der Vergangenheit ihres Lebens.

Diese Wanderung zwischen Vergangenheit und Zukunft geschieht in permanenter Folge, was oftmals Frustrationen erzeugt, denn gleichgültig, wie gut oder treffend er antizipiert, die Wirklichkeit wird anders sein, als er es erwartet. Ein Beispiel aus der christlichen Religion soll verdeutlichen, wie verhaftet der Mensch in dieser Antizipation ist: Sofern sich die Wissenschaft den kleinsten Teilchen der Materie zuwendet, befaßt sie sich mit einer Ebene, auf der das logisch-lineare Denken nicht präzise erfolgen kann, gleichwohl muß dieses reduktionistische Denken angewandt werden, um Vorgänge darzustellen.Damit bewegt sich die Wissenschaft auf der Ebene des Chaos'.

Die christlichen Religionen vertreten die Auffassung, daß der Mensch am Ende des physischen Lebens in eine Sphäre des Himmels oder der Hölle gelangt. Die Entscheidung darüber soll nach dieser Lehre durch ein Gericht gefällt werden, das sie das ›Jüngste Gericht‹ nennen.

Was ist der ›Jüngste Tag‹ in diesem Sinne? Der gestrige Tag ist der vergangene Tag; der morgige Tag ist der kommende Tag. Demzufolge ist der jüngste Tag jetzt.Jetzt ist die augenblickliche Situation, und kann der Mensch verantworten, was er jetzt TUT, hat er den Prozeß des Jüngsten Gerichtes bestanden. Handelt und denkt der Mensch im Sinne der Erkenntnis ›nach Kopernikus‹, hat er das Jüngste Gericht ebenfalls bestanden. Hat er es bestanden, wird er am Jüngsten Tag auferstehen und in den ›Himmel‹ kommen. Das bedeutet, er wird von den ›Toten‹ auferstehen. Nach dem **mara**-Denkmodell kommt er dadurch zurück ins Leben; Leben wird hierbei als ›Lebendigkeit‹ definiert.

Außerhalb der christlichen Terminologie bedeutet dies, daß wenn es dem Menschen im Jetzt zu leben gelingt, er wirklich intensiv lebt, dies eine hohe Erlebnisqualität bedeutet. Lebt er jedoch mehr in der Vergangenheit oder in der Zukunft, wird er nicht auferstehen von den Toten, somit eine geringe Lebensqualität haben. Durch das Leben im Jetzt ersteht er hingegen ständig auf. Auch unter diesem Aspekt kann die Reinkarnation gesehen werden.

Bei dem **mara**-map ›Zeit‹ werden Zukunft und Vergangenheit getrennt.

Medium -(Mensch)

Als Medium werden Menschen bezeichnet, die fähig sind, Informationen aus einer Ebene zu erlangen, die anderen nicht zugänglich sind. Medien verlassen die Zeitebene, weshalb ihre Aussagen schlecht in den Zeitrahmen einzuordnen sind.

Raum-

Albert Einstein hat das Raum-Zeit-Kontinuum beschrieben und erklärt, daß Raum ohne Zeit nicht existieren könne. Der Raum ordne die Dinge in ihm. Jedes Ordnungsprinzip sei an das lineare Denken gebunden und daher Zeit.

mara-map ›Zeit‹

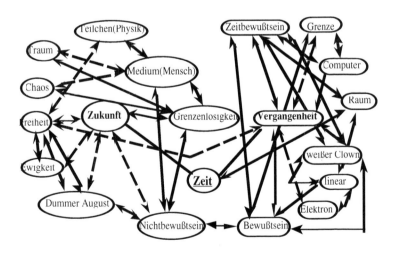

Zukunft

Unter Zukunft versteht man sich anbahnende Ereignisse in schneller oder verhaltender Folge. Zukunft weist jedoch eine starke Beziehung zu Grenzenlosigkeit auf = durchgezogene Linie.

Zukunft besitzt ebenfalls eine enge Beziehung zu Freiheit, da sie unbegrenzt ist = durchgezogene Linie.

Nichtbewußtsein

Nichtbewußtsein weist eine starke Beziehung zu Grenzenlosigkeit, da es in seiner tatsächlichen Dimension nicht beschreibbar und mittels reduktionistischem Denken nicht erfaßbar ist = durchgezogene Linie. Das Nichtbewußtsein hat eine starke Beziehung zum Medium, da Medien überwiegend aus dem Nichtbewußten des Menschen Informationen abrufen können = durchgezogene Linie. Nichtbewußtsein besitzt eine nur schwache Beziehung zu Zukunft, da im individuellen Nichtbewußtsein die eigene Vergangenheit gespeichert ist, dies jedoch Einflüsse auf die Realisierungsmöglichkeit des Menschen haben kann = durchbrochene Linie. Das Nichtbewußtsein hat eine starke Beziehung zum dummen August, denn dieser stellt das Nichtbewußte dar = durchgezogene Linie. Das Nichtbewußte steht auch in starker Beziehung zum Bewußtsein, denn beide können allein für sich nicht existieren = durchgezogene Linie.

Dummer August

Der dumme August verfügt über eine starke Beziehung zum Nichtbewußtsein, ebenso zur Freiheit. Freiheit ist zugleich die Unbegrenztheit des Nichtbewußten = durchgezogene Linie.

Ewigkeit

Ewigkeit hat eine starke Beziehung zur Freiheit, da Ewigkeit Zeitlosigkeit bedeutet und Zeitlosigkeit Freiheit ist = durchgezogene Linie. Ewigkeit besitzt eine schwache Beziehung zur Zukunft, da Ewigkeit stets nur ein Jetzt sein kann und nur in der kirchlich-religiösen Terminologie als Zukunft verstanden wird. Die damit einhergehende zweitausendjährige kulturelle Verflechtung bestimmt jedoch in gewissem Umfange das abendländische Denken, deswegen schwache Beziehung = durchbrochene Linie.

Chaos

Unter Chaos wird allgemein etwas begriffen, was sich nicht systematisch einordnen läßt, was sozusagen chaotisch erscheint. Chaos besitzt eine starke Beziehung zur Grenzenlosigkeit = durchgezogene Linie. Chaos steht in schwacher Beziehung zum menschlichen Medium, weil die meisten Medien nur Informationen auf der Ebene des linearen Denkens vortragen und die Anteile des Chaos darin nicht auszumachen sind = durchbrochene Linie.

Traum

Der Traum weist eine starke Beziehung zur Grenzenlosigkeit auf, da das Traumgeschehen nicht linear-logisch ist und mit reduktionistischem Denken nur sehr unzureichend erklärt werden kann = durchgezogene Linie. Der Traum hat eine schwache Beziehung zum menschlichen Medium, da das Medium Informationen auf der Ebene des linearen Denkens liefert und die Anteile des Traumes nicht auszumachen sind = durchbrochene Linie.

Teilchen (-Physik)

Die Teilchenphysik liegt im Bereich des Chaos' und gleichzeitig der des linearen Denkens, deswegen eines schwache Beziehung = durchbrochene Linie. Teilchen lassen sich nicht mittels linearem Denken präzise messen und kategorisieren. Der sich mit ihnen beschäftigende Zweig der Physik bewegt sich auf einer Ebene, auf der auch das menschliche Medium Informationen abrufen kann. Diese Ebene stellt zugleich die Ebene des holistischen Systems dar, deshalb eine starke Beziehung = durchgezogene Linie.

Grenzenlosigkeit

Grenzenlosigkeit - Traum - Zukunft - Nichtbewußtsein - Chaos - Medium - sie haben eine starke Beziehung zueinander = durchgezogene Linie.

Vergangenheit

Vergangenheit bedeutet dem Verständnis nach etwas sich ereignet Habendes. Die Vergangenheit weist eine starke Beziehung zum Zeitbewußtsein auf, da dies auf einen bestimmten Zeitablauf fixiert werden kann = durchgezogene Linie. Die Vergangenheit hat ebenfalls eine starke Beziehung zum weißen Clown, da dieser das reduktionistische Denken darstellt, welches auf den Erfahrungen, die naturgemäß in der Vergangenheit liegen müssen, aufbaut; deswegen eine durchgehende Linie. Vergangenheit und Bewußtsein stehen in einer starken Beziehung = durchgezogene Linie.

Bewußtsein

Bewußtsein hat eine starke Beziehung zum weißen Clown. Er vertritt das Bewußtsein als Archetypus. Das Bewußtsein besteht zum großen Teil aus linearem Denken, deshalb eine starke Beziehung = durchgezogene Linie. Bewußtsein zeigt die Grenzen auf, daher eine starke Beziehung = durchgezogene Linie. Zeitbewußtsein und Bewußtsein sind eng miteinander verflochten, daher eine starke Beziehung = durchgezogene Linie.

Elektron

Ein Elektron ist eine noch berechenbare, d.h. kontrollierbare Größe, die mit dem linearen Denken als Meßgröße verglichen werden kann, deshalb eine starke Beziehung = durchgezogene Linie. Die Meßgrößen, die zum Messen von Bewegungen und Ladungen des Elektrons verwendet werden, stammen aus der Vergangenheit, was jedoch nur eine von vielen Bezugspunkten darstellt, deshalb eine schwache Beziehung = durchbrochene Linie.

Linear

Linear steht für lineares Denken. Lineares Denken steht in einer starken Beziehung zum weißen Clown und zum Elektron, ebenso zum Bewußtsein, daher durchgezogene Linie. Raum ist nach Einstein vorhanden, um Dinge zu ordnen. Ordnen ist mit linearem Denken vergleichbar, deshalb starke Beziehung = durchgezogene Linie.

weißer Clown

Der weiße Clown gilt als Vertreter und Darsteller des linearen Denkens, des Bewußtseins und der Vergangenheit, denn er projiziert Erfahrungen aus der Vergangenheit zielbewußt in seine Darstellung, deshalb starke Beziehung = durchgezogene Linie.

Raum

Raum ist nach Einstein ein notwendiges Ordnungsmuster; Ordnen ist lineares Denken, deshalb starke Beziehung = durchgezogene Linie. Ordnen besitzt zugleich eine starke Beziehung zum Zielbewußtsein, daher eine starke Beziehung von Raum zu Zeitbewußtsein = durchgezogene Linie. Raum kann ohne Zeit nicht existieren (Raum-Zeit-Kontinuum), deshalb starke Beziehung = durchgezogene Linie.

Computer

Computer (=Rechner) funktionieren aufgrund meßbarer Größen der Vergangenheits-Erfahrung, die durch das lineare Denken und Funktionszusammenhänge gebracht wurde. Computer gehören zum Zeitbewußtsein; durch die Computertechnik werden die Grenzen des Bewußtseins erhellt, deshalb starke Beziehung =durchgezogene Linie.

Grenze

Die Grenze des Bewußtseins wird auch durch Computer und das Zeitbewußtsein aufgezeigt, deshalb starke Beziehung = durchgezogene Linie. Die Grenze wird in Bezug auf die Vergangenheit wenig bewußt, daher schwache Beziehung = durchbrochene Linie.

Zeitbewußtsein

Zeitbewußtsein hat eine starke Beziehung zum Bewußtsein und zugleich zur Vergangenheit, daher durchgezogene Linie. Zeitbewußtsein und weißer Clown besitzen eine starke Beziehung, denn der weiße Clown benutzt seinen Hintergrund (Vergangenheit) zur Darstellung und verkörpert das Zeitbewußtsein, daher durchgezogene Linie. Raum-Wahrnehmung ist nur mittels Zeitbewußtseins möglich, deshalb starke Beziehung = durchgezogene Linie. Zeitbewußtsein und Computer stehen in enger

Beziehung, da der Computer nur auf der Ebene des Zeitbewußt-seins funktionieren kann, deshalb starke Beziehung = durchge-zogene Linie.

Begriff	starke Beziehung Pfeile, die zum Begriff zeigen		schwache Beziehung Pfeile, die vom Begriff weg zeigen	
	hin	weg	hin	weg
Zukunft	5	5	3	3
Vergangenheit	8	1	3	
Nichtbewußtsein	5	1		
Ewigkeit	2	1		
Traum	2	1		
Teilchen (Physik)	2	0		
Grenzenlosigkeit	5	0		
Bewußtsein	6	0		
weißer Clown	5	0		
Raum	3	1		
Grenze	3	2	0	
dummer August	2	1		
Medium (Mensch)	5	2		

	starke Beziehung Pfeile, die zum Begriff zeigen		schwache Beziehung Pfeile, die vom Begriff weg zeigen	
Begriff	hin	weg	hin	weg
Freiheit	5	2		
Elektron	2	0		
linear	4	0		
Computer	2	1	0	
Zeitbewußtsein	5	0		
Chaos	2	1		

mara-map ›Spiritualität‹

Spiritualität wird in dem Moment erfahrbar, wenn durch die Qualität des TUNS Spiritualität als Energieform - beispielsweise im Ausdruck von Liebe - erlebbar wird. ›Ruhende Spiritualität‹ beweist sich hingegen als eine nicht bewußt erlebte Form von Liebe; sie stellt sozusagen ein ruhendes Potential dar.

Diese ruhende Spiritualität läßt sich gut mit Elektrizität vergleichen; solange sie ruht ist sie nicht meß-, wahrnehm- und fühlbar. Erst in dem Augenblick, in dem ein Potentialunterschied im Leiter entsteht, fließt der Strom, wahrnehmbar und meßbar. Bei ruhender Spiritualität verhält es sich ähnlich: sie wird erst wahrnehmbar, sobald sich ein Potentialunterschied manifestiert. Dieser Unterschied resultiert aus dem TUN gegenüber dem Nicht-TUN. TUN kann hierbei sowohl als Handlung wie auch als Denkprozeß beschrieben werden. Bedeutsam bei der Spiritualität ist, daß sie sich absolut wertneutral und nicht hierarchisch ausdrückt.

Spiritualität

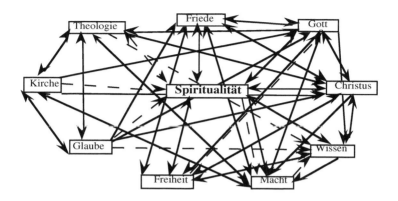

Wissen

Wissen besitzt zur Freiheit eine starke Beziehung, das.Wissen verfügt über eine starke Beziehung zur Spiritualität, denn Wissen um Spiritualität läßt diese im TUN sichtbar und erfahrbar werden = durchgezogene Linie. Wissen hat zu Christus eine starke Beziehung, da das Wissen in spirituellem Sinne seine Botschaft erfahrbar macht = durchgezogene Linie.

Wissen und Gott stehen in keiner Verbindung, denn spirituelles Wissen kann nur über Christus erfahrbar werden -, keine Linie. Wissen hat zum Frieden eine starke Beziehung, da durch spirituelles Wissen Friede entsteht = durchgezogene Linie.

Wissen und Theologie verfügen über keine Verbindung, weil die Theologie reduktionistische Denkmodelle verkündet und damit keine Verbindung zum Wissen im spirituellen Sinne unterhält = keine Linie.

Wissen hat zur Kirche keine Beziehung, denn sie vermittelt kein spirituelles Wissen = keine Linie.

Wissen und Glauben stehen nicht in Beziehung = keine Linie. Wissen besitzt zur Freiheit eine starke Beziehung, da durch das Wissen im spirituellen Sinne Freiheit entsteht = durchgezogene Linie.

Wissen unterhält zur Macht eine starke Beziehung. Wissen im spirituellen Sinne läßt Macht positiv anwenden und dadurch Spiritualität erfahrbar werden = durchgezogene Linie.

Christus

Christus gilt als Symbol für die handelnde Spiritualität = durchgezogene Linie. Christus besitzt eine starke Beziehung zu Gott = durchgezogene Linie. Christus steht in starker Verbindung zum Frieden = durchgezogene Linie. Christus hat den Frieden personifiziert. Christus hat zur Theologie keine Verbindung = keine Linie. Die Theologie bedient sich des Christusbildes, Christus jedoch nicht der Theologie. Christus steht zur Kirche in keiner Verbindung = keine Linie.

Gott

Gott stellt die ruhende spirituelle Energie dar. Da sie ruht, macht sie (Gott) sich nicht bemerkbar. Erst im TUN wird durch die Spiritualität Gott wahrnehmbar. Gott hat eine starke Beziehung zu Spiritualität = durchgezogene Linie.

Gott besitzt auch eine starke Beziehung zum Frieden, denn die Dimension Gott ist hierarchiefrei; deshalb kann in dieser Dimension kein Kampf, d.h. Krieg, sondern nur Frieden sein = durchgezogene Linie. Gott hat zur Theologie eine starke Beziehung, da jedwede Äußerung und Interpretation weltlicher Erscheinungen eine Interpretation der Dimension Gott ist = durchgezogene Linie.

Gott hat zur Kirche keine Beziehung, denn der innere Aufbau und das Selbstverständnis der Kirche sowie der Moraltheologie und der Sündentheologie beinhaltet ein hierarchisches System und ist demzufolge nicht hierarchiefrei wie die Dimension Gott = kein Strich. Gott hat mit Glauben nichts gemeinsam, weil der Glaube an Gott deutlich macht, daß der Gläubige keinen Zugang zum universellen Wissen = Gott besitzt. Darin liegt auch der Grund, weshalb er etwas gelobt, was nur in seiner Vorstellungswelt Platz hat, jedoch nicht im Wissen um den ALL-Tag einen Realitätsbezug aufweist = kein Strich. Gott hat eine starke Beziehung zur Freiheit, denn sie entsteht, indem Gott oder die spirituelle Dimension in reales TUN übertragen werden, d.h. in eine positive Zuwendung münden = durchgezogene Linie. Gott steht in starker Beziehung zur Macht, da durch das Wissen und die Erfahrung im Umgang mit Gott Macht nur positiv angewendet werden kann = durchgezogene Linie.

Gott hat eine starke Beziehung zum Wissen, denn Gott ist mit universellem Wissen gleichzusetzen = durchgezogene Linie. Gott steht zu Christus in enger Beziehung; Christus hat die hierarchiefreie Dimension von Gott dargestellt, realisiert und für Menschen begreifbar gemacht = durchgezogene Linie.

Friede

Friede ist, wenn das Wollen zugunsten des Sollens aufgegeben wird. Friede ist realisierte Spiritualität, die auch als Liebe bezeichnet werden kann = durchgezogene Linie. Friede weist zur Theologie keine Beziehung auf, denn jegliche Theologie lehrt den Aufbau von hierarchischen Strukturen und damit das Durchsetzen von Überzeugungen (Dogmen) gegenüber Andersgläubigen (Missionierung).

Der Erlösungsgedanke (Ideologie) privilegiert den Bekennenden und läßt ihn somit ›besser‹ als den Nichtbekennenden sein. Diese Sicht bedeutet in letzter Konsequenz Kampf und Krieg = keine Linie. Friede hat zur Kirche keine Verbindung = keine Linie. Friede steht zum Glauben in keiner Verbindung, denn Glaube ist an Botschaften gebunden, die Überzeugungsarbeit leisten sollen. Dadurch fühlt sich der Gläubige dem Nichtgläubigen gegenüber höherstehend (durch Wissen), was dem Frieden nicht dienlich und förderlich ist.Friede hat zur Freiheit eine starke Beziehung; Freiheit kann nur in Verbindung mit Frieden entstehen = durchgezogene Linie.

Friede und Macht stehen in enger Beziehung, denn ohne Friede wird Macht zum Herrschaftsanspruch und führt letztlich zum Krieg. Macht, positiv eingesetzt, kann Frieden entstehen unter der Voraussetzung entstehen lassen, daß der Machthaber diese Macht nicht als hierarchisches Mittel anwendet = durchgezogene Linie. Friede steht zum Wissen in einer starken Beziehung, da durch das Wissen um Zusammenhänge von Spiritualität - Frieden - Macht usw. kann Frieden entstehen = durchgezogene Linie.Friede hat zu Christus eine starke Verbindung.

Christus ist das Sinnbild für die handelnde Spiritualität = durchgezogener Strich.

Friede hat zu Gott eine enge Beziehung = durchgezogene Linie.

Theologie

Theologie ist das reduktionistische Denken in Bezug auf Gott und Christus sowie auf Spiritualität. Theologie ist mit Spiritualität nicht gleichzusetzen, da Spiritualität nicht mittels Denkmodellen, wie sie die Theologie anwendet, verwirklicht werden kann = keine Linie.

Theologie besitzt zur Kircheeine starke Beziehung, denn diese ist der Ort der Verkündigung der Ergebnisse reduktionistischen Denkens = durchgezogene Linie. Theologie weist eine enge Beziehung zum Glauben auf, weil das reduktionistische Denken der Theologie den Glauben an Gott bedingt = durchgezogene Linie. Theologie hat keine Beziehung zur Freiheit, denn diese kann nur im nicht reduktionistischen Denken entstehen. Das reduktionistische Denken schließt Freiheit aus = keine Linie.Theologie geht eine starke Beziehung zur Macht ein, weil Macht im negativen Sinne nur entstehen kann, wenn reduktionistisches Denken als Wissen ausgegeben wird und somit das universelle Wissen ausgeschlossen bleibt. Das ist das Hauptthema der Theologie = durchgezogener Linie.

Theologie besitzt zum Wissen eine schwache Beziehung; Wissen ist in der theologischen Terminologie stets eine Verwechselung des universellen Wissens mit dem reduktionistischen Denken der entsprechenden theologischen Schulen oder der entsprechenden kirchlichen Machtinstitution = durchbrochene Linie. Theologie hat zu Christus eine starke Beziehung, weil von ihr die Erscheinung Christus dazu benutzt wird, das reduktionistische Denken als Botschaft Christus verkörpert, auszugeben = durchgezogene Linie. Theologie hat zu Gott keine Beziehung, da das reduktionistische Denken der Theologie fälschlicherweise mit Wissen von und um Gott ausgegeben wird = kein Strich. Theologie besitzt zum Frieden keine Beziehung.

Kirche

Die Kirche ist eine von Menschen erzeugte Organisation mit allen in der Gesellschaft vorkommenden Machtstrukturen. Ihr Herrschaftsanspruch entsteht durch die Verbreitung einer Schuld- und Vergebungstheologie, die durch die hierarchische

Stellung des Theologen in der Gemeinde und in der Kirche eine spirituelle Realität ausschließt. Dies bedeutet nicht, daß Kirche nicht in der Lage ist, bestimmten Personen oder Gruppen das Empfinden von Geborgenheit zu vermitteln und sie auf diesem Wege auf spirituelle Vorgänge vorzubereiten. Die Kirche vermittelt allerdings den Gläubigen überwiegend den Eindruck von Spiritualität, weswegen es durchaus zu Kontakten mit der Spiritualität (im hier definierten Sinne) kommen kann = durchbrochene Linie.

Kirche steht mit dem Glauben in starker Beziehung, denn sie vermittelt Glauben = durchgezogene Linie. Kirche hat mit Freiheit nichts gemeinsam = keine Linie. Kirche hat mit Macht eine enge Beziehung, denn die Anwendung reduktionistischen Wissens dient den Kirchen als Machtmittel = durchgezogene Linie. Kirche hat zu Wissen keine Beziehung, denn sie vermittelt kein Wissen im spirituellen Sinne, sondern lediglich reduktionistisches Wissen = kein Strich. Kirche steht zu Christus in enger Beziehung, denn sie benutzt ihre Lehrmeinungen über ihn als Mittel zur Verkündigung reduktionistischen Denkens = durchgezogene Linie. Kirche hat zu Gott eine starke Beziehung, denn sie benutzt ihre Lehrmeinungen, um den vom reduktionistischen Denken geprägten ›Gott‹ zu predigen. Kirche steht in einer starken Beziehung zur Theologie, denn sie ist das Organ zur Darstellung reduktionistischen Denkens = durchgezogene Linie.

Glaube

Ein Glaube ist zumeist an Religionsgemeinschaften oder Denkmodelle gebunden. Blinder Glaube kann mit Nichtwissen gleichgesetzt werden. Der Glauben ist für jene Menschen bedeutsam, die den Zugang zum holistischen Wissen verloren haben. Jeder Mensch hat die Möglichkeit, Glauben einst in Wissen zu verwandeln. Der Glauben an das Unsichtbare, d.h. an Gott, ist, solange sich der Mensch noch im Stadium der Unwissenheit befindet, sicherlich wichtig. Glauben hat mit Spiritualität nichts gemeinsam, denn Spiritualität ist Wissen = keine Linie. Glauben hat mit Freiheit nichts zu tun, denn nur (richtiges = praxisrelevantes) Wissen vermag (einen gewissen Grad an) Freiheit hervorzurufen. Glaube und Wissen sind nicht vereinbar. Glauben ist eine Art von ›Vorwissen‹ (Ahnen) = durchbrochene Linie. Glaube steht in starker Verbindung zu Christus = durchgezogene Linie. Glaube ist mit Gott stark verbunden = durchgezogene Linie. Glaube steht in starker Verbindung zu Frieden, denn der innere Friede kann durch den Glauben an Frieden entstehen = durchgezogene Linie.

Freiheit

Freiheit steht mit Spiritualität in enger Verbindung, da Freiheit realisierte Spiritualität darstellt. Ohne Spiritualitäts-Bewußtsein ist der Mensch an das reduktionistische Denkmuster gebunden und dies verhindert Freiheit = keine Linie. Freiheit unterhält zur Macht keine Beziehung, denn Macht ist stets an reduktionistische Denkmuster gebunden. Diese Bindung indes verhindert die Freiheit = keine Linie. Freiheit steht mit Wissen in enger Beziehung, weil Wissen um Spiritualität Freiheit entstehen lassen kann = durchgezogene Linie. Freiheit hat zu Christus eine starke Beziehung, da Christus die Freiheit durch spirituelles Bewußtsein gelebt und gelehrt hat = durchgezogene Linie.

Freiheit steht zu Gott ist starker Beziehung, weil Gott die Freiheit selbst ist = durchgezogene Linie. Freiheit hat zu Frieden eine starke Beziehung, denn Freiheit verhindert reduktionistisches Denken, wodurch Frieden entsteht = durchgezogene Linie. Freiheit steht zur Theologie in keiner Beziehung, denn sie ist stets nur die Interpretation eines durch reduktionistisches Denken entstandenen Denkmodells, weswegen Theologie keine Freiheit entstehen lassen kann = keine Linie.

Freiheit besitzt zur Kirche keine Verbindung, denn das Verkünden der Glaubenslehre ist für die Gläubigen Verpflichtung, weshalb dadurch die Freiheit beschnitten wird = keine Linie.Freiheit und Glauben weisenkeine Verbindung auf = keine Linie.

Macht

Macht verfügt über eine nur schwache Verbindung zur Spiritualität, da jede Form von Machtbewußtsein ein Modell des reduktionistischen Denkens benötigt und somit nur eine schwache Beziehung zur Spiritualität aufweist. Die Anwendung von Macht muß vom originären Begriff getrennt werden, um diesen Vorgang zu verstehen. Erst durch die positive Anwendung von Macht kann Spiritualität sichtbar und bewußt werden = durchbrochene Linie.

Macht besitzt zum Wissen eine schwache Beziehung, denn Wissen um Spiritualität kann Machtanwendung nur im Bereich der positiven Machtanwendung entstehen lassen = durchbrochene Linie. Macht weist zu Christus keine Beziehung auf = keine Linie. Positive Macht hat zu Christus allerdings eine starke Beziehung. Macht hat zu Gott eine starke Beziehung, denn Gott verleiht dem Menschen Macht = durchgezogene Linie.

Macht besitzt zum Frieden eine starke Beziehung, weil das Machtbewußtsein Frieden schaffen kann = durchgezogene Linie. Macht weist zur Theologie eine starke Beziehung auf, da Theologie, spirituell gesehen, Machtanwendung ist = durchgezogene Linie.

Macht hat zur Kirche eine starke Beziehung = durchgezogene Linie.

Macht und Glauben stehen in keiner Verbindung = keine Linie.Macht und Freiheit gehen keine Verbindung ein = keine Linie.

Wissen

Wissen verfügt zur Spiritualität über eine starke Beziehung, denn Wissen um Spiritualität läßt diese im TUN sichtbar und erfahrbar werden = durchgezogene Linie. Wissen hat zu Christus eine starke Beziehung, da das Wissen in spirituellem Sinne seine Botschaft erfahrbar macht = Durchgezogenen Linie.Wissen und Gott stehen in keiner Verbindung, denn spirituelles Wissen kann nur über Christus erfahrbar werden = keine Linie.Wissen hat zum Frieden eine starke Beziehung, da durch spirituelles Wissen Frieden entsteht = durchgezogene Linie.Wissen und Theologie verfügen über keine Verbindung, weil die Theologie reduktionistische Denkmodelle verkündet und damit keine Verbindung zum Wissen im spirituellen Sinne unterhält = keine Linie.Wissen hat zur Kirche keine Beziehung, denn sie vermittelt kein spirituelles Wissen = keine Linie.

Wissen und Glauben stehen nicht in Beziehung = keine Linie.durch das Wissen im spirituellen Sinne Freiheit entsteht = durchgezogene Linie.

Wissen unterhält zur Macht eine starke Beziehung. Wissen im spirituellen Sinne läßt Macht positiv anwenden und dadurch Spiritualität erfahrbar werden = durchgezogene Linie.

Häufungen:

	starke Beziehung Pfeile, die zum Begriff zeigen		schwache Beziehung Pfeile, die vom Begriff weg zeigen	
Begriff	**hin**	**weg**	**hin**	**weg**
Spiritualität	3	1		
Christus	8	6	0	0
Gott	7	6	1	0
Friede	6	5	0	0
Theologie	3	4	0	1
Kirche	3	5	0	1
Glaube	2	4	0	2
Freiheit	5	5	0	1
Macht	7	4	1	1
Wissen	4	3	2	0

Teil VI

A Die andere Seite

Vorbemerkungen

Im Teil 1-4 habe ich das beschrieben, was mit dem Kopf zu verstehen ist. Es sind Gedanken, die nur interessant sind, sobald wir dieses Wissen in die Praxis übertragen und dadurch *„ausprobieren"*.

Anders gesagt *„auf den Realitätsgehalt überprüfen"*.

Würden wir das nicht tun, steht uns frei zu glauben ob die Theorie stimmt oder nicht.

Im diesem Teil 5 werden die für manchen überwiegend theoretischen Erläuterungen in *„praktische Übungen"* und *„Gebrauchsanweisungen"* übertragen.

Entscheidend ist also, daß wir die Gedanken eines Denkmodells in die Praxis übertragen, um dadurch feststellen zu können ob das Denkmodell praktisch nutzbar ist.

Dadurch wird das *„Kopfwissen"* zum Erfahrungswissen also dem *„Wissen aus dem Bauch"*

Ein ganz persönliches Bekenntnis

Daß ich, Rainer Binder, diese Zeilen den Teilen 1 - 4 anfüge, hat einen besonderen Grund: Im Laufe meines Lebens und in unserer Praxis konnte ich immer wieder erfahren, daß die eigentlich wichtigen Dinge sehr, sehr einfach sind und nur in begrenztem Umfang theoretisch erklärt werden können.

Es wird ein rein praktischer Teil sein, der in erster Linie die ganz persönlichen Erlebnisse meiner Frau und mir aufzeigen wird.

Immer wieder betone ich:

„ Für Intellektuelle ist es erschreckend, wie einfach die Grundfunktion der Dimension ist, die wir „Leben" nennen".

Die Einfachheit der Vorgänge können wir kaum erkennen, weil die Abläufe sehr oft verdeckt bleiben und somit verschlüsselt wirken. Ich wähle bei der Beschreibung sehr einfache für alle Menschen verständliche Worte. Brigitte Higgins hat dazuhin noch die Begriffe mit Zeichnungen versehen, so daß sie noch besser verständlich sind. Die verwendeten Begriffe sind stark mit Empfindungen und Gefühlen verbunden und somit ist diese Darstellung völlig anders als im Ersten Teil.

Die tiefen Grundmuster sind:

Achtsamkeit - Liebe - Freude - Demut - Hoffnung und Erfolg

In meinem Leben habe ich viel erlebt, habe intensiv existentielle Tiefpunkte und genauso intensiv Höhepunkte erlebt.

Eines hat sich bei meiner Lebenseinstellung grundlegend verändert. Früher war ich ein gläubiger Anhänger der evangelischen Kirche und des Pietismus, heute habe ich etwas mehr Wissen und brauche deswegen weniger zu glauben. Die Reste, welche von meinem Glauben noch vorhanden sind, werden weniger und mein Wissen um die Lebenszusammenhänge wird mit jeder Erfahrung zunehmend durchsichtiger, was praktisch bedeutet, daß ich Glauben in Wissen verwandeln konnte. Dadurch bin ich näher an dem, was im „kirchlichen Glaubensgebäude" als „christlich" dargestellt wird.

Ich erkenne heute deutlich die Unterschiede zwischen der Amts-Kirche als eine menschliche Organisation und dem, was über Christus berichtet wird.

Für mich ist sehr deutlich, daß Kirchen und auch Sekten eine soziale Aufgabe wahrnehmen und auch diesen Anspruch teilweise erfüllen. Die Namen von Organisationen, die den Namen *christlich* benutzen, um sich den Mantel des Humanen, Menschlichen umzuhängen, stimmen für mich heute mit den Thesen, die sie verkündigen, nicht immer überein, Diese Organisationen verdecken ihre hierarchischen Machtstrukturen und Machtansprüche. Das, was Paulus von Christus berichtete, ist genau das Gegenteil von Hierarchie und Machtstruktur und Anwendung. Er lehrte Menschlichkeit und nicht die Nutzung von Machtstrukturen.

Immer wieder habe ich gelernt, vor der unglaublichen Vielfalt dieser Welt und dem nicht übersehbaren Reichtum staunend zu stehen und Demut zu empfinden.

Das Erkennen macht mich froh, daß mir beinahe die ganze Natur mit all ihren Schöpfungen, vom Tautropfen bis zum Starlight Expreß, vom hervorragenden Essen bis zum Geld, das mir immer ermöglicht, die notwendigen Ausgaben bestreiten zu können, zur Verfügung steht.

Vorbedingung, um das erleben zu können, war, daß ich einen Teil meiner frühen kindlichen Verwicklungen und Programmierungen erkennen und auflösen konnte.

Es ist für mich und für uns Menschen entscheidend, in welcher Form wir mit dieser uns anvertrauten Schöpfung umgehen, wie wir die Schöpfung *„behandeln"*, achten und dadurch lieben lernen. Die automatische Folge ist, daß sich dadurch Demut entwickelt. Demut in Form von „Achtung".

Wissen habe ich über Erfahrung erworben und deswegen kommen in den nachfolgenden Darstellungen immer wieder Übungen vor, die Erfahrungen vermitteln. Die theoretischen Erklärungen über Zusammenhänge usw. sind alle erst nach den Erfahrungen entstanden. Später entdeckte ich, daß auch praktiziertes Wissen grundlegende Veränderungen bei mir hervorgerufen hat.

Dem Leser wünsche ich, daß er viele Anregungen und Mut durch das Lesen erhält und diese Lebenssicht durch Ausprobieren selbst als beglückend erfährt. Wichtig ist zu entdecken, daß „es auch ein Leben vor dem Tode gibt". In dem Buch mit gleichnamigem Titel beschreibe ich sehr viele Erlebnisse, die mich nicht in der „Vergangenheit" noch in der „Zukunft" leben lassen. Was natürlich nicht heißt, daß ich ohne Vergangenheit und Zukunft leben kann.

Das, was ich in meinem Leben erlebt habe, hatte immer damit zu tun, daß ich irgendwann entdeckte, daß es eine sehr präzise Steuerung geben muß, die mir immer wieder Situationen zuspielte, an denen ich zu lernen hatte. Der Sinn dieses Lernprozesses ist, daß es meine Aufgabe, also meine Zukunft ist, mich selbst zu werden, also mich aus meinen „Verwicklungen" zu befreien.

Das Ziel dieses Lernprogramms, was jeder Mensch absolvieren sollte, ist, daß er Erfolg - Liebe - Achtsamkeit - Demut - Hoffnung und Freude gegenüber allen Äußerungsformen der Schöpfung erleben kann.

Jeder sollte lernen, daß es für den Menschen wichtig ist, die Vorstellung zu entwickeln, daß sie Erfolg haben möchten und sie nicht am Erfolg vorbeikommen können. Machen wir uns deutlich auch negative Gedanken realisieren sich, also ist auch dieses Denken von Erfolg gekrönt.

Den Menschen bei seiner selbstgewählten Lebensform zu belassen, ist menschlich, denn er hat auch das Recht darauf, daß es ihm schlecht geht. Wir haben kein Recht, ihm diese Lebensform nehmen zu wollen.

Sicher klingt es hart zu sagen, daß der Mensch seine Lebensform selbst wählt, aber Mißerfolg wie Erfolg haben immer dieselben Strukturen und jeder Mensch hat die Freiheit, seine Erziehungsmuster zu verändern und somit auch sich einem „erfolgreicheren Verhaltensmuster" zuzuwenden.

Am Inhalt dieser Zusammenstellung haben viele Menschen Anteil. Allen denjenigen, welche in vielen Gesprächen, bei Seminaren und Einzelsitzungen mich gezwungen haben, die Inhalte so einfach wie möglich darzustellen, sei hiermit gedankt. Eine Vereinfachung ist natürlich nur bis zu einem bestimmten Grad möglich, da sonst die Richtigkeit der Aussagen leidet.

Besonders hohen Anteil am Entstehen dieser Niederschrift hat meine Frau. Seit über siebenzehn Jahren machen wir zusammen unsere mara-Seminare und unzählige Einzelsitzungen.

Diese Darstellung ist eine einfache Zusammenfassung dessen, was für uns wichtig geworden ist.

Noch ein Hinweis: Sollten Sie zu der Menschengruppe gehören, die nichts von einem „besseren Leben" halten, lesen Sie bitte nicht weiter. Die Folge ist sonst zwangsläufig, daß Sie der Versuchung erliegen, Ihr Leben positiv zu verändern.

A 1   Achtung

Zu diesem Aspekt ein Beispiel aus meinem eigenen Leben. Das hier vorgestellte Erlebnis hatte ich als 15jähriger im Jahre 1945, als ich das Ende des Krieges erlebte. Ein französischer Offizier kam mit einigen Soldaten in unser Haus. Die Soldaten trugen ihre Waffen im Anschlag. Die beiden im Hause lebenden Familien mußten sich im Flur vor ihren Wohnungen aufstellen. Für mich war klar geworden, daß das vollzogen werden würde, was immer wieder angedroht wurde: Angeblich sollten beim Einmarsch der „Gegner" alle Männer erschossen werden. Der Offizier betrat die Wohnungen und inspizierte sie. Dann verschwand er. Nach kurzer Zeit erschien er wieder und sagte in fließendem Deutsch:»Die Wohnungen sind für die Familien und Kinder, die Soldaten können in den Schulräumen schlafen. Ich stelle Ihnen eine Wache vor die Wohnungen. Sollte einer meiner Soldaten versuchen in die Wohnungen einzudringen, wird er sofort erschossen! Ich bin Jude, doch was die Nazis mit meiner Familie gemacht haben, machen wir nicht mit euch!« In diesem Augenblick war mir, als wäre ein gewaltiges Toben und Brüllen in mir. Es war wie ein Erdrutsch. Mir war schwindlig. Das erste Mal in meinem Leben entdeckte ich, was Achtung vor Menschen bedeutet, Achtung vor Andersdenkenden. Was hier geschah, war zutiefst menschlich zu nennen. Die Lehre daraus, also das, was ich aus dem Ereignis lernen sollte, war: Achtung vor dem Anderen, vor dem mir noch Unbekannten.

Achtung

Ein weiteres Beispiel. In der Gegend, wo meine Frau und ich seit langen Jahren wohnen, findet man Achate. Noch vor kurzer Zeit hatten wir Seminare für Interessierte veranstaltet und die seltenen Steine im Bach gesucht. Ich hatte einen besonders schönen Carneol gefunden und dachte im ersten Moment, wie schön dieser Stein aussehen müßte, würde er in der Mitte geteilt und dann poliert.

Als ich ihn zu Hause mit der Diamantsäge zerteilen wollte, spürte ich einen inneren Impuls, der mir sagte, daß der Stein nicht zerstört werden dürfe, denn die Natur habe ihn mir so wie er ist geschenkt. Ich zerschnitt den Stein nicht, und ich fühlte mich sehr wohl bei diesem Entschluß. Ich war in diesem Augenblick jener französische Offizier, der mich gelehrt hatte: Beschützen und nicht zerstören.

Liebe

Ich arbeitete 30 lange Jahre als Berufsberater beim Arbeitsamt. Besondere Schwierigkeiten hatte ich mit meinem Vorgesetzten. Er war ein durch und durch faschistoid denkender Mensch, der selbst vor Erpressungsversuchen und Aktenmanipulationen nicht zurückschreckte. Das ging sogar soweit, daß er beispielsweise der vorgesetzten Dienststelle mitteilte, ›daß der Kollege Binder nicht ist in der Lage ist, frei vor Menschen zu sprechen und Kontakt mit Menschen aufzunehmen‹.

Als eines Tage wieder einmal eine große Auseinandersetzung bevorstand, wurde ich telefonisch zum Rapport bestellt. Ich saß am Schreibtisch meinem Vorgesetzten gegenüber und sah ihm direkt an, wie er sich auf den ersten Redeschwall vorbereitete. Plötzlich erkannte ich in diesen Minuten, daß eigentlich dieser Mann zu bedauern ist und nicht ich. Ein warmes Gefühl der Zuwendung und der Liebe stieg in mir auf. Ich sah ihn an, und er konnte daraufhin nur sagen: »Dieses Gespräch führen wir später«.

Das war das letzte Gespräch mit ihm. Es war für mich das vielleicht tiefste Erlebnis in meinem bisherigen Leben.

Was ist eigentlich Liebe? Ist sie möglicherweise die Realisierung des universellen Wissens? In meinem Vorgesetzten erkannte ich die Spiegelung von mir selbst. Ich begriff, daß meine ständigen Versuche, Macht und Druck gegenüber anderen Menschen auszuüben, ihn gezwungen hatte, negative Macht zu realisieren. Eine wahrhaft umwerfende Erkenntnis. Durch dieses Erlebnis brauchte ich keine negative Macht mehr auszuüben.

Seit dieser Zeit hat mich kein Mensch mehr unter Druck zu setzen versucht.

Liebe

A 2   Hoffnung

Meine Frau und ich erhielten eine Einladung nach Bangalore (Indien), um im dortigen Goethe-Institut unsere Entspannungsmethode vorzustellen.

Wir befanden uns zuvor auf einer Seminarreise in Lissabon, und ich war verpflichtet, die Vorträge für Indien schriftlich auszuarbeiten. Sobald ich mich an die Schreibmaschine setzte, bekam ich Magenschmerzen. Nach einigen Tagen deutete ich dies als ein Signal, als einen Hinweis, nicht nach Bangalore zu fliegen. Bei einem Strandspaziergang beschlossen wir, die Reise abzusagen. Als wir abends weitere Seminartermine besprachen, berichtete uns der Organisator von seinen Erlebnissen an diesem Tag.

Seit Jahren schon verbrachte er mit seiner Familie die Skiferien in Spanien, und zwar stets in der Faschingswoche. Er erfuhr aber, daß in jener Woche keine Möglichkeit mehr bestand, ein Quartier zu buchen, so daß wir die Seminare in Lissabon machen konnten. Das war akkurat der Zeitraum, den wir sonst in Bangalore verbracht hätten. Der Abflugtag nach Indien war derselbe wie der nach Lissabon. In der Wartehalle, wo wir uns nach dem Einchekken aufhielten, trafen wir die Organisatoren, die die Veranstaltung in Bangalore übernommen hatten. Man erzählte uns, daß sie den Flug nach Bangalore umgebucht hätten und nach Bombay fliegen würden und von dort aus nach Nasik, wo geschäftliche Verpflichtungen warteten.

Wir kamen in Lissabon gut an. An diesem Tag erschien eine halbseitige Zeitungsnachricht, daß ein Airbus beim Landeanflug nach Bangalore abgestürzt war und keiner der Passagiere überlebt hatte. Es war der Airbus gewesen, mit dem die Organisatoren und wir geflogen uns wären. Wir empfanden tiefe Ehrfurcht und Dankbarkeit, das Signal, nicht zu fliegen, rechtzeitig erhalten zu haben. In mir stieg eine große Hoffnung auf, daß es hinter der sichtbaren Welt eine für uns alle positiv funktionierende Ebene gibt. Dies ist die Ebene, die der US-Physiker Alan Brown als ›versteckte Superintelligenz‹ bezeichnet. Wir können eine tiefe, große Hoffnung hegen und Vertrauen haben, daß uns diese Superintelligenz hilft, so wenig wie möglich Kurven auf dem Weg zu unserem Selbst nehmen zu müssen. Wir müssen nur wieder lernen, die inneren Signale wahrzunehmen. Die Impulse, die jeder Mensch erhält, kommen aus der holistischen Ebene, die gleichzeitig die Ebene der Spiritualität ist. Es ist daher wichtig, Impulse wahrzunehmen. Genauso wichtig ist jedoch, sie zu verstehen und nach ihnen zu handeln.

Das heißt:

1. Impulse in das Bewußtsein zu bekommen (Bewußtseinsschwelle)

2. Impulse zu verstehen (Erfahrung)

3. Impulse umzusetzen. Dazu gehören körperliche Möglichkeit und Erfahrung

Hoffnung

Bei allem Leid, das der Mensch erlebt, lernt er, näher an sein Selbst heranzukommen und Verwicklungen schneller aufzulösen. Die Intensität des Leidempfindens hängt vom Umfang seiner Informationen und Verwicklungen ab. Wir als Mitglieder einer Industriegesellschaft mit hohem Lebenstandard empfinden die ›Primitivität‹ mancher Gesellschaftsgruppen außerhalb der industriellen Wohlstandgesellschaft oft als leidend. Sprechen wir jedoch mit Menschen, die dort leben und somit Einblick in die Psyche solcher Menschen haben, erfahren wir, daß diese ihr Dasein nicht als Leiden empfinden, hingegen oftmals die Gefühlskälte jener, die im ›Wohlstand‹ leben, als leidend empfinden. Wir können den Empfindungsreichtum der ›Primitiven‹ nicht einschätzen und somit auch nicht ihre Erlebensqualität und auch nicht ihre Lernschritte. Uns fehlt der Zu-gang, den Umfang des Lernens zeitunabhängig zu beurteilen. Wir denken natürlich, daß ein Mensch immer eine ähnliche Zeit - wie wir selbst - benötigt, um gewisse Lernschritte zu vollziehen.

Wir wissen, daß bei Nahtodeserlebnissen in Sekunden oder Minuten Menschen Perspektiven erlebt haben, die sie völlig und bleibend veränderten. Diese Menschen haben anscheinend in dieser kurzen Zeit soviel gelernt wie andere eventuell in einem ganzen Leben. Stets fällt auf, daß die Beteiligten immer wieder davon berichten, daß sie eine wertfreie Ebene erlebten - die holistische Ebene (= Geist-Ebene nach Max Planck).

Jeder Mensch kann wieder Zugang zu dieser Ebene finden. Unsere Seminare und unsere Arbeit richten sich darauf aus, den Menschen Mut zu machen, sich dieser Superintelligenz mit kritischem Verstand anzuvertrauen.

innere Intelligenz

A 3   Freude

In meiner Jugend habe ich viel fotografiert, und mein Vater hat mir die Grundzüge der Fotografie beigebracht. Was ich im Bild festhielt, war einfach, oft sogar ein wenig kitschig, sozusagen Postkartenfotografie. Im Alter von 23 Jahren verdiente ich dann mein Geld mit Unterwasserfotografien, die ich im Atlantik aufnahm. Es war reines Abfotografieren ohne jede Kreativität. Es ging bei jenen Fotos ausschließlich um die wissenschaftliche Dokumentation. Späterhin widmete ich mich der wissenschaftlichen Fotografie bei meiner Arbeit im Forschungslabor. Dort lichteten wir Metallschliffe von kristallisiertem Wolfram etc. ab. Auch das war eine Tätigkeit, die ausschließlich auf Forschung und Dokumentation ausgerichtet war.

Als ich verheiratet war, nahmen natürlich Familienfotos den größten Platz ein. Die Alben wurden immer umfangreicher und die Bilder bald nicht mehr einsortiert. Die Folge war, daß ich nicht mehr fotografierte.

Meine zweite Frau hatte eine schwere Rückenoperation überstanden; danach waren die Schmerzen ein Dauerzustand. Sie konnte höchstens eine Stunde auf dem Stuhl sitzen, dann mußte sie sich bewegen oder gymnastische Übungen machen.

Eines Tages sagte der Krankengymnast, der meine Frau behandelte, daß es eine Methode gäbe, mit der sie sich selber helfen könnte. Diese Methode wurde in einem amerikanischen Seminar vorgestellt, wo wir lernten, Bilder möglichst deutlich zu visualisieren, d.h. sie sich intensiv vorzustellen. Wir waren beide über die Folgen überrascht. Meiner Frau ging es bedeutend besser, und in mir war eine riesige Neugierde erweckt worden. Wir besuchten anschließend weitere Seminare und erlebten vieles, was für uns negativ war, jedoch auch vieles, das uns begeisterte.

Ich mochte plötzlich wieder gerne fotografieren, und es entstanden ohne großen technischen Aufwand faszinierende Bilder. Es war höchst erstaunlich, auf welch eigenartige Ideen ich beim Fotografieren verfiel, doch der Erfolg war ungewöhnlich zu nennen.

Das war ein Grund, diese Bilder in bestimmten Reihenfolgen zu bringen und sie mit einer Technik zu projizieren, bei der zwei Diaprojektoren Bilder übereinander legen. Daraus ergab sich eine wirklich unglaubliche Faszination. Wir nannten diese Dias fortan Mediarama. Der Erfolg blieb nicht aus.

Wir entdeckten die Schönheit und Einzigartigkeit der Natur. Wir fotografierten in Edelsteine hinein und rückten uns selbst sehr nahe an die Natur heran. Wir entdeckten eine Welt, die so schön ist, daß wir nur noch Freude über die unglaubliche Vielfalt der Schöpfung empfinden konnten. Diese große Freude hat mich demütig gemacht. Heute weiß ich, daß es Demut als solches nicht gibt. Sie muß wie die Freiheit in jedem Moment neu erarbeitet werden.

Freude

A 4   Vertrauen

Hast du heute schon eine Fahrt mit dem Auto oder mit einem Bus gemacht?

Hast du dich bei dieser Fahrt wohl gefühl?

Schließe deine Augen und stelle dir diese Fahrt nochmals vor. Du wirst feststellen, daß der Fahrer oft bremsen mußte, Kurven genommen hat und vieles andere mehr.

Hast du vorher genau kontrolliert, ob die technischen Teile des Wagens in Ordnung waren? Aus ungefähr 24 000 Teilen setzt sich ein Kraftfahrzeug zusammen. Natürlich weißt du, daß du sie gar nicht alle kontrollieren kannst.

Du hast also, ohne es zu wissen, ein tiefes Vertrauen in die Technik, in den Busfahrer, in alle Menschen, die zur gleichen Zeit ein Auto lenkten und dir begegnet sind.

Du hast ebenfalls ein großes Vertrauen in die Technik der Verkehrsampeln. Ohne dieses Vertrauen in viele Dinge deiner Umwelt könntest du gar nicht ruhig leben.

Das was du zuerst wieder entwickeln solltest, ist Vertrauen zu dir selbst.

Du bist die Hauptperson in deinem Leben. Du bist der Mensch, der wieder sein Selbst entdecken muß und kann. Das ist wichtig, damit wieder das Vertrauen zu dem Hintergrund entsteht, der hinter allen materiellen Erscheinungen vorhanden ist und handelnd wirkt.

Habe Vertrauen zu dir selbst. In dir ist viel mehr, auf das du vertrauen kannst, als du ahnst.

A 5   Demut

Der Begriff Demut ist in unserer Kultur oftmals unzutreffend dargestellt worden, denn er wird oftmals mit devot gleichgesetzt.

Wir waren zu einem Geburtstagsfest in Südfrankreich eingeladen, um unser Mediarama ›Ockerfelsen‹ vorzuführen.

Es war sehr heiß und ich war sehr durstig. Es wurde kühler Rosé gereicht. Zu später Stunde hatte ich davon schon reichlich genossen und war nicht mehr ganz nüchtern. Zu jenem Zeitpunkt war ich durch den Besuch verschiedener Seminare sehr von meinen Möglichkeiten überzeugt und überschätzte oft meine realen Fähigkeiten.

Vor mir saß ein Mann von etwa 28 Jahren, der immer wieder unruhig auf dem Stuhl herumrückte. Da meine Kritikfähigkeit durch den Weingenuß schon etwas geschwunden war, ging ich zu ihm hin und fragte ihn, was ihm fehle. Er sagte, daß er Rückenschmerzen habe. Ich fragte ihn, ob ich diese Schmerzen hinwegnehmen solle. Ich legte meine Hand auf seinen Kopf, die Handfläche an die unteren Wirbel der Lendenwirbelsäule und stellte mir vor, wie der Schmerz abfließt und verschwindet. Mir war, als läge mein ganzes Bewußtsein in meinen Händen. Tatsächlich war im Anschluß an die ›Behandlung‹ der Schmerz des Mannes verschwunden.

Aus dieser Erfahrung entwickelten meine Frau und ich der sogenannten **mara**-Anwendung , mit der heute schon viele (62) von uns ausgebildete BPS-Therapeuten arbeiten.

Drei Tage später begegneten wir dem jungen Mann auf dem Markt in nahegelegenen Apt. Er kam euphorisch auf uns zu und sagte, daß die Schmerzen seit jenem Abend wie fortgezaubert seien. Wie sich herausstellte, litt der junge Mann an einer Skoliose (Rückgratverkrümmung). In diesem Moment fühlte ich eine Wärme in mir, und ich wußte, daß ich etwas Großartigem begegnet war. Ich wußte voller Dankbarkeit, daß ich einem Menschen begegnete, der in sich ein Wunder zugelassen hatte. Dieses Vertrauen zu sich selbst ist wichtig. Du wirst selbst erleben, daß in dem Umfang, wie du hellwach deine inneren Impulse wahrnimmst, die Sicherheit kommt, was für dich stimmt und das du dann annehmen solltest. Hast du das Empfinden, daß etwas oder eine Situation für dich ›nicht stimmt‹, dann gibt dir das Vertrauen die Kraft, die Situation abzulehnen. Du wirst erleben, daß es dir dabei sehr gut geht.

Dieses Erlebnis war ein Grund, daß ich empfand, auf einer materiellen Ebene angekommen zu sein, auf der ich als ›Repräsentant‹ einer faszinierenden Dimension wirken sollte. Ich hatte die Heilung hervorgerufen und fragte mich, welche Dimension wohl dahinterstecken konnte, die so etwas durch mich bewirkte. Dieses Erlebnis ließ mich demütig werden. Ich begriff, was es bedeutet, ein Mensch mit solchen Fähigkeiten zu sein.

Das ist die Dimension, die wir in unserem Denksystem als holistische Ebene bezeichnen.

A 6 Die Zukunft bestimmt den Menschen, die Vergangenheit den Weg

Die einzige Zukunft des Menschen ist, er selbst zu werden. Diese Zukunft bestimmt das Leben des Menschen. Das hört sich sehr einfach an, ist aber schwer zu begreifen, da unser Denken überwiegend darauf ausgerichtet ist, daß die Vergangenheit die Gegenwart bestimmt.

In Wirklichkeit ist es eine lebenslange Aufgabe, diese Realität zu begreifen und dann zu realisieren. Bei dieser Aufgabe können wir in erster Linie nur gewinnen, aber nicht scheitern. Scheitern bedeutet, daß wir das, was wir während des Lebens nicht lernen wollten später erneut lernen müssen.

Das Selbst ist der innerste Kreise des Menschen. Dieses Selbst ist unsterblich und benötigt den materiellen Körper, um auf der materiellen Ebene Erfahrungen sammeln zu können. Deswegen ist der materielle Körper für den Menschen enorm wichtig. Es ist die Aufgabe des Menschen, den Körper als wichtige Realität zu pflegen und zu verwöhnen. Der Sterbeprozeß verläuft um so heftiger, je weniger wir in unserer Lebenszeit an unser Selbst herangekommen sind. Die Erkenntnis, daß die Zukunft die Gegenwart bestimmt, wurde in der Quantenphysik belegt. Prof. Alain Aspekt von der Universität Orsay-Paris hatte in einem sogenannten Jahrhundertexperiment 1957 mit Lichtquanten experimentiert und diesen Zusammenhang entdeckt und bewiesen.[65]

Natürlich hat auch die Gegenwartssituation einen Einfluß auf die momentane Reaktionen. Aus ihnen können wir ersehen, welche Muster oder Verhaltensweisen wir noch abzulegen haben. ›Muster‹ zeigen sich dadurch, daß sie sich immer wiederholen.

Wie bestimmt die Zukunft den Menschen?

Nehmen wir an, Sie laden Freunde zum Essen ein. Dieses Ereignis soll in zehn Tagen stattfinden. In diesem Fall ist Zukunft, daß die Freunde bei Ihnen am Tisch sitzen und Sie zusammen mit ihnen essen und trinken. Diese Zukunft verlangt von Ihnen, bestimmte Einkäufe zu tätigen und Sie überlegen sich, was Sie einkaufen müssen.

---

65. Jane E. Charon: Komplexe Relativitätstheorie, S. 127 12/88 Goldmann

Ein weiteres Beispiel: Sie haben ein Kind, und Sie wünschen sich, daß dieses Kind Ihnen Briefe schreiben kann. Daher muß es lesen und schreiben können. Die Zukunft bestimmt, daß Sie das Kind in die Schule geben, damit es lesen und schreiben lernt.

Diese für uns wenig geläufige Denkweise haben zuerst die Kirchen entdeckt und in ihre Lehre aufgenommen. Die Zukunft des Menschen ist demnach, entweder in den Himmel oder die Hölle zu kommen. Diese Zukunft bestimmte das Leben zu Lebzeiten, nämlich möglichst sündenfrei zu leben. Angeblich soll am Ende eines Lebens oder am Ende des Sterbeprozesses ein Gericht stattfinden, bei dem entschieden wird, ob sie in den Himmel oder in die Hölle kommen, bzw. am Jüngsten Tag auferstehen.

Die Zukunft - als Himmel oder Hölle bestimmen bei den Kirchenlehren das Leben des Menschen. Nur durch Anpassung an diese Regeln der Kirche konnte er in den Himmel kommen.

Wozu ist dann unsere eigene Geschichte, unsere Vergangenheit da?

Die Vergangenheit zeigt dem Menschen, in welchen Situationen er die Zukunft nicht zugelassen hat. Praktisch bedeutet dies, daß die Erinnerung an die eigene Vergangenheit eine Art Piktogramm ist, welches konzentriert zeigt, wo wir die inneres Stimme des Selbst überhört haben oder bewußt nicht hören wollten. Die meisten Menschen haben kaum eine Vorstellung, wer sie selbst sind, denn durch unsere Erziehung sind wir so weit von unserem Selbst entfernt, daß es einem Glücksfall gleichkommt, das Selbst wieder zu entdecken.

A 7   Verwicklung und Entwicklung

Konservativ gesehen, können wir von der Zeugung an psychische Einflüsse auf den sich entwickelnden Menschen feststellen. Diese beeinflussen die Verwicklungen des Selbst, als des noch nicht geborenen Kindes. Das Selbst ist eine seelisch-geistige Dimension, die der Mensch auf die materielle Ebene mitbringt. Nach der Geburt beginnt eine massive Beeinflussung des Neugeborenen und ganz allmählich wird es in die Programme, die ihm durch sein Dasein im Kreis von Erwachsenen und Mitmenschen gegeben werden, verwickelt. Das Selbst ist noch angeschlossen an das universelle Wissen, an das holistische System. In der kirchlichen Terminologie wird das universelle Wissen als Gott bezeichnet. In östlichen Philosophien finden wir dafür Bezeichnung wie Tao, Nirwana, En Soap etc.

Der Zugang zu diesem universellen Wissen wird sehr langsam, aber dafür um so perfekter durch die Verwicklungen zugedeckt. Die Folge davon ist, daß der erwachsene Mensch meist mit den Programmen der Eltern und den Programmen der in der Kindheit bestimmenden gesellschaftlichen Strukturen reagiert. Diese Reaktionen haben selten mit dem selbst und dem universellen Wissen zu tun. Das was ein solcher Mensch dann als ›Realität‹ erlebt, sind die Programmierungen, die ›Verwicklungen‹ aus seiner frühen Kindheit.

Die Tragik dieser Entwicklungen ist, daß der Mensch Programme gegen seinen bewußten Willen erhält, also wie ein Computer programmiert wird. Die Programmierungen sind zum größten Teil im Alter von drei bis vier Jahren festgelegt. Erst durch einen relativ hohen Einsatz an psychischer Energie ist es dem Menschen möglich, diese Programme allmählich aufzulösen, um dadurch näher an sein Selbst zu gelangen. Eine weitere Tragik ist, daß die Erwachsenen ihre eigenen Programme zum größten Teil selbst nicht aufgelöst haben und damit den neugeborenen Menschen mit ihren total veralteten Programmen programmieren.

Dazu ein praktisches Beispiel: Mein Vater wurde 1901 geboren, 1905 waren die Grundprogrammierungen bei ihm festgelegt. Da mein Vater wenig an seiner inneren Struktur gearbeitet hatte, brachte er mir die Programme, die eventuelle 1905 noch zu gebrauchen waren, bei. Ich sollte also 1992 mit diesen Programmen zurechtkommen. Es wird deutlich, daß dies Probleme aufwerfen muß und dadurch enorme Konflikte im Alltag entstehen müssen.

Wir haben daher nur eine Möglichkeit, um unserem Selbst näherzukommen, wir müssen uns wieder entwickeln. Das bedeutet praktisch: Die alten Programme verändern, um wieder näher an unser Selbst zu kommen.

Jeder Mensch hat die Möglichkeit, durch viele kleine Schritte seine Verwicklungen zu erkennen und dann aufzulösen. Diese Arbeit wird durch das universelle Wissen des Selbst erleichtert.

Immer wieder erhält jeder Mensch innere Impulse, die ihm aufzeigen, wo er die Möglichkeit hat, in das System der Verwicklungen einzugreifen, um dadurch eine Ent-wicklung zu erreichen.

Verwicklung-Entwicklung

A 8   Einengung - Begrenzung - Ausdehnung

Die meisten Menschen fühlen ihre eigene Eingrenzung und Einengung nicht. Das kommt daher, daß der Mensch irgendwann
einmal in seinem Leben in gesellschaftliche Normen hinein-
wächst, die er dann als Normalität empfindet. Michael Coreno-
witsch von der Adler Universität, Berlin, unternahm Versuche
mit einem Goldfisch. Er trennte ein Aquarium mittels einer Glas-
scheibe, so daß dem Fisch nur die Hälfte des Raumes zur Verfügung stand. Nach einer Woche beseitigte er die Trennscheibe.
Der Goldfisch benutzte jedoch nur den ihm bekannten Bereich,
also die Hälfte des Beckens. Innerhalb einer Woche hatte er diese
Begrenzung einprogrammiert und gehörte nunmehr zu seiner
›Normalität‹.

Wir Menschen haben beinahe unbegrenzte Möglichkeiten, daß
heißt, wir könnten bedeutend mehr, hätten wir nicht anerzogene
und auch selbst gewählte Begrenzungen und Einengungen in
uns. Diese Einengungen und Begrenzungen werden durch die
Erziehung und Umwelteinflüsse erzeugt.

Versuchen wir, uns einmal folgende Situation vorzustellen:

Ein Mensch im Alter von zwei Monaten im Mutterleib, also der Fötus, entwickelt pro Sekunde 2000 Nervenzellen.

Eine Honigbiene verfügt über insgesamt 7000 Nervenzellen. Was kann sie damit alles leisten? Fliegen, die Windgeschwindigkeit berechnen, ihre Leistungskapazität einschätzen, zu einer Blume und zurück fliegen, und sie kann andere Bienen über das Erfahrene informieren. Sie kann sich darüber hinaus in der sozialen Ordnung des Bienenstaates zurechtfinden.

Wir Menschen besitzen eine unglaubliche Menge an Nervenzellen, doch muß man den Eindruck haben, davon im Verhältnis zur Biene äußerst wenig zu verwenden. Gelingt es uns hingegen, mehr von diesen Nervenzellen zu aktivieren, geschehen die unglaublichsten Dinge. Die Begrenzungen, die wir durch Erziehung und Gesellschaft erhalten haben, verhindern unsere Ausdehnung. In einem beeindruckenden Beispiel läßt sich dies darstellen:

In jeder Sekunde nimmt der Mensch Billionen bits (Informationseinheiten). In sein Bewußtsein gelangen indes nur 100 bits. In sein Bewußtsein kommen jedoch nur 100 bits pro Sekunde. Das was wir wahrnehmen entspricht 100 Kilogramm Erbsen, und das was ins Bewußtsein tritt, einem Gramm. Daraus kann man ersehen, daß wir über unglaublich viele Wahrnehmungen verfügen, unsere anerzogene Eingrenzung jedoch nur sehr wenig übrig läßt, was ins Bewußtsein kommt. Entscheidend wird daher sein, daß wir die Menge der bewußten Wahrnehmungen erhöhen und dadurch unsere Erlebnisbreite vergrößern. Das was als ›normal‹ bezeichnet wird, sind dann die Sichtweisen, die mit 100 bits möglich sind.

A 9   Das jüngste Gericht und die Auferstehung

In den Staatskirchen und in den sogenannten christlichen Sekten wird verkündigt, daß der Mensch am Ende des Lebens vor ein Gericht gestellt und abgeurteilt wird. Dieses Urteil bestimmt, ob er am Jüngsten Tag auferstehen wird oder nicht.

Durch derlei Verkündigungen wird dem Menschen eine Unsicherheit eingeimpft, denn er kann zu Lebzeiten nicht wissen, welches Urteil gefällt werden wird. Damit wird der Nährboden für viele Ängste bereitet. Der Anlaß zur Verkündigung des Jüngsten Gerichtes in solcher Form hat viele Ursachen. Ich will etwas ausholen, um die Zusammenhänge deutlich zu machen.

A 10 Bibel und Gehirnfunktionen

Zur Zeit, da Christus lebte, wurden Informationen von den Menschen mündlich

weitergegeben, die weder schreiben noch lesen konnten. Der biblische Inhalt wurde in bildhaften Erzählungen mitgeteilt, und diese vermochten die Menschen zu jener Zeit zu begreifen. Der Grund liegt darin, daß die Menschen noch über ein hervorragend funktionierendes Bildverständnis verfügten und deshalb die Sprache der Bilder gut begriffen.

Ein ähnliches Bildverständnis besitzen Kinder bevor sie in die Schule gehen. Das Bildverständnis ist in der rechten Gehirnhälfte angesiedelt. Das Aneinanderreihen von Buchstaben zu einem Wort erfolgt in der linken Gehirnhälfte. Das so entstandene ›Wortbild‹ wird in der rechten Gehirnhälfte abgelegt und gespeichert.

Das bedeutet, daß sich bei Menschen, die noch nicht lesen und schreiben können, das Bildverständnis und das Vorstellungsvermögen gut ausbildet. Psychologen sprechen in diesem Zusammenhang von einem ›fotografischen Gedächtnis‹ oder vom ›eidetischen Gedächtnis‹.

Durch das Erlernen von Lesen und Schreiben läßt das Bildgedächtnis in seiner Genauigkeit nach. Je weniger das Bildgedächtnis und die Wahrnehmung von Bildern funktioniert, um so weniger können Bilder ihrem Sinngehalt nach erkannt und gedeutet werden.

Dies können Sie ganz einfach kontrollieren. Spielen Sie mit noch nicht eingeschulten Kindern ›Memory‹. Das Spiel besteht aus einer großen Anzahl verschiedener Kärtchen mit Abbildungen von Früchten.

Es geht jetzt darum, diese Kärtchen, wenn sie mit der Bildseite nach unten liegen, durch die richtige Identifizierung herauszufinden.

Spielen wir dieses Spiel mit Kinder, bevor sie lesen und schreiben können, haben wir als Erwachsene keine Chancen, da das Bildgedächtnis der Kinder noch optimal funktioniert. Ist das Kind etwa 9 Jahre alt und hat bereits Lesen und Schreiben gelernt, sind die Chancen zwischen ihm und einem Erwachsenen gleich. Das fotografische Gedächtnis des Kindes hat sich zurückgebildet.

Seit damals, als die Bibelinhalte mündlich weitergegeben wurden, und heute ist viel Zeit vergangen. Mit der Ausbreitung schriftlicher Mitteilungen wurden auch die biblischen Geschichten in Schriftform festgehalten. Dadurch hatten überwiegend nur noch Menschen Zugang zur Schrift, deren Bildverständnis nicht mehr gut war. Zwangsläufig ging dadurch der eigentliche Sinngehalt, der Sinngehalt der Symbolik, verloren.

Das Symbolverständnis der Bilder ist an das Bildgedächtnis gebunden. Darauf beruhen die Probleme des Begreifens der biblischen Botschaft. Es ist dies mit Sicherheit auch der Grund, daß viele Menschen den Inhalt nicht mehr verstehen.

Deshalb ist die Geschichte vom Jüngsten Gericht ein verhängnisvolles Mißverständnis. (Der Begriff ›jüngst‹ nimmt im **mara**-Denkmodell den Stellenwert von ›jetzt‹ ein.)

A 11 Das Jüngste Gericht

Versuchen Sie bitte - logisch - zu denken, und Sie werden eine gewaltige Revolution ihre Denkens erzeugen:

Der gestrige Tag ist der vergangene Tag - also die Vergangenheit

Der morgige Tag ist der kommende Tag - also die Zukunft

Der heutige Tag ist die Gegenwart - also der jüngste Tag

Zwangsläufig ist also das Jüngste Gericht das, was ständig vorhanden ist,

An einer anderen Stelle dieser Ausführungen sprach ich von der Qualität des TUNS. Das bedeutet im Zusammenhang mit dem Jüngsten Gericht: Ist das, was ich im Moment tue oder rede, von mir zu verantworten und stimmt es mit meiner innersten Überzeugung überein, habe ich das Jüngste Gericht bestanden.

Ist in der Bibel die Rede davon, daß wir am Jüngsten Tag auferstehen werden, dann bedeutet das: in dem Moment, in dem ich das Jüngste Gericht bestanden habe, auferstehe ich. Das heißt

Auferstehung im Sinne von sich selbst sein - die eigene Wahrhaftigkeit zu erfahren, die Verantwortung für die eigene Weltsicht verantwortlich zu erleben und eventuell etwas von seinem Selbst zu erfahren. Das bedeutet die momentane Verbindung des Bewußtseins durch die Para- und Herisigien hindurch zur holistischen Ebene. Dann ist der Kontakt zu meinem Selbst wieder entstanden. Es geht also um die Verantwortung des Menschen als Repräsentanten der holistischen Ebene. Diese Ebene ist die Ebene der ›Christussituation‹. Jeder Mensch, der Zugang zu dieser Ebene gefunden hat, wird begreifen, daß er eine Verantwortung dieser Ebene gegenüber hat. Verantwortung bedeutet, daß er die Ganzheit zu vertreten hat und nicht einen abgespaltenen Teil, z.B. Egozentrik.

Setzt er sich intensiv mit dieser Thematik auseinander, wird ihm auch bald bewußt werden, daß er seine Wirklichkeit selbst konstruiert. Bei dieser Konstruktion muß er projizieren. Er kann nur Inhalte von sich selbst projizieren, also seine Zustandsform in Bezug zur holistischen Ebene und zum ›Christusgedanken‹. Gleichgültig auf welchem Entwicklungsstand er angelangt ist, wird er, sobald er bewußt um die holistische Ebene und den Christusgedanken weiß, den Mitmenschen nicht mehr schaden können.

Weshalb? Da der Mensch ein Teil des Ganzen ist und somit gleichzeitig das Ganze selbst ist, wird er in dem Moment, wo er Gewalt gegen andere anwendet, ureigentlich Gewalt gegen sich selbst anwenden, somit sich selbst schädigen. Das bedeutet, daß er sich selbst von der Verbindung zur holistischen Ebene abschneidet.

Macht der Mensch sich diesen Zusammenhang bewußt und handelt weiter so, ist das als Masochismus zu bezeichnen. Handelt ein Mensch so, dann zeigt er dadurch nur, daß die Rückbindung zur holistischen Ebene und zur Christussituation nicht mehr bewußt ist. Er wird jedoch immer wieder Impulse erhalten, welche ihm die Möglichkeit einer positiven Veränderung signalisieren. Auch da hat der Betroffene die Freiheit, diese Impulse abzulehnen oder anzunehmen, was er übrigens nur vor sich selbst zu verantworten hat.

Es gibt jedoch durch die Feststellung, daß es auf der holistischen Ebene keine Wertung gibt, in keinem Falle eine Legitimierung von Gewalt oder Machtanwendung. C.G. Jung zeigt auf, daß der

Mensch sich ›seinen‹ Gott projiziert, er also selbst Gott ist. Könnte er das annehmen und verstehen, könnten keine Gewaltanwendungen mehr stattfinden. Der kirchliche Gott, also der monotheistische, der richtet, kann durch sein ›Bodenpersonal‹ Sünden vergeben. Es genügt gemäß der Kirchenlehren ja lediglich der Glaube an Jesus Christus, damit jede Tat vergeben wird. Das hat zwangsläufig Krieg und Machtspiele zur Folge. Denn wo bleibt die Verantwortung für den Menschen? Er braucht keine, denn in dem Moment, da er im kirchlichen Sinne schuldig wird, wird diese Schuld in ihm gelöscht und er kann weiter sündigen. Die evangelischen Christen haben es in diesem Stück etwas, aber nur etwas schwerer. Dieses System ist die totale Machtausübung der Kirche über die Gläubigen. Kein Wunder, daß die katholische Kirche C.G. Jung als den Begründer des New Age beschreibt, denn das Ergebnis seiner Forschung entzieht ihr das Fundament.

A 12 Polarität

Wir alle leben auf der materiellen Ebene. Diese ist von Erscheinungen geprägt, die stets paarweise vorhanden sind. Sie sind aneinander gekoppelt: Hell und Dunkel beispielsweise. Wir können nur entscheiden, was hell ist, sobald wir wissen, was dunkel ist.

Weitere Polaritäten sind:

Freude - Trauer

flüssig - fest

groß - klein

Gesundheit - Krankheit

Wir benötigen stets eine Seite der Polarität, um die gegensätzliche erkennen zu können. Polaritäten haben eine Eigenschaft, die wenig bekannt ist. Die Verbindung zwischen den beiden Polaritäten ist vergleichbar mit zwei Gefäßen, die miteinander durch eine Röhre verbunden sind. (Kommunizierende Röhren)

Wird eine Röhre mit Flüssigkeit gefüllt, wird die andere über die sie verbindende Röhre zugleich gefüllt.

Wird analog dazu, eine Seite der Polarität sehr stark gelebt, steigt auch die Erlebnisfähigkeit auf der anderen Seite. Das ist bedeutsam für Menschen, die an Depressionen leiden. Durch sie wird die Trauer stark gelebt. Zwangsläufig wird dadurch die Möglichkeit groß, die Seite der Freude wieder so wie die Trauer intensiv zu erleben. Der Depressive hat zumeist selbst nicht mehr die Möglichkeit, die im Moment gelebte Seite der Polarität zu verlassen und benötigt Hilfe. Eine Hilfe kann beispielsweise die Hilfe durch BioPsychoSymmetrie-Therapeuten sein, die geschult sind, Menschen in die Mitte der Polaritäten zu bringen. Zu Beginn einer Behandlung besteht die Gefahr, daß der Depressive von einer extremen Polarität in die andere fällt und erst danach in der Lage ist, in die Mitte zwischen tiefer Trauer und überschäumender Freude zu geraten, also gesund zu werden.

Hierzu ein Beispiel:

Hans ist Industriekaufmann und Lisa Hausfrau. (Namen geändert) Sie ist aber auch Hauptkassiererin in einem renommierten Handball Club. Hans ist aktiv, durchsetzungsfähig, schlank und sportlich und gewohnt, schnell Kontakt zu knüpfen.

Lisa ist die andere Seite der Polarität. Sie ist rundlich, mütterlich, weich und sensibel. Lisa ist Hunderliebhaberin. Ihr Lieblingshund tröstet sie über lange Zeiten des Alleinseins hinweg.

Hans hat Erfolg und wird oft eingeladen; Lisa nimmt er auf Einladungen nicht mit.

Eines Tages wird Lisas Lieblingshund von einem Auto überfahren. Der Verlust erscheint Lisa unüberwindlich. Ihr geht es zuerst körperlich schlecht, dann fühlt sie sich, als wenn ihr die Decke auf den Kopf fällt.

Lisa gerät immer tiefer in eine Depression, die eineinhalb Jahre anhält. Nach der zweiten Sitzung mit der **mara**-BPS-Anwendung steht sie lachend auf, umarmt mich, und Tränen des Glücks laufen ihr übers Gesicht.

Es sei alles vorbei, strahlt Lisa. Nach der dritten Sitzung lacht Lisa ähnlich wie zuvor. Einen Tag nach dieser Sitzung ruft ihr Mann und sagt, daß seine Frau die Depression wieder habe.

Ich schiebe schnell einen Zwischentermin ein. Nach der vierten Sitzung erscheint Lisa ausgeglichen, sie ist nicht mehr euphorisch, sondern macht einen sachlichen, ruhigen Eindruck. Nach weiteren Sitzungen war die Depression aufgelöst. Lisa hatte nach drei Jahren nur noch verschiedene Stimmungstiefs, jedoch keine Depressionen mehr.

A 13 Polarität am Beispiel des Lichtes

Analoges Denken - Reduktionistisches Denken

Raum - Zeit

Korpuskel - Welle

Rechte Gehirnhälfte - Linke Gehirnhälfte

Linkes Auges - Rechtes Auge = Stereo

Linkes Ohr - Rechtes Ohr = Stereo

A 14 Polarität und Esoterik in der Bibel

Die im Thomas-Evangelium angesprochenen Grundsätze sind wortgleich mit den Inschriften der Smaragd-Tafeln des Hermes Trismegistos. Hermes wurde neben religiös-philosophischen auch Schriften über Alchemie zugeschrieben. Die berühmteste ist zweifelslos die Tabula Smaragdina, in der er als Erfinder der alchimistischen Kunst spricht: »Itaque vocatus sum Hermes Trismegistos, habens tres partes philosophiae totius mundi, und so werde ich Hermes Trismegistos genannt, denn ich habe alle drei Teile der Weisheit dieser Welt inne.«

Die berühmtesten Worte der Tabula jedoch sind: »Was unten ist, ist wie das, was oben ist, und was oben ist, ist wie das, was unten ist, zur Vollendung der Wunder eines einzigen Dings.«

Dazu das 7. Wort in einer Fassung aus der Zeit des Yalentin Andreae: »In Summa Sterge durch großen Verstand von den Erden gen Himmel / und von dannen wiederum in die Erde / und bringen die Kraft der öbern und untern Geschöpff zusammen / so wirst du aller Welt Herrlichkeit erlangen: Dannenhero auch kein verächtlicher Zustand mehr um dich sein wird.«

»Dieses hermetische Prinzip der Entsprechungen will zum Ausdruck bringen, daß eine gesetzmäßige Übereinstimmung und Analogie bestehe zwischen den verschiedenen Erscheinungsebenen des Lebens und seiner vielfältigen Formen im Rahmen der ganzen, gedanklich erreichbaren Schöpfung. So basiert, nach Impel, der tiefere Gehalt jeder chemischen Arbeit auf der Übertragung geistig-philosophischer Erkenntnisse und Errungenschaften auf die wandelbaren Materien der stofflichen Welt.[66]

A 15 Polarität in der Bibel

Jesus sagte zu seinen Jüngern: »Wenn ihr die zwei zu eins macht und wenn ihr das Innere wie das Äußere macht und das Äußere wie das Innere und Obere wie das Untere und wenn ihr das Männliche und Weibliche zu einem Einzigen macht, damit das Männliche nicht männlich und das Weibliche nicht weiblich ist, wenn Ihr Augen anstelle eines Auges macht und eine Hand anstelle einer Hand und einen Fuß anstelle eines Fußes, ein Bild anstelle eines Bildes, dann werdet ihr ins Reich eingehen.[67]

Gelingt es, in die Mitte der Polaritäten zu kommen, ergeben sich ungewöhnliche positive Lebensqualitäten. Die Mitte der Polaritäten bedeutet gleichzeitig die Aufgabe der linearen Zeitebene. Dadurch wird das Erleben mehrdimensional. In der Mitte der Polarität nimmt der Umfang der spirituellen Energie zu.

A 16 Polarität und Wahrnehmung

Betrachten wir dieses Feld am Beispiel des Hörens. Hören wir nur mit einem Ohr, können wir keine Raumfülle vernehmen. Hören wie hingegen mit beiden Ohren, eröffnet sich für uns der volle Raumklang. Mittels eines einfachen Versuches läßt sich dies überprüfen: Halten Sie ein Ohr zu und nehmen möglichst bewußt wahr, was und wie Sie hören. Danach öffnen sie das Ohr; Sie werden erstaunt sein, was Sie zu hören vermögen.

Für diesen Versuch genügen die allgemeinen Umfeldgeräusche. Am besten ist es allerdings, den Versuch in einem Wald zu machen oder an einem rauschen Bach. Durch das Hören mit nur einem Ohr können Töne ab 200 Hertz nicht mehr dreidimensional gehört werden. Wird nach einer Gewöhnungszeit von ca. 3 Minuten das verschlossene Ohr geöffnet, so erscheinen die Geräusche plötzlich extrem durchsichtig. Wie kann das erklärt werden? In dem verschlossenen Ohr werden die Haarzellen (sekundäre Rezeptoren) während der Abschirmung von Umfeldgeräuschen in ihrem elektrischen Potential verändert. Jede dieser Haarzellen besitzt wiederum 100 Stereozillen. Insgesamt

---

66. Thorwald Dethlefsen: Schicksal als Chance, Seite 27; Goldmann Verlag
67. Friederich Weinreb: Das Buch Jona, Seite 222; Rascher Verlag Zürich 1970

hat ein Ohr ca. 25000 Haarzellen und somit 2 500 000 Stereozillen. Bei normalem Geräuschpegel beträgt das meßbare elektrische Potential (Zellpotential) 20-150 mV. Bei Ruhe kann ein Zellpotential von 40-70 mV gemessen werden. Diese Potentiale werden gegenüber dem Zellinneren gemessen, das den Negativpol bildet. Zwangsläufig ist das elektrisch meßbare Potential zwischen dem nicht verschlossenen und dem verschlossenen Ohr groß. Wird das verschlossene Ohr geöffnet, dann bewirkt der hohe Potentialunterschied eine Art Sensibilisierung gegenüber dem räumlichen Hören, das ja nur über das Zusammenspiel der Reize beider Ohren entsteht. Stimmen erscheinen bei diesem Versuch klangvoller.

Ähnliches können Sie beim Sehen erleben. Möchten Sie diese Erfahrung intensiv erleben, benötigen Sie hierfür einen View-Master-Sterobetrachter und dazu zwei, drei Bildscheiben. Betrachten Sie diese Scheiben, ohne das Gerät wegzunehmen und danach z. B. eine Zimmerpflanze oder einen nahen Gegenstand: Sie werden plötzlich bewußt räumlich sehen.

A 17 Der Zufall

Ich sitze in meinem Zimmer und unterhalte mich mit einer Bekannten, die uns seit zwei Jahren nicht mehr besucht hat. Dabei fällt mir ein Freund ein, den ich seit längerer Zeit nicht mehr gesehen habe. Als das Gespräch auf ihn kommt, klingelt plötzlich das Telefon. Wer sich meldet, ist der Freund, von dem ich sprach, Sebastian. Er sagte mir, daß er gerade in seinem Büro sei und daran dachte, uns wieder einmal anzurufen. Es stellte sich heraus, daß wir uns vor drei Jahren das letzte Mal gesehen hatten.Solch Erlebnis ist bestimmt nicht selten. Zumeist werden sie nicht sonderlich beachtet, oder wir vergessen sie wieder. Das beruht darauf, daß wir nur das bewußt wahrnehmen können, auf das wir unsere Aufmerksamkeit lenken.

War das Ereignis nun Zufall oder etwas anderes?

Was ist eigentlich ›Zufall‹?

Ist das, was wir Zufall nennen, eine magische Dimension?

Als magisch bezeichnen Menschen oft Dinge, die sie sich nicht erklären können. Magisch zugegangen scheint es erst bei Zufällen wie etwa dem historisch belegten Todeszyklus amerikanischer Präsidenten zu sein.

Von 1840 bis 1960 ist jeder amerikanische Präsident, der im Abstand von 20 Jahren gewählt wurden, im Amt gestorben:

- Harrison (Wahl 1940)
- Lincoln (1860)
- Garfield (1880)
- McKinley (Wiederwahl 1900)
- Harding (1920)
- F. D. Roosevelt (Wiederwahl 1940)
- J. F. Kennedy (1963)

Der 9. November war schon dreimal ein geschichtlich entscheidender Tag in Deutschland:

- Am 9. November 1918 dankte Kaiser Wilhelm II ab, nachdem die Heeresleitung den Krieg verloren gegeben hatte.
- Philipp Scheidemann sowie Karl Liebknecht riefen in Berlin die Republik aus.
- Am 9. November 1989 öffnete die DDR die Mauern, die seit 1961 das Land von der BRD trennte.

Noch unheimlicher sind die ›zufälligen‹ Übereinstimmungen zwischen Lincoln und Kennedys Leben und Sterben:

- Beide Präsidenten wurden im Jahr 46 ihres Jahrhunderts in den Kongreß gewählt.
- Lincoln hatte von seinem Sekretär den Rat erhalten, nicht ins Theater zu gehen. Er tat es dennoch und wurde dort erschossen.
- Auch Kennedys Sekretär (er hieß Lincoln!) hatte seinem Chef davon abgeraten, nach Dallas zu reisen. Er tat es doch und wurde dort ermordet.
- Beide Präsidenten wurden durch einen Schuß von hinten getötet, und beide Male erfolgte dies in Gegenwart ihrer Ehefrauen.
- Die Attentäter handelten möglicherweise auf Geheiß einer Organisation, was jedoch nie aufgeklärt wurde.
- Beide Attentate waren von Hellsehern vorausgesagt worden. Beide Nachfolger der Ermordeten hießen Johnson.

Gleichgültig, welche Versuche der Mensch unternimmt, solche Zufälle zu erklären, er kann nie genau sagen, wie derlei Zufälle zustande kommen, die in der Psychologie von C.G. Jung ›Synchronizität‹ genannt werden.

Wichtig ist nur, daß wir merken, daß es so viele dieser Zufälle gibt, daß es kaum möglich ist, solche Vorgänge als nur zufällig im üblichen Sinne zu bezeichnen. Haben Sie bitte wieder den Mut, sich mehr fallen zu lassen als früher. Was wir als Zufall bezeichnen, fällt uns aus den tiefen Schichten des Unbewußten zu, denn dort sind alle Erfahrungen von der Zeugung bis zum heutigen Tag gespeichert. Aus diesem riesigen Erfahrungsschatz erhalten wir einen absolut treffenden ›Rat‹ – den Zufall. Stellen wir unser Bewußtsein darauf ein, daß es eine Dimension gibt, die uns offensichtlich im richtigen Moment den richtigen Zufall zuspielt.

Versuchen Sie, die Zufälle wieder in das Tagesgeschehen bewußt hineinzunehmen, und sie werden feststellen, daß Sie viele Handlungen und Situationen leichter bewältigen.

Unter dem Titel: ›Die Zukunft bestimmt den Menschen, die Vergangenheit den Weg‹ habe ich beschrieben, daß es die Zukunft von uns allen ist, daß wir wieder wir selbst werden. Zufälle sind sichere Hinweise auf das ›Richtige‹, um den kürzesten Weg zu sich selbst besser erkennen zu können.

Mit dem Einzug der Chaosforschung wurde schnell und mit wissenschaftlicher Akribie nachgewiesen, daß die Wirklichkeit der Natur und dieser Welt sowie der menschlichen Existenz Dimensionen aufweist, die äußerst ungenügend mit dem linearen Denken erfaßt werden können. Somit hat sich der Wissenschaftsbegriff grundlegend geändert.

Die Tiefenpsychologie, die Traumpsychologie, die Werbe-Psychologie dürften nach den Modellvorstellungen Newtons überhaupt keine Wissenschaft sein. Genauso wäre die Theologie lediglich im Bereich der Geschichtsforschung (Quellenanalyse) und im Bereich philologischer Aspekte gerade noch als Wissenschaft zu bezeichnen.

Newton äußert sich sinngemäß: »Wir müssen nur genau messen, dann können wir die ganze Welt verstehen.« Spätestens seit Hawking mußte das jedem wissenschaftlich Denkenden klar geworden sein, daß in der Wissenschaft ein neues Denken Einzug gehalten hat. Die Situation der Wissenschaften hat sich gewaltig verändert. Heute ist das analoge Denken selbst in den klassischen Wissenschaften, z.B. der Experimentalphysik, weit verbreitet.

A 18 Anmerkungen zur Ernährung

Essen ist eine sehr wichtige Tätigkeit. Wichtig deswegen, weil dadurch dem Körper lebensnotwendige Energie zugeführt wird. Was ist demzufolge ›richtige‹ Ernährung?

Tief in uns ist eine ›Intelligenz‹, die die Vorgänge der Nahrungsumwandlung steuert. Diese Intelligenz steuert alle Lebensvorgänge. Diese Vorgänge sind sehr kompliziert, und es entdecken Forscher stets neue Aspekte, die die bio-chemischen Vorgänge in immer differenzierter Weise aufzeigen.

Bis heute ist es der Wissenschaft stets nur gelungen, Teilaspekte darzustellen. Eine Gesamtschau ist bis zum heutigen Tag noch nicht möglich. So wurde zum Beispiel der Diabetes, also die Zuckerkrankheit, als Insulinmangel diagnostiziert und beschrieben. Neuere Erkenntnisse zeigen, daß es sich in Wirklichkeit um einen Enzymmangel in der Körperzelle handelt. Durch das teilweise fehlende Enzym kann der Zucker in der Zelle nicht abgebat werden. Behandlungen mit dem entsprechenden Enzym bestätigten diese Erkenntnisse.

Die perfekte Funktion und das unglaublich präzise Zusammenspiel der vielseitigen Prozesse muß den Schluß nahelegen, daß eine Art Intelligenz die Abläufe steuert.

Der Physiker Alan Brown sagt: »In jedem Menschen ist eine Superintelligenz verborgen.[68]

In jedem Menschen ist eine solch absolut präzis funktionierende Superintelligenz, die schnell optimal auf alle Anforderungen reagiert. Solche Superintelligenz funktioniert auch bei der Auswahl von Speisen. Sie meldet sich in Form einer inneren Stimme oder eines Empfindens.

Diese Erfahrung können wir machen, sobald es uns gelingt, auf eine „tiefe Bewußtseinsstufe" zu kommen.

Das heißt, die sogenannte Alphastufe zu erreichen.

---

68. Jane E. Charon: Komplexe Relativitätstheorie, S. 102 12/88 Goldmann

Es gibt verschiedene Bewußtseinstufen.

Bewußtseinsstufen

Die **Betastufe**, die mit 15-30 Hertz (Gehirnfrequenz) bei 50 µV schwingt, zeichnet sich durch ein nach außen gerichtetes Bewußtsein aus. Das logisch-rationale Denken, auch digitales Denken genannt, ist auf der Betastufe gut möglich.

Die **Alphastufe**, die mit 4-7 Hertz bei 100 µV schwingt, zeichnet sich durch ein sogenanntes inneres Bewußtsein aus: Halbschlaf mit Träumen (Tagträumen), optimales Gedächtnis und Erinnerung, schöpferische Ideen, entspannter und zentrierter Zustand.

Die **Thetastufe** ist die Stufe des Schlafes, der Erholung der im Wachzustand verbrauchten vitalen Kräfte.

Die **Deltastufe** mit einer Frequenz von 1-5 Hertz bei 200 µV Spannung ist die Stufe des tiefen Schlafes mit grundlegender Regeneration von Körper und Gehirn. (Nach der Antroposophischen Philosophie verlässt auf dieser Stufe die Seele den Körper, um an anderen Orten Erfahrungen zu machen und Kontakte aufzunehmen.)

Wie komme ich auf die Alphastufe?

Es gibt speziell dafür komponierte Musik. Sehr gut funktioniert es, sobald Sie Largomusik z. B. von Händel hören. Sie können jedoch beim Autor nach speziell dafür komponierte Musik fragen.

Auf der Alphastufe haben Sie besseren Zugang zur „Inneren Stimme" als im **Beta** Zustand.

Diese innere Stimme läßt uns bestimmte Speisen begehrenswert und andere uninteressant erscheinen. In jedem Menschen ist die sogenannte Superintelligenz. Die Frage ist nicht, ob sie vorhanden ist oder nicht, sondern in welchem Umfang der Mensch zu ihr Zugang hat. Praktisch bedeutet dies: Sind die Impulse so stark, daß sie die Bewußtseinsschwelle überspringen können oder nicht? Wie kann der Mensch Parasigien und Herisigien auflösen, damit die Impulse durch sie nicht abgeschwächt werden? Selbst sogenannte Fehlentwicklungen im genetischen Bereich müssen nicht unbedingt mit der inneren Intelligenz zu tun haben.

Von vielen Behinderten wissen wir, daß sie durch die körperliche Eingrenzung andere Ausdehnungen erfahren können. Sie lernen oft kompensatorisch Fähigkeiten zu entwickeln, welche für Nichtbehinderte nicht nachvollziehbar sind.

Eine stark Sehbehinderte hat z. B. gelernt, mit den Ellenbogen Farben zu erspüren und vollbringt das mit erstaunlicher Genauigkeit. Die Frage, weshalb ein Mensch eine Behinderung erfährt oder nicht, ist rein der Spekulation überlassen. Die Esoterik hat es damit leicht: Der Grund für die Behinderung werde im vorherigen Leben gelegt, so Thorwald Dethlefsen.

Ein gutes Beispiel für die Funktion der inneren Stimme ist die Jungfrau von Orelans. Sie hatte ihr Erfolg und Ruhm verschafft. Als es um den Scheiterhaufen ging, versagte offensichtlich die innere Stimme.

Die Frage kann nicht sein, ob es die innere Stimme gibt oder nicht, sondern die Frage muß lauten, weshalb kann sie A vernehmen und B nicht? Oder anders gesagt: Warum sind die Impulse bei einem Menschen stark und beim anderen schwach? So gefragt, verwechseln wir die Wahrnehmung mit der Bewußtwerdung. Jeder Mensch erhält die Impulse, nimmt sie wahr, aber nicht jeder bekommt sie in das Bewußtsein, denn das ist von der Bewußtseinsschwelle abhängig.

Die Stärke der Impulse hängt nach dem **mara**-Denkmodell direkt mit den Parasigien und Herisigien zusammen und der Einstellung des Menschen. Die Frage ist, ob er den Impulsen vertraut oder mißtraut. In Sachen Ernährung kann man sagen, daß die wirklich richtige Ernährung ausschließlich am wirklichen Bedarf des Körpers orientiert ist. Kinder wissen das noch sehr genau. Entscheidend ist, daß wir die innere Stimme wieder in uns hörbar werden lassen. Wir Erwachsenen sprechen schnell von einem Zufall, sobald etwas geschieht, was durch die innere Stimme gesagt wird, aber diese Informationen nicht hören und nur die Auswirkung erleben.

Alle Ernährungskonzepte, die als gesund angeboten werden, sind Denkmodelle, welche im Kopf von Menschen entstanden sind. Da Menschen aber niemals das Niveau der inneren Superintelligenz erreichen können, müssen zwangsläufig alle von Menschen erdachten Ernährungskonzepte an der innere Wirklichkeit vorbeigehen und damit nicht der Gesundheit dienen.

Noch eine interessante Beobachtung können wir aus unserer Praxis berichten. In über acht Jahren intensiver Auseinandersetzung mit Menschen haben wir immer wieder feststellen können, daß Ernährungsapostel oder übertrieben ernährungsbewußte Menschen mit nicht gelösten Mutterkonflikten zu tun haben.

Es ist möglich, daß ein unbewußtes Machtstreben der Mutter sagen möchte: »Ich ernähre mich richtig - das, was Du uns beigebracht hast, ist falsch.«

A 19 Was ist eigentlich normal?

Normal scheint das zu sein, was die Statistik als Durchschnittswert ansieht. Wenn zwanzig Menschen sagen, daß man Schnekken nicht essen kann, und fünf Menschen meinen das Gegenteil - dann wäre das Ergebnis, daß 12,5 Menschen meinen, daß man Schnecken nicht essen kann.

Ein anderes Beispiel: Statistisch gesehen sterben 82,5% aller Menschen im Bett, d.h. es wäre normal, daß der Mensch im Bett stirbt. Andererseits heißt das aber auch, statistisch gesehen, daß das Bett eine gefährliche Einrichtung ist, da darin 82,5% aller Menschen sterben. Die normale Folgerung wäre, daß man sich nicht ins Bett legen sollte.

Die Normen der Gesellschaft versuchen, den Menschen zu einem Durchschnittsmenschen zu machen, also zu einem Menschen, der möglichst wenig auffällt. Daraus entwickelt sich eine Dankbarkeit, die andressiert ist und der Mensch dann wirklich wie ein dressiertes Zirkuspferd reagiert, sich verbeugt, um Beachtung zu finden. Beim Zirkuspferd ist es das Stück Zucker, beim Menschen das Wort ›danke‹.

Das hat für viele Menschen zwangsläufig fatale Folgen. Es wird mit zunehmendem Alter der Mut geringer, die Normalität zu verlassen.

Es gibt einen Spruch, den ich mir sehr gut gemerkt habe und dessen Ursprung ich leider nicht genau kenne. Meines Wissens wird er Schopenhauer zugeschrieben. »Wir brauchen wieder ein paar Verrückte, um das ertragen zu können, was uns die Normalen eingebrockt haben.«

Ein weiteres Beispiel. In der Höhlenzeit vor etwa 500 000 Jahren lebten die Menschen in erster Linie in der Höhle, denn sie bot ihnen Schutz vor wilden Tieren. Das Kind, das den Mut fand, die Höhle zu verlassen, um neue Jagdgründe zu erkunden, konnte die Welt verändern. Durch seine Sicht, die zwangsläufig anders sein mußte als die der Menschen, die immer in der Höhle wohnten, konnte es die Welt verändern.

Das Kind, das die Höhle verlassen hatte, war also verrückt, weil es sich nicht nach der Norm, nach dem Normalen richtete. Der Verrückte hat einen großen Vorteil, er selbst bemerkt nicht, daß er verrückt ist, nur sein Umfeld bemerkt es.

A 20 Was ist eigentlich Wirklichkeit?

In den alten Sprachen des Nordens wurde das Wort „Wirklichkeit" mit „würken" wie „werken" in Verbindung gebracht. Also können wir sagen, daß das, was wir als Wirklichkeit bezeichnen, von uns durch Werken, also TUN entsteht.

Ein jeder Mensch besitzt eine eigene Wirklichkeit, d.h. eine eigene Sicht von den Dingen. Das meint praktisch: für den einen stinkt der Käse, für den anderen ist es ein appetitanregender Duft.

Beispielsweise ist Schweiß für manche Naturvölker, wie die Bewohner des Tschad, ein stark anregendes Mittel, das ein starker Auslöser für sexuelle Aktivitäten ist. In Deutschland hingegen wird Schweißgeruch als lästig und als Zeichen der Ungepflegtheit empfunden.

Eine anderes Beispiel: In Island gilt das Fleisch angefaulter Stachelrochen und Haifische als Delikatesse. Dieses Fleisch stinkt unglaublich nach Aas. Wir haben auf einer Schiffsreise solch Fleisch serviert bekommen, und für uns stank es abscheulich. Wir überwanden uns jedoch und haben es verzehrt, und es schmeckte wunderbar.

Ein weiteres Beispiel: Meine Frau war Berufsberaterin und dadurch in einen großen Industriebetrieb gekommen, um mit dem Chef eine Verhandlung zu führen. Die Sekretärin unterhielt sich mit meiner Frau und bemerkte dabei, daß sie erst spät den Sinn des Lebens entdeckt habe. Meine Frau lehnten den angebotenen Kaffee mit der Begründung, daß sie ihn nicht vertrage, ab.

In der Zwischenzeit trat der Chef ein und meine Frau führte das Verhandlungsgespräch. Nachdem es beendet war, fragte die Sekretärin meine Frau, ob sie noch einen Moment Zeit hätte. Im darauf folgenden Gespräch erzählte sie, daß sie ein medizinisches Medium sei und beschrieb meine damalige gesundheitliche Situation sehr präzis, obwohl sie mich niemals gesehen hatte. Sie berichtete vom Umgang mit der Wünschelrute und weiteres mehr.

Meine Frau war völlig überrascht und lud sie ein, uns zu besuchen, damit sie mit mir über meine gesundheitliche Situation reden könne.

Meine Frau wußte natürlich sehr genau, daß ich mich zu diesem Zeitpunkt nur auf das Meßbare und nicht auf Vermutungen verließ.

Der Tag kam, als uns Frau Seyfer (Name geändert) besuchte. Sie brachte einen ganzen Packen fotokopiertes Material mit und überreichte es uns mit der Bemerkung, daß wir es durchlesen sollten, dann erhielten wir Zugang zu dem, was sie zu sagen habe.

Meine Verblüffung war groß, denn damit hatte ich nicht gerechnet. Wie konnte diese Frau wissen, daß ich nur von Ergebnissen wissenschaftlicher Messungen überzeugt war? Das war jedoch erst des Beginn des Abenteuers mit mir selbst. Nach einem längeren Gespräch, bei dem mir Frau Seyfer erläuterte, was unter Global-netzgitter, Wasseradern und Erdverwerfungen zu verstehen war, empfand ist, daß dies in gewisser Weise absurd war. Da war eine Frau, die von Dingen berichtet, die es für mich nicht geben konnte. Skeptisch hörte ich ihr zu, was sie alles berichtete. Entscheidend war für mich dann der Versuch, erst einmal mit der Wünschelrute durch das Zimmer zu gehen und zu prüfen, ob sie bei mir ausschlug. Ich war mir sicher, daß sie nicht reagierte. Täte sie es doch, wäre dies das Ende meiner damaligen Weltsicht gewesen.

Frau Seyfer gab mir die Wünschelrute in die Hand. Ich durchmaß den Raum diagonal. Die Rute lag so fest in meinen Händen, daß die Handinnenflächen weiß waren.

Plötzlich geschah das Ungeheuere. Ich weiß noch sehr genau, daß bei mir ein sehr ungemütliches Gefühl im Bauch entstand, das ich bis zu jenem Zeitpunkt nicht kannte. Später tauchte es dann wieder auf, als ich über glühende Kohlen schritt.

Die Wünschelrute schlug in meinen Händen aus! Das größte Erlebnis sollte aber erst noch kommen. Ich ging wieder in die Ausgangsposition zurück, und Frau Seyfert bat mich, ich solle mir den Begriff ›Wasser‹ vorsagen.

Ich dachte es fest und ging mit der Wünschelrute nochmals durchs Zimmer. Wieder war ein Ausschlag festzustellen. Nun meinte Frau Seyfer, ich solle mit das Wort ›Erdverwerfung‹ einprägen. Ich stellte mich darauf ein und schritt wieder das Zimmer ab. Die Wünschelrute schlug erneut aus. Diesmal war es jedoch eine andere Stelle. Ich war total irritiert. Ich sagte mir, daß wenn ich mir etwas fest vorstelle, sich meinem Gehirn etwas ereignet, was bestimmte Reaktionen hervorruft. Das beeindruckte mich zutiefst und stellte mein Weltbild sehr in Frage.

Es sollte also etwas geben, was die Wahrnehmung verändert, sobald man einen bestimmten Gedanken denkt? Das war für mich höchst beunruhigend und zugleich unglaublich faszinierend.

Von da an begann für mich eine grandiose Reise in mich selbst, und dieses Abenteuer ist wahrscheinlich das einzige, das der Mensch unserer Zeit noch erleben kann. Durch dieses Erlebnis wurde mir deutlich, daß das, was wir als Wirklichkeit bezeichnen, von uns durch ›Werken‹, also TUN, entsteht. Wobei unser TUN zugleich Denken ist.

In unseren Seminaren lehren wir ein Denken zu entwickeln, das erfolgreicher sein läßt. Erfolgreich bedeutet hierbei ein optimales Erleben und Reagieren.

A 21 Es gibt keine Schuld

Schuldempfinden kann immer nur dann entstehen, wenn ein Rechtsempfinden entwickelt wurde. Das wiederum ist abhängig von den Programmierungen und Verwicklungen, welche der betroffene Mensch erfahren hat. Was der Menschen erleben und erfahren kann, ist lediglich die Sichtweise, die ihm durch die Eingrenzungen seiner Verwicklungen möglich ist.

Die Gesetzesstrukturen wurden als Reaktion auf das ›Fehlverhalten‹, die Handlungen der mehr oder weniger neurotischen Menschen, entwickelt. Der Mensch kann aufgrund seiner Verwicklungen das Rechtssystem nur so erkennen, wie es sich ihm darstellt, also subjektiv, wobei er einen enormen Spielraum hat. Die Diskrepanz zwischen Rechtsauffassung und Rechtsrealität kann weit auseinandergehen.

Unter den Verwicklungen, oder bildlich gesprochen, innerhalb der Verwicklungen, ist das Selbst des Menschen. Dieses Selbst ist seine wirkliche Identität. So wie uns ein Mensch erscheint, ist er das Produkt der Verwicklungen mit je nach Entwicklung mehr oder weniger Anteilen des Selbst.

Das was, gesellschaftlich gesehen, als Persönlichkeit bezeichnet wird, ist in erster Linie eine Realisierung der Verwicklungen. Die Struktur der Verwicklungen ist partiell dem Bewußtsein zugänglich, ist also ein Teil der Verwicklungen und Programmierungen.

Auch die kirchliche Lehre von Sünde und Schuld sind Verwicklungen bzw. Programmierungen. Schuld kann im religiösen Bereich nur durch einen Erlöser, im Rechtsbereich der Gesellschaft durch Sühne getilgt bzw. aufgelöst werden.

Der Mensch kann durch Wissen um das Schuldempfinden und den Möglichkeiten der Schuldtilgung ein Rechtsverständnis und Rechtsempfinden entwickeln. Das kann schon durch die Erziehung mit Strafe und Anerkennung erfolgen.

Das Selbst ist, wie schon gesagt, durch die Verwicklungen ›eingesponnen‹. Der Kontakt und die Kommunikation mit seinem Selbst findet über Impulse statt.

Die Ebene dieses Selbst hat somit mit dem Rechtsempfinden und Rechtsverständnis nichts zu tun. Auf der Ebene des Selbst gibt es keine Schuld. Auf dieser Ebene wird über die innere Intelligenz der Mensch immer wieder in Situationen geführt, die es ihm ermöglichen, Verwicklungen zu erkennen. Der Sinn liegt darin, daß diese erkannt und dann aufgelöst werden können.

Dazu zitiert Paul Watzlawick: »Auf diesen Überlegungen aufbauend, formuliert der Spieltheoretiker Howard dann sein existentialistisches Axiom, das darauf hinausläuft, daß jemand, der sich einer sein Verhalten betreffenden Theorie bewußt wird, ihr dadurch nicht länger unterworfen ist, sondern es ihm freisteht, sich über sie hinwegzusetzen«. (›Die erfundene Wirklichkeit, S. 108)

Die Freiheitsbreite des Menschen ist, sich der sichtbar gewordenen Verwicklung zu ›unterwerfen‹ oder sich über sie hinwegzusetzen. Gleichgültig wie der Betroffene sich entscheidet, muß er die Folgen dieser Entscheidung tragen. Die Erfahrung zeigt, daß wenn er sich der Verwicklung erneut unterwirft, er immer wieder durch das, was im **mara**-Denkmodell innere Intelligenz bezeichnet wird, wieder in Situationen geführt wird, die ihn mit derselben Verwicklung konfrontieren. Das geschieht solange, bis er sich über die Verwicklung ›hinweggesetzt‹ (Howard) oder sie aufgelöst hat.

Das ist der Vorgang, der im **mara**-Denkmodell als Lernsituation bezeichnet wird und als die Ebene, wo es keine Schuld gibt. Schlimmstenfalls kann der Betroffene nur immer wieder seine Lernsituation solange provozieren, bis es keine Möglichkeit mehr gibt, der Lösung der Verwicklung auszuweichen.

Langzeitbeobachtungen und Lebenslaufanalysen haben ergeben, daß ein konstantes ›Hinwegsetzen‹ über Verwicklungen zu physischen Fehlfunktionen, also Erkrankungen führen kann. Durch die Verwicklungen ist der Mensch jedoch nur noch bedingt in der Lage, über Impulse mit seinem Selbst zu kommunizieren. Das Rechtsempfinden, aber in größerem Umfang noch das Rechtsverständnis richtet sich an Menschen, die überwiegend von ihren Verwicklungen bestimmt werden.

A 22 Schuld und christliches Denken

In dem Maße, wie wir in der Lage sind, die geistigen Dimensionen unseres Selbst zu erkennen, werden wir Christus verstehen, der sagt:

»Ich bin der Sohn Gottes und ihr seid die Kinder Gottes«

Das bedeutet nach meiner Auffassung: Wir alle sind Kinder Gottes und damit gleich. Es gibt keine Rangordnung oder hierarchische Gliederungen unter ihnen. Rangordnungen entstehen nur durch das Anlegen von Maßstäben. Praktisch bedeutet das: Es gibt auch kein Richtig oder Falsch. Auf der Stufe des Christusdenkens gibt es zwangsläufig keine Richtig und kein Falsch.

Alle Systeme, die Hierarchien aufbauen oder repräsentieren, sind nichtchristlicher Natur, weil sie das oben zitierte Christusdenken nicht in der Lebenspraxis anwenden.

Diese Christussituation hat für viele Menschen fatale Folgen, denn beherzigen sie dieses christliche Denken, können sie nicht mehr kirchlich denken. Kirchliches Denken ist angewandte Hierarchie.

Das christliche Denken läßt jedoch keine Hierarchie zu. Schuldempfinden kann nur dann entstehen, wenn feste innere Maßstäbe dazu verleiten, Menschen und Situationen an diesen zu beurteilen. Schuldempfinden entsteht dadurch, das der Mensch durch Anpassung an die Gesellschaft sein eigenes Ziel und seine eigene Stimme verleugnet.

Natürlich spielt auch das permanente Bemühen der sogenannten christlichen Kirchen und Gemeinschaften eine große Rolle, bei ihren Anhängern ein Schuldbewußtsein zu entwickeln.

Die Funktion der Kirchen sind nur vor dem Hintergrund der Schuldentstehung und Vergebung durch den Kirchenchristus möglich.

In einem Menschen Schuldbewußtsein zu erzeugen, bedeutet im Denksystem der Kirche, eine Abhängigkeit von dieser Organisation und ihrer Lehre aufzubauen.

Allein schon diese Tatsache ist unchristlich, da sie gegen das Christusdenken verstößt. Dieses Christusdenken haben die Kirchen innerhalb ihrer Organisation nie realisiert. Unter diesem Aspekt ist der Ausspruch Professor Küngs, daß die Kirche nach der Auflösung der Sowjetunion das letzte totalitäre System Europas ist zu bewerten. (Südwestpresse Ulm 1/1992) Die beschriebene Christussituation bedeutet letztlich, das was in der Bibel unter Liebe, also Agape, beschrieben wird.

A 23 Schuld und Alltag

Hinzu kommt noch ein weiterer Aspekt. Alles, was der Mensch erlebt, ist dazu da, daß er lernt.

Das Lernprogramm ist, wieder das Selbst soweit aus den Verwicklungen und Verschüttungen zu lösen, daß der Mensch ganz er selbst wird.

Ein praktisches Beispiel: In unsere Praxis kam eine Frau und erzählte folgendes: »Unsere Ehe war kaputt, wir standen kurz vor der Trennung. Im sexuellen Bereich hatten wir seit Jahren keine Beziehung mehr, und mein Mann hatte eine Freundin. Ich beschloß, eine Therapie zu machen und besuchte eine Gruppenveranstaltung, die sich ›Das Herz öffnen‹ nannte. Während ich dieses Seminar besuchte, kam es zu sexuellen Erfahrungen mit meinem Mann. Diese Erfahrungen waren für mich sehr vital. Als ich wieder nach Hause kam, erschien ich plötzlich für meinen Mann wieder begehrenswert. Es kam wieder zu sexuellem Kontakt, und seither leben wir wieder gut zusammen.«

Wer möchte dieser Frau oder ihrem Mann bei diesem Kurs Schuld zuweisen? Durch das unmoralische Verhalten beider Menschen wurde eine Ehe gerettet.

Die Frau hat aus dem Seitensprung, der unmoralischen Handlung, gelernt. Die ganze Situation war eine Lernsituation, doch Schuld ist auf keiner Seite entstanden. Versuchen wir, viele Lebenssituationen aus diesem Blickwinkel zu betrachten, dann stellen wir schnell fest, daß alle Situationen, die wie erleben, Lernsituationen sind. Deren Ziel ist es, immer mehr wir selbst zu werden. Das vorgenannte Beispiel zeigte, wie ›neurotisch‹ auch die Gesetze und Moralauffassungen sind.

Lernprozesse sind immer bezogen auf die Ebene des spirituellen Erkennens, das heißt, sich in der Verbindung zwischen dem holistischen System und der materiellen Existenz immer differenzierter wahrzunehmen. Leiden, Siechtum, machen uns das Verständnis für eine ›geistige Welt‹ deswegen schwer, weil bei den meisten Menschen noch die alte Vorstellung gültig sein dürfte, daß nur in einem gesunden Körper ein gesunder Geist wohnen könnte.

Die Definition der WHO von Gesundheit ist: Gesundheit ist nicht Fernbleiben von Krankheit.

In welchem Umfang kranke, behinderte Menschen die Ganzheitlichkeit als eine Gesundheit anderer Qualität begreifen oder sogar erleben, kann generell nicht gesagt werden. Beim wohl nachdrücklichsten Fall ›Hawking‹ ist von ihm ganz klar gesagt worden, daß er seine Erkenntnisse nur bekam, weil er krank geworden war.

In unserer Praxis gibt es den Fall einer seit vier Jahren an MS Erkrankten, die im Rollstuhl sitzt. Sie sagte, daß sie niemals Zugang zu ihrem inneren Wissen erhalten hätte, wäre sie nicht an den Rollstuhl gefesselt. Heute geht es mir gut.

A 24 Krankheit & Macht

Ich habe diese Überschrift bewußt in Form einer Firmenbezeichnung mit dem kaufmännischen &-Zeichen versehen. Beide - Krankheit und Macht - bilden oft eine verhängnisvolle Allianz.

Dazu ein Beispiel aus der Praxis:

Linda war in der Nachkriegszeit mit den Eltern nach Rußland verschleppt worden. Linda hatte eine sehr ereignisreiche Jugend verlebt. Die emotionelle Verbindung zu ihrem Vater war nach ihren Darstellungen sehr groß. Linda erbte das Auto ihres Vaters. Nach einem selbstverschuldeten Unfall mit dem Wagen fiel Linda in tiefe Depressionen.

Die Familie ist kirchlich orientiert und brachte der ›Kranken‹ viel Verständnis entgegen. Als die Depressionen zurückgingen, entwickelte Linda extreme Ansichten, die zumeist mit der Behandlung von Krankheiten durch die Schulmedizin zu tun hatten. Zum Verständnis dieser Entwicklung ist wichtig zu wissen, daß Lindas Vater Homöopath war.Linda entwickelte verschiedene Krankheitsbilder, die auf psychosomatische Ursprünge hinweisen.

Sie konsultierte Ärzte, und immer wurden neue Zusammenhänge sichtbar. Linda lehnte jedoch die Möglichkeit, daß psychosomatische Störungen vorlagen, ab.

Vom Amalgam im Gebiß bis zum Restphosphor aus einer früheren Phosphorverbrennung reichten ihre medizinischen ›Erkenntnisse‹. Psychosomatische Zusammenhänge lehnte Linda konstant ab.

Nach langen Jahren ihres Leidens ging es Linda besser, denn sie hatte sich in der Zwischenzeit intensiv religiösen Vorstellungen zugewandt.

Dann hatte sie sich um den Bereich Esoterik bemüht, und danach kam eine Phase, in der ›Gott‹ zu ihr sprach.

Sie vernahm in sich eine Stimme, die sie über das informierte, was wichtig für sie wäre und was nicht. So wurde sie zum Beispiel von ›Gott davor gewarnt, Kontakt mit mir zu halten. Alle ihre Aussagen waren nach ihren Angaben ›christlich‹. Diese christlichen Durchsagen waren ausschließlich darauf ausgerichtet, den ›un-christlichen Mann‹ als ›Nichtchristen‹ darzustellen.

Die wirklichen Gründe lagen indes darin, daß Linda über viele Jahre hinweg ein Haßempfinden gegenüber ihrem Mann entwickelt hatte, das sich in der Aussage »Wenn ich gesund wäre, würde ich dich verlassen« zeigte.Lindas Meinungen wurden immer radikaler. Diese Radikalität war nach Ansicht Lindas ›christliche Liebe‹. ›Christlich‹ in unserem Verständnis ist jedoch die Erkenntnis, daß es keine Radikalität gibt. ›Liebe‹ in unserem christlichen Verständnis bedeutet, daß ich den Menschen, mit dem ich zu tun habe, mit seiner momentanen Existenz ernst nehme.

Lindas Mann bemühte sich ernsthaft, zeit seiner Jugend nach christlichen Grundsätzen zu leben. Ohne tiefe christliche Überzeugung hätte er die lange Leidenszeit seiner Frau nicht durchhalten können. Deutlich zeigt sich, daß in der Entwicklungsgeschichte von Linda eine massive Machtanwendung manifest ist.

Mittels ihrer Depressison konnte Linda ihren Mann und Familie unter Druck setzen. Auch die späteren Krankheitsbilder offenbarten eine massive Ausübung von Macht und Machtanwendung. Durch falsch verstandende Liebe werden viele Anforderungen an den Kranken von ihm ferngehalten, weil er nicht belastungsfähig erscheint. Das ist für den Kranken eine bequeme Lebensform, denn er braucht sich nicht mit den Forderungen seiner Mitmenschen auseinanderzusetzen. Das Gesundwerden kann praktisch bedeuten, daß sich aber mit den alltäglichen Anforderungen auseinandergesetzt werden muß. Das kann für den Kranken sehr unbequem sein, und es kann die Flucht in die Krankheit die beste Möglichkeit bieten, den eigenen Machtanspruch zu befriedigen.

Das was Linda als Liebe empfand, ist in Wirklichkeit eine mit einem Deckmantel versehene Machtanwendung.

Krankheit ist ein großer Machtfaktor, und immer wieder erleben wir in der Praxis, daß Menschen ohne Machtmittel Krankheit schlecht zurechtkommen. Deshalb ist die erste Frage, die sich ein kranker Mensch stellen sollte die, ob er gesunden will, und wenn ja, mit allen Konsequenzen?

Die Lehre von den Zusammenhängen zwischen seelischen und körperlichen Symptomen werden als Psychosomatik bezeichnet. Eine entscheidende Überlegung ist hierbei, daß, wenn es stimmt, daß Krankheiten Äußerungsformen des psychischen und physischen Raumes sind, dies bedeutet, daß hier Möglichkeiten zur positiven (Ver-)änderung vorhanden sind.

A 25 Das holistische System

Unter diesem Begriff verstehen wir, daß im kleinsten Teilchen alles enthalten ist, d.h. alle Informationen über alle Erscheinungen des Kosmos' und dieser Welt. ›Holistisch‹ stammt aus dem Griechischen und bedeutet soviel wie ›vollkommen, unversehrt‹,

Der Begriff hat mit den Hologramm zu tun. Ein Hologramm ist eine Art Fotografie. Wird diese Aufnahme mit einem Laserstrahl projiziert, ist im Raum z.B. eine Obstschale. Diese Schale ist von allen Seiten räumlich zu sehen, d.h., wenn ich dahinter stehe, sehe ich im Obstkorb eine Banane liegen und dahinter eine Orange. Stehe ich vor der Obstschale, ist die Orange vorn und die Banane hinten. Betrachte ich die Obstschale von unten, dann sehe ich den Boden der Schale, jedoch kein Obst. Also eine von allen Seiten räumliche Projektion.

Zerbreche ich die fotografische Platte und nehme eine Quadratmillimeter heraus und projiziere dieses winzige Stück, dann ist die Obstschale wieder in voller Größe zu sehen und kann von allen Seiten räumlich betrachtet werden.

Dazu einige Zitate:

• Die Energie ist das Einzige-Eine (Turston)

• Alles Wissen ist Er-Innerung (Platon)

• Alles besteht aus der Kraft (Laotse)

• Ich weiß nur Eines, daß dieses Eine alles ist (Konfuzius)

• Aus dem Einen sind alle Dinge entstanden, alle Wesen geboren. Das Eine ist der Vater aller Wunder der Welt. Das Obere gleicht dem Unteren (Hermes Trismegistos, Smaragdtafeln)

- In All-Einen besteht alles (Apostel Johannes)

- Alles bist Du und nichts ist außer Dir (Mohammed)

- Alles ist Einheit. Die blühende Rose ist ein Ereignis der Einheit, und Du bist ein Ereignis der Einheit. Alle Dinge und Kreaturen sind die Einheit selbst. Jeder Stein, jedes Wesen ist der Einheit Sohn (Jap. Buddhismus)

- Die Einheit schläft im Stein, atmet in der Pflanze, träumt im Tier und erwacht im Menschen (Ind. Weisheit) [69]

Als kleinstes Teilchen werden die winzigen Bausteine der Materie bezeichnet. Daß im kleinsten Teilchen Informationen enthalten sind, können wir ganz einfach veranschaulichen: Der Samen eines Mannes wiegt ca. 0,00005 Gramm. Die Eizelle wiegt etwa das Doppelte. Aus der Vereinigung von Samen und Eizelle entsteht ein Mensch mit unglaublich komplizierten chemischen und psychischen sowie seelischen Abläufen.

Unter psychischen Abläufen verstehen wir im **mara**-System die psycho-logischen Abläufe, sowie sie die klassische Psychologie zu sehen versucht. Unter seelischen Abläufen verstehen wir nach dem **mara**-System die psychologischen Abläufe mit spirituellen Inhalten. (Psyche = Seele!)

Betrachten wir nur die kaum vorstellbaren Komplexität des Abwehrsystems des Menschen.

Vielleicht können wir uns eine Vorstellung davon machen, wenn wir wissen, daß die Menschen bis jetzt keinen Computer gebaut haben, der die Masse von Informationen verarbeiten könnte, die notwendig sind, um diese Aufgabe auch nur annähernd erfüllen zu können.

In diesen kleinen Teilchen, die im Verhältnis zum Elektron noch sehr groß sind, werden also sehr umfangreiche Information gespeichert.

Die kleinsten Teilchen der Quantenphysik sind noch Billionen mal kleiner als diese.Könnte der Mensch nur einen winzigen Teil mehr an Informationen in sein Bewußtsein bringen, würden die wundervollsten Dinge möglich werden.

---

69. Heim, Burkhard: Der kosmische Erlebnisraum des Lebens, Seite 174

Die Informationen haben dazu noch ein intelligentes Verhalten. Im **mara**-Denkmodell bedeutet ›Intelligenz‹ die Fähigkeit, Probleme zu lösen.

Die Informationen, die aus dieser Ebene freiwerden, sind immer darauf bedacht, daß es uns ›besser‹ ergeht. Darunter verstehe ich, daß der Betreffende wieder näher an sein Selbst herankommt, also Verwicklungen auflöst. Diese tief in uns liegende Intelligenz können wir wieder besser in das Bewußtsein bringen. Das geschieht über eine Veränderung der Gehirnfrequenz.

B BPS-Therapie

B 1 Einführung

Die Intensiv-Anwendung ist die ursprüngliche Form der BPS-Therapie.

Der Patient liegt auf einer bequemen Unterlage und wird in eine tiefe Entspannung geführt. Diese wird auf folgende Weise erreicht: Durch die Wirkung der speziellen BPS-Entspannungsmusik mit niedriger Taktfrequenz in Verbindung mit einer bestimmten Abfolge von ruhigen, zeitlupenartigen Bewegungen, die der Therapeut am Körper des Patienten ausführt.

Über die Musik sinkt die Gehirnfrequenz schrittweise auf die Alphastufe. Auf dieser Stufe erlebt der Patient alle Vorgänge bewußt mit, während sein Gehirn dem Körper tiefe Entspannung signalisiert.

Der Therapeut beginnt am Kopf mit extrem langsamen, sehr behutsamen Dehn- und Drehbewegungen, geht dann weiter zu Armen, Hüften, Beinen bis zu den Fußgelenken. Diese Bewegungen an den Gelenken können dazu führen, daß Verspannungen auf der Muskelebene gelockert werden und Körperflüssigkeit in den Gelenkspalt tritt, was als subjektive Erleichterung empfunden wird.

Das Prinzip der ungewohnt langsamen Bewegungen im Zusammenwirken mit der Musik erreicht, daß der Patient den zeitlichen Rahmen sowie den gesamten Bewegungsablauf nicht mehr wie üblich erlebt.

Er überläßt sich den Händen des Therapeuten und erfährt auf einer sehr tiefen Bewußtseinsebene etwas wie ›gehalten werden‹, ›getragen werden‹, ›aufgefangen werden‹ etc.Gleichzeitig orientiert der Therapeut das Tempo und Ausmaß völlig an der unbewußten Bereitschaft des Patienten, sich dieser Erlebnismöglichkeit anzuvertrauen, d.h. die Bewegungen werden so ausgeführt, wie es die unbewußte Struktur des Patienten erlaubt. Dieser ist insoweit nicht nur passiv, sondern erlebt sich neben dem Gehaltenwerden auch als derjenige, der sich ›offen‹, sich ›fallen lassen‹ kann usf.

Dieses Erleben hat auf der psychischen Ebene eine tiefgehende und angstauflösende, stabilisierende Wirkung. Parallel dazu zeigen sich auf der physischen Ebene positive Veränderungen, z.B. Beruhigung der Atmung und Entspannung der Muskulatur.

Dieses intensive Erleben kommt dadurch zustande, daß die genannten Bewegungen alle symbolisch-archetypischen Charakter haben, d.h. sie sind der primären Erfahrungsebene des Menschen entnommen und koppeln mit ihrer Botschaft daher direkt an das Unbewußte an.

Man kann hier von Ursymbolen sprechen, die dem Unbewußten jedes Menschen vertraut sind, egal welchen Alters oder welcher Kultur. Bei den verwendeten Symbolen handelt es sich ausschließlich um solche, die mit positivem Empfinden, wie z.B. Geborgenheit, Ruhe, Wärme u.ä. assoziiert werden.

Zwei Beispiele sollen näher ausgeführt werden:

Der Therapeut umfaßt den Hinterkopf des Patienten mit beiden Händen und hält ihn eine Zeit lang.

Diese Stelle des Körpers ist diejenige, die bei der Geburt normalerweise als erste Kontakt mit der Außenwelt erhält, da sie vom Geburtshelfer zuerst berührt wird.

Der Hinterkopf- und Nackenbereich ist auch die Stelle, an der ein Neugeborenes noch eine Zeitlang beim Hochheben und Halten unterstützt werden muß. Wenn dieser Bereich durch Berührung warm wird, signalisiert das den Tiefenschichten unseres Nichtbewußten Halt und Geborgenheit.

Das zweite Beispiel:

Der Therapeut führt ruhige Schaukelbewegungen an den Armen, Beinen und Hüfte aus. Dieses Symbol hat ebenfalls Bezug zur frühkindlichen Erfahrung - ein Säugling wird intuitiv geschaukelt, um ihn zu beruhigen. Diese Bewegung reicht sogar in die vorgeburtliche Zeit zurück, in der der Embryo im Körper der Mutter durch deren Bewegungen sanft geschaukelt wird.

Auch hier handelt es sich um eine ›Urerfahrung‹, die jeder Mensch aus seiner frühesten Lebensphase kennt und gleichermaßen positiv erlebt.

Urerfahrung

In dieser elementaren Phase lernt der Mensch durch solche selbstverständlichen Symbole über körperliche Erfahrungen, daß er sich in dieser Welt sicher und geborgen fühlen kann. Auf dieser Basis entwickelt sich z. B. ein stabiles Selbstwertgefühl.

Werden ihm z. B. diese Erfahrungen des Gehaltenwerdens und des Schaukelns nicht in ausreichendem Maße vermittelt, so können sich grundlegende Ängste und Fehleinstellungen dem Leben gegenüber verankern (z. B. höhere Streßbereitschaft), die wiederum, wenn sie nicht gelöst werden, zum Entstehen von Krankheitssymptomen bis hin zu chronischen Erkrankungen führen können.

Es kann angenommen werden, daß psychosomatische Krankheiten auf solche Defizite zurückzuführen sind. Man kann hier von unbewußten Krankheitsmustern sprechen, die ein Mensch im Verlaufe seiner Entwicklung bildet.

Gelingt es, diese Muster aufzulösen, können auch die dadurch bedingten Krankheitssymptome unter Umständen ganz behoben werden.

Hier setzt die BPS-Therapie an. Sie füllt unter anderem ein Defizit an Geborgenheit aus und wirkt damit direkt auf die Ebene ein, auf der Krankheiten mit psychosomatischem Hintergrund entstehen.

B 2 Ablauf der Intensiv-Anwendung

Die Intensiv-Anwendung besteht auf 31 Grundarten von Bewegungen an den Gelenken, Kopf, Armen und Beinen, die durch weitere Variationen, je nach Therapiesituation und Krankheitssymptom erweitert werden können.

Die intensive Wirkung beruht darauf, daß hier besonders nachhaltig mit den angstauflösenden Grundsymbolen gearbeitet wird. Die Dauer der Intensiv-Anwendung beträgt pro Sitzung ca. 25 Minuten.

Die Gesamtdauer der Sitzung mit wahlweisem Vor- und/oder Nachgespräch beträgt ca. eine Stunde.

Damit sich tiefgreifende, positive Veränderungen auf der nichtbewußten Ebene verankern können, empfiehlt sich eine Abfolge von 7 bis 10 Sitzungen innerhalb eines Zeitraums von mehreren Wochen.

Die Anwendung selbst ist nonverbal, um Suggestionen und Übertragungen auszuschließen, zudem würde Reden die ursprüngliche Erlebnisfähigkeit stören.

B 3 Wirkung beim Patienten

Der Patient kann während der Anwendung den gesamten Ablauf bewußt mitverfolgen, er kann die angenehme Musik genießen und spüren, wie sein Körper, ohne daß er etwas dazu tun muß, entspannter wird.

Das Erlebnis dieses äußeren Ablaufs wird von den Patienten als angenehm empfunden. Viele berichten, daß sie gut abschalten und zur Ruhe kommen können.

Auf der körperlichen Ebene registrieren manche Patienten, daß sich an einzelnen Körperpartien muskuläre Verspannungen auflösen, zum Teil auch solche, die vorher gar nicht bewußt wahrgenommen wurden. Es entsteht dadurch bei manchen Patienten zugleich ein intensiveres Empfinden für ihren Körper. Schmerzen, die durch muskuläre Verspannungen entstanden sind, können bei manchen Patienten relativ schnell gelindert werden.

Weitere Informationen über von Patienten berichtete Wirkungen sind in der Statistik enthalten.

Doch darüber hinaus gibt es noch die Wirkungen auf der nichtbewußten Ebene, und diese lassen sich überwiegend erst nach einigen Tagen oder bei mehreren Anwendungen im Laufe von Wochen feststellen. Dabei handelt es sich um die von vielen Patienten spürbare Langzeitwirkung bei der Verminderung von tiefen, unbewußten Ängsten und krankmachenden Mustern, so daß in vielen Fällen relativ schnell eine Verbesserung der psychischen und physischen Grundsituation erreicht werden kann. Während der Anwendung können vorübergehend auch Reaktionen auftreten, die von Patienten unangenehm empfunden werden, z.B. Frösteln, Schwitzen, Muskelzuckungen, Veränderungen des Atemrhythmus usw. (vgl. Statistik).

Verschiedentlich kam es bei Patienten zu einer Erstverschlimmerung, wie sie auch aus der Homöopathie bekannt ist.

• ca. 5% Einsetzen der Mensis nach ca. 24 Stunden.

• ca. 30% Auflösung der Muskelspannungen im Nacken- und Rückenbereich.

• ca. 30% starker Muskelkater

• ca. 22% starke Ermüdung

• ca. 14% machen teilweise keine verwertbaren Angaben (teilweise gibt es Doppelnennungen).

Weitere häufige Mitteilungen von Patienten nach BPS-Intensiv-Anwendung:

• Verbesserung des Muskeltonus

• Wärmeempfinden

• Ich habe wieder Kraft

• Ich habe einen klaren Kopf usw.

B 4 Wann ist eine Intensiv-Anwendung angezeigt?

Die BPS-Therapie eignet sich bei vielen chronischen Erkrankungen zur Unterstützung des Heilungsprozesses. Sie kann eine ärztliche Behandlung zwar nicht ersetzen, jedoch wirkungsvoll ergänzen. Gerade bei chronischen Erkrankungen entsteht in der medizinischen Behandlung häufig das Problem, daß die Symptome nur kurzfristig beseitigt werden können und nach einiger Zeit wieder auftreten, da der Patient keinen Weg findet, um die zugrunde liegenden Ursachen zu verändern.

Hier kann die BPS-Therapie eine gute Ergänzung bieten, indem sie dem Patienten hilft, zu seiner Krankheit eine heilungsfördernde Einstellung zu finden.

Bei folgenden chronischen Erkrankungen sind bisher positive Erfahrungen vorhanden: Migräne, Asthma bronchiale, Hauterkrankungen, chronische Wirbelsäulenerkrankungen.

Die BPS-Therapie wurde bereits erfolgreich bei der Nachbehandlung von Herzinfarkten und Bypass-Operationen angewendet. Es konnte eine deutliche Beschleunigung der körperlichen Regeneration erreicht werden. Diese Wirkung wurde bereits in Kliniken von Ärzten festgestellt.

Ebenso ist eine Anwendung bei der Nachbehandlung von anderen schweren akuten Erkrankungen denkbar. Erfahrungen in anderen Bereichen liegen jedoch aus der bisherigen Praxis noch nicht vor. Die BPS-Therapie war auch bereits erfolgreich bei verschiedenen psychischen Störungen und deren Körpersymptomen, z.B. bei persönlichen Krisensituationen, Lebensängsten, Schlafstörungen, unbewußten und bewußten Streßzuständen und deren Folgen wie. z.B. Zähneknirschen, Tinnitus, psychischen Erschöpfungszuständen nach längerer Überforderung, chronischer Müdigkeit, psychisch bedingten Magen-Darmstörungen.

B 5 Die Akut-Form der BPS-Therapie

Die Akut-Form komprimiert die wesentlichen Elemente der Intensiv-Form für einen kürzerem zeitlichen Rahmen. Sie ist entwickelt worden, um eine sofortige Hilfe insbesondere bei psychosomatische verursachten Schmerzen, z.B. Kopfschmerzen, Migräne, Lumbago, Nackenverspannungen usw. zu leisten.

Auch hier wird eine tiefe Entspannung beim Patienten erreicht. Wesentliche Symbole aus der Intensiv-Form werden zusammen mit der Entspannungsmusik angewendet.

B 6 Ablauf der Akut-Anwendung

Die Akut-Form wird im Sitzen durchgeführt. Der Patient sitzt so auf dem Stuhl, daß er die Arme bequem auf der Stuhlrückenlehne ablegen kann. Der Therapeut steht hinter dem Patienten und nimmt an Kopf und Rücken zeitlupenartige Bewegungen vor.

Danach werden die Handgelenke (13) bewegt und anschließend an verschiedenen Energiepunkten bearbeitet, die ebenfalls bei der Akupressur eine wichtige Bedeutung haben. ·

Die Dauer der Kurzanwendung beträgt ca. sieben Minuten; die begleitende Entspannungsmusik ist auf diesen Zeitraum abgestimmt.

B 7 Wirkung und Erlebnisebene beim Patienten

Auch bei der Akutform der BPS-Therapie stellt sich eine spürbare Entspannung und Ruhe ein. Die Arbeit an den Akupressurpunkten erreicht noch zusätzlich, daß der Energiefluß im Körper intensiviert wird und daß Verbindungen wiederhergestellt werden, die unterbrochen waren.

Viele Patienten spüren eine rasche Linderung von Schmerzen im Kopf- und Rückenbereich und fühlen sich körperlich und psychisch sofort wohler, ruhiger, gekräftigt oder umgekehrt, und nach großer Anspannung angenehm müde.

B 8 Wann ist die Akut-Anwendung angezeigt?

Bei akuten psychosomatischen Schmerzen wie Migräne, schmerzhaften Verspannungen im Nacken- und Rückenbereich, Ischias usw. sowie bei akuten Streßzuständen, z.B. Lampenfieber, Prüfungsangst und starker psychischer Erschöpfung.

Bei organisch bedingten Schmerzen muß jeweils der Arzt entscheiden, ob eine zusätzliche Akut-Anwendung als Unterstützung der Behandlung angebracht ist.

In der Praxis eignet sich diese Form gut zur Anwendung im Rahmen der Sprechstunde beim Arzt, als Bestandteil bei der Krankengymnastik, als eine Kurz-Therapieform in Heilberufen.

Im Unterschied zur Intensiv-Anwendung ist sie flexibler zu handhaben und läßt sich in vielen Situationen spontan einsetzen.

Der grundsätzliche Unterschied zur Intensiv-Anwendung liegt darin, daß akute Beschwerden zwar gelindert werden, daß aber das ›unbewußte Krankheitsmuster‹ nicht langfristig aufgehoben werden kann.

Teil VII

A Praxisübungen

A 1 Einleitung

Die nachfolgenden Übungen dienen zur geistigen Entwicklung und sind aus der Praxis heraus entstanden.

Zehn Jahre Seminartätigkeit in Europa sowie ein Vielzahl von Einzeltherapien über einen Zeitraum von zehn Jahren bilden den praktischen Hintergrund dieser Übungen. Der theoretische Hintergrund beruht auf dem vorangehend aufgefächerten Denkmodell des **mara**-Systems. Sie sollten die hier beschriebenen Übungen systematisch nutzen. Ein diesbezüglicher Plan liegt bei. Die meisten Übungen sind sogar dafür geeignet, daß Sie sie in Arbeitspausen durchführen können, zumindest aber mit sehr wenig Zeitaufwand.

Die Übungsdauer ist daher kurz bemessen, dennoch ist die Wirkung beachtlich. Entscheidend aber ist die konsequente Anwendung. In der Regel sollten Sie mindestens eine Woche lang trainieren und dies jeden Tag. Die Erfolge stellen sich dann ein.

Wenn Fragen auftreten sollten, wenden Sie sich bitte an einen in dem erwähnten Berufsverband aufgeführten Therapeuten. Sie werden Ihnen mit Rat und Tat zur Seite stehen.

A 2 Bauch-Atmung

Übungszeit: 1x täglich 15 Minuten

Material: 1 Musikkassette (Entspannungsmusik)

Die Übung kann jedoch auch ohne Musik erfolgen.

Vorschlag: 1 x täglich

▶ Machen Sie es sich bequem und suchen Sie nach einem Punkt, auf den Sie sich fixieren können, ohne sich zwingen zu müssen. Die Musik kann dazu spielen.

▶ Atmen sie so tief aus, wie es ihnen möglich ist. Achten Sie auf Ihren Atem und darauf, daß Sie ohne Unterbrechung langsam ein- und ausatmen.

▶ Stellen Sie sich intensiv vor, daß der Atem, den Sie einatmen, eine Kraft ist, die hilft, Neues zu beginnen.

▶Falten Sie die Hände und achten Sie dabei darauf, bei welcher Hand der Daumen oben liegt. Unter diese Hand legen Sie Ihre andere Hand auf den Bauch, so daß die Hände übereinander liegen.

▶Stellen Sie sich vor, daß der Atem, den Sie ausatmen, all das aus Ihnen herausfließen läßt, was Sie nicht für den nächsten Schritt im Leben benötigen.

▶Ihren Atem lassen Sie nun in Gedanken in Ihren Bauch fließen. Er wölbt sich, so daß Sie Ihre Hände sehen können. Es kann sein, daß dies am Anfang Schwierigkeiten macht, deshalb üben Sie solange, bis es ohne Anstrengen gelingt. Irgendwann werden Sie in Ihrem Bauch laute Geräusche vernehmen, nämlich dann, wenn Sie diese Übung vollendet beherrschen.

Bauchatmung

A 3   Atmen - Sauerstoffüberschuß

Übungszeit: 2 Minuten - möglichst 2 x am Tag

Material: nicht erforderlich

Vorschlag: 2 x täglich

▶Stellen Sie sich an einem Platz auf, an dem Sie frische Luft haben.

▶Holen Sie tief Atem und pressen Sie ihn sofort wieder aus der Lunge.

▶Vollziehen Sie dies sehr schnell hintereinander.

▶Machen Sie dies solange, bis Sie in der Stirngegend einen leichten Druck verspüren. Je öfter Sie üben, um so schneller erzielen Sie dieses Druckempfinden.

Wichtig ist, daß Sie diese Übung stets nur kurz vollbringen.

Durch die schnelle Atmung wird das Blut mit Sauerstoff angereichert. Die Verbindungen zwischen den Hirnzellen (Synapsen) werden dadurch wieder klarer und funktionieren besser.

Sauerstoff-Überschuß

A 4   Atmen - Kosmos

Übungsdauer: ca. 5 Minuten

Material: 1 Musikkassette (Entspannungsmusik)

Vorschlag: 1 x täglich

▶Machen Sie es sich bequem und suchen Sie nach einem Punkt, den Sie, ohne sich zwingen zu müssen, fixieren können.

- ▶Atmen Sie tief aus. So tief, wie es Ihnen möglich ist.
- ▶Stellen Sie sich vor, wie alle Ihre Probleme mit dem Atem Körper und Seele verlassen.
- ▶Lassen Sie den Atem langsam wieder in sich hineinfließen und stellen Sie sich dabei vor, daß Harmonie, die Sterne des Kosmos, Liebe und Frieden in Sie hineinfließen und ganz ausfüllen.
- ▶Halten Sie so lange die Luft an, wie es Ihnen möglich ist. Genießen Sie den Kosmos in sich.
- ▶Beim Ausatmen sagen Sie ein langgezogenes Aaaaaaa!
- ▶Wiederholen Sie die Übung ungefähr fünf Minuten lang.

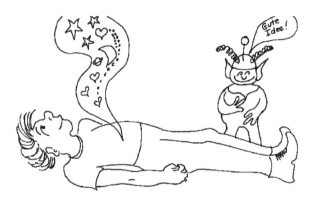

Atmen -Kosmos

A 5   Atmen - Hara-Punkt

Übungsdauer: ca. 3 Minuten

Material: wird nicht benötigt

Vorschlag: 1 x täglich

Der Begriff Hara-Punkt stammt aus Japan. In der ›Hara-Lehre‹ ist er das Zentrum der Persönlichkeit.

Diese Übung ist bestens dazu geeignet, Kopflastigkeit auszugleichen.

- ▶Stellen Sie sich auf den Boden, die Beine leicht gespreizt.

Es gibt beim Menschen Energiepunkte, die mit einer einfachen Methode festgestellt werden können.

Die für diese Übung wichtigen Energiepunkte liegen auf einer senkrechten Linie, die an dem Punkt beginnt, wo der Hals in den Brustkorb übergeht. Sie endet beim ›Hara-Punkt‹. Er befindet sich eine Handbreit unter dem Bauchnabel.

▶Klopfen Sie mit dem Zeigefinger stark auf die Stelle, an der der Hals in den Brustkorb mündet. Klopfen Sie nun immer tiefer in Richtung des Punktes. Sie werden eine Stelle finden, an der Sie einen Schmerz empfinden. Haben Sie sie erreicht, merken Sie sich diesen Punkt. Wir wollen ihn als X bezeichnen.

▶Legen Sie den Zeigefinger auf Stelle X.

▶Hören Sie Musik (Largo-Barock oder Spezial-Musik von **mara**)

▶Atmen Sie tief und gleichmäßig.

▶Konzentrieren Sie sich auf das Ausatmen. Das Einatmen erfolgt von selbst.

▶Atmen Sie so tief wie möglich aus. Achten Sie dabei auf Ihren Atem. Achten Sie darauf, daß Sie ohne Unterbrechung langsam ein- und ausatmen.

▶Stellen Sie sich vor, daß der Atem, den Sie einatmen, eine Kraft ist, die Ihnen hilft, Neues zu beginnen.

▶Stellen Sie sich vor, daß der Atem, den Sie ausatmen, all das aus Ihnen herausfließen läßt, was Sie nicht für den nächsten Schritt im Leben benötigen.

▶Den Atmen lassen Sie nun in Gedanken an die Stelle X fließen. Nach drei Atemzügen legen Sie den Finger ca. 10 Zentimeter tiefer auf den Brustkorb und atmen in Gedanken an dieser Stelle.

▶Legen Sie den Finger nach drei Atemzügen weitere zehn Zentimeter tiefer, solange, bis Sie am ›Hara-Punkt‹ angelangt sind. Nach weiteren drei Atemzügen in den Punkt ist die Übung beendet.

Wenn Sie diese Übung etwa zehnmal wiederholt haben, funktioniert das Atmen auch ohne Musik.

A 6 Atmen - Erdung

Übungszeit: 10 Minuten, möglichst 1x täglich

Material: 1 **mara**-Musikkassette (Entspannungsmusik)

Vorschlag: 1x täglich

▶Stellen Sie sich barfuß auf den Boden, die Beine leicht gespreizt.

▶Legen Sie Ihre Hände so auf den Unterbauch, daß sich die Hände berühren.

▶Bewegen Sie sich langsam hin und her. Stellen Sie sich dabei vor, daß Ihr

Schwerpunkt immer tiefer in Sie hineinrutscht. Sie werden fühlen, daß Sie immer tieferen Kontakt zum Boden erhalten.

▶Hören Sie dazu (die) Musik.

▶Konzentrieren Sie sich auf das Ausatmen. Das Einatmen erfolgt von selbst.

▶Atmen Sie so tief aus, wie es Ihnen möglich ist. Achten Sie auf Ihren Atem. Atmen Sie ohne Unterbrechung langsam ein und aus.

▶Stellen Sie sich vor, daß der einströmende Atem eine Kraft ist, die Ihnen hilft, Neues zu beginnen.

▶Stellen Sie sich vor, daß mit dem ausströmenden Atem alles heraus fließt, was Sie nicht für den nächsten Schritt in Ihrem Leben benötigen.

▶In Gedanken lassen Sie den Atem in den Bauch fließen. Er wölbt sich, so daß Sie Ihre Hände sehen können. Sollte dies anfangs noch nicht möglich sein, üben Sie solange, bis es ohne Anstrengung möglich ist.

Sobald Sie die Übung beherrschen, vernehmen Sie in Ihrem Bauch laute Geräusche.

Atmen-Erdung

A 7   Bewegung

Übungsdauer: ca. 5 Minuten

Material: 1 Musikkassette (Entspannungsmusik)

Vorschlag: 1 x täglich

▶Hören Sie die Musik.

▶Machen Sie mit den Armen drei Minuten lang im Stehen schnelle kreisende Bewegungen.

▶Lassen Sie die Arme locker hängen.

▶Schließen Sie die Augen und führen Sie die gleichen Bewegungen wie zuvor fünf Minuten lang aus, nur sehr, sehr langsam, wie im Zeitlupentempo. Spüren Sie, wie sich diese Bewegung anfühlt.

▶Legen Sie sich anschließend auf den Boden.

▶Atmen Sie so tief wie möglich aus. Achten Sie auf Ihren Atem. Achten Sie darauf, ohne Unterbrechung langsam ein- und auszuatmen.

▶Stellen Sie sich vor, daß der einfließende Atem eine Kraft ist, die Ihnen hilft, Neues zu beginnen.

▶Stellen Sie sich vor, daß der ausströmende Atem all das hinausgibt, für den nächsten Schritt im Leben benötigen.

▶Falten Sie die Hände und beachten Sie dabei, bei welcher Hand der Daumen nach oben liegt. Unter diese Hand legen Sie die andere Hand, so daß beide Hände übereinander liegen.

▶Den Atem lassen Sie nun in Gedanken in den Bauch fließen, der sich wölbt, so daß Sie Ihre Hände sehen können.

▶Sollte das nicht der Fall sein, fahren Sie so lange in der Übung fort, bis es gelingt.

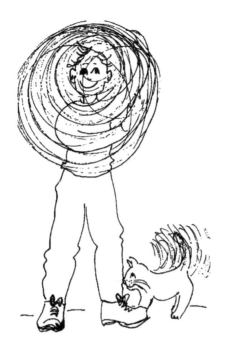

Bewegung

A 8   Hören und Lauschen

Übungsdauer: ca. 10 Minuten

Material: nicht benötigt

Vorschlag: 3x wöchentlich

▶Machen Sie es sich bequem und fixieren Sie einen Punkt, ohne sich zwingen zu müssen.

▶Atmen Sie tief aus.

▶Konzentrieren Sie sich auf das Ausatmen. Das Einatmen erfolgt von selbst.

▶Atmen Sie so tief aus, wie es Ihnen möglich ist. Achten Sie auf Ihren Atem und das Sie ohne Unterbrechung langsam ein- und ausatmen.

▶Stellen Sie sich vor, daß der einfließende Atem eine Kraft ist, die Ihnen hilft, Neues zu beginnen.

▶Stellen Sie sich vor, daß der ausströmende Atem alles hinausträgt, was Sie nicht für den nächsten Schritt im Leben benötigen.

▶Legen Sie Ihre Arme mit der Handfläche nach oben auf die Unterschenkel.

▶Lauschen und konzentrieren Sie sich auf das, was Sie hören können. Stellen Sie sich dabei die Quellen dieser Geräusche und Töne vor. Lassen Sie sich nicht ablenken und sagen Sie sich:»Alle Geräusche, die ich vernehme, dienen dazu, daß ich mich noch besser konzentrieren kann.«.

▶Vollbringen Sie diese Übung ca. 10 Minuten lang. Dann stehen Sie auf, ballen beide Hände zur Faust und lassen sie beim Ausatmen ganz locker werden.

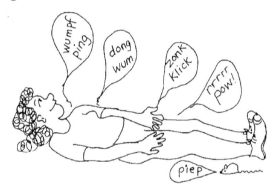

Hören

A 9   Wasser - Hilfe zur Meditation

Übungsdauer: ca. 10 Minuten

Material: 1 Glas Wasser (stilles Wasser)

Wasser besitzt vermutlich die Möglichkeit, Gedankenenergie zu speichern und sie wieder abzugeben.

Bei der folgenden Übung geben Sie dem Wasser Informationen, die darin gespeichert werden.Beim Trinken stellen Sie sich eine große Weite vor. Dadurch gelangen die Informationen wieder zurück zu Ihnen. Das verstärkt die Gedanken, und diese werden wiederum im Wasser gespeichert. In der Physik nennt man diesen Vorgang Rückkoppelung. Durch sie wird die Gedankenenergie immer stärker.[70]

Vorschlag: 1 x wöchentlich

▶Stellen Sie das Glas Wasser vor sich hin und schließen Sie die Augen.

▶Denken Sie intensiv und stellen Sie sich das Wasser im Glas vor.

Besser noch ist es, wenn Sie den folgenden Text auf Kassette aufnehmen und bei der Übung abspielen. Machen Sie diese Übung über Audiokassette, denken Sie die Sätze, die Sie hören, intensiv mit. (Kassetten können auch bestellt werden die Adresse finden Sie am Ende des Buches.)

»Ich bin in der Lage, jetzt und jederzeit und an jedem Ort die positiven Kräfte wirken zu lassen. Ich kann jetzt, jederzeit und an jedem Ort mir und anderen helfen, wenn es notwendig ist und der geistigen Entwicklung dient.«

»Meine inneren Kräfte werden in mir wirksam und ich kann mir und anderen helfen, wenn es notwendig ist und der geistige Weg es erfordert.«

»Mein ganzes Tun ist positive Zuwendung.

Mein Blick wirkt belebend auf alle Wesen.«

»Immer wenn ich auf dieser Stufe bin, kann ich meinen geistigen Weg erkennen, annehmen und gehen. Die Kräfte, um diesen geistigen Weg zu gehen, sind in mir und ich kann sie anwenden und gebrauchen.«

»Ich kann jetzt meine eigenen heilenden Kräfte anwenden.Die Energie fließt, ich lasse die heilenden Kräfte wirken.«

»Ich weiß, daß Leben Annehmen und Loslassen ist.«

▶Trinken Sie ungefähr die Hälfte des Wassers langsam aus, behalten einen Teil davon im Mund und denken dabei an den Text.

▶Wiederholen Sie dies.

Machen Sie diese Übung mindestens einmal die Woche

---

70. Prof. Dr. Smith: Untersuchung über Klasterbildung im Wasser; London

Wasser: Hilfe zur Meditation

A 10 Wachsen und Pflanzen

Vorversuch:

▶ Nehmen Sie zwei gleiche, flache Deckel (z. B. von Marmeladegläsern) und geben Sie Watte hinein. Die Watte bestreuen Sie mit Kressesamen und bezeichnen einen der Deckel mit einem farbigen Punkt. Beide Deckel stellen Sie sodann in einen tiefen Teller, der mit Wasser aufgefüllt wird, bis die Watte gerade befeuchtet ist. Stellen Sie den Teller an ein helles Fenster, das frei von Zugluft sein muß.

▶ Konzentrieren Sie sich auf den Kressesamen im markierten Deckel und sagen in Gedanken: »Du wirst schnell keimen und wachsen, groß und stark werden.«

▶ Wiederholen Sie diesen Vorgang jeden Tag. Den unmarkierten Deckel beachten Sie nicht und denken auch nicht an ihn, denn das ergäbe bereits Gedankenenergie. Der Versuch soll nur jenem Samen Energie zufließen lassen, auf den Sie sich konzentrieren.

Genau das tun wir auch, wenn wir der Vergangenheit, also in erster Linie unserer eigenen Vergangenheit, ständig Gedankenenergie zufließen lassen. Ebenso wie der beachtete Samen durch Gedankenenergie schneller wachsen wird, wachsen die Erlebnisse der Vergangenheit, werden immer größer, kräftiger und mächtiger.

Wir müssen uns nicht wundern, wenn uns dann negativ erscheinende Erlebnisse aus der Vergangenheit verfolgen und beherrschen können.

Übung: Kresse, 9.1

Material: 1 Untertasse, Watte, Kressesamen, Wasser

▶Stellen Sie die Untertasse vor sich hin und legen nasse Watte darauf.

▶Legen oder setzen Sie sich bequem und suchen Sie nach einem Punkt, den Sie fixieren können, ohne sich zu zwingen.

▶Hören Sie dazu (die) Musik.

▶Fixieren Sie den Punkt und atmen so tief wie möglich aus. Achten Sie auf Ihren Atem und darauf, daß Sie ohne Unterbrechung langsam ein und ausatmen.

▶Stellen Sie sich vor, daß der einfließende Atem eine Kraft ist, die Ihnen hilft, Neues zu beginnen.

▶Stellen Sie vor, daß der ausströmende Atem alles hinausträgt, was Sie nicht für den nächsten Schritt im Leben brauchen.

▶Stellen Sie sich vor, daß Sie Neues entwickeln möchten. Schließen Sie nach ca. 3 Minuten die Augen und stellen Sie sich vor, wie Pflanzen die Decke aus frischer Erde durchdringen und die grünen Spitzen der Sonne entgegenstrecken.

▶Öffnen Sie die Augen und streuen Sie Kressesamen auf die nasse Watte.Nehmen Sie danach ein wenig Watte und legen Sie sie über die Kressesamen und legen Sie Ihre Hand sanft darauf.

▶Schließen Sie die Augen und stellen sich vor, wie ihre Energie über die Handflächen zu den Samen fließt.

▶Stellen Sie sich sodann vor, daß die Samen ihre Kraft Ihnen geben und durch ihr Wachstum etwas völlig Neues in Ihnen entsteht.

▶Stellen Sie anschließend die Untertasse an das Fenster und machen Sie diese Übung täglich. Natürlich legen Sie Ihre Hand nicht auf die keimenden Pflanzen, sondern darüber.

Übung Kresse 9.2

Material: Eine Untertasse mit ca. 2 cm langer Kresse.

▶Stellen Sie die Untertasse vor sich hin.

▶ Legen oder setzen Sie sich bequem und suchen Sie nach einem Punkt auf dem Kresseteller, den Sie, ohne sich zu zwingen, betrachten können. Hören Sie dazu (die) Musik.

▶ Fixieren Sie den Punkt und atmen Sie tief aus. So tief, wie es Ihnen möglich ist. Achten Sie auf Ihren Atem und darauf, daß Sie ohne Unterbrechung langsam ein und ausatmen.

▶ Stellen Sie sich vor, daß der einströmende Atem eine Kraft ist, die Ihnen hilft, Neues zu beginnen.

▶ Stellen Sie sich vor, daß der ausfließende Atem alles hinausläßt, was Sie nicht für den nächsten Schritt im Leben benötigen.

▶ Halten Sie Ihre Hand etwa 5 Zentimeter über die Kresse und fühlen Sie, wie die Kraft ist, die sie Ihnen in die Hand abgibt.

▶ Stellen Sie sich vor, wie sie die erste Übung mit der Kresse gemacht haben. Sie haben dem Samen die Möglichkeit gegeben zu keimen. Sie waren es, die die Samen mit Aufmerksamkeit und Gedankenenergie versorgt haben. Sie sind wesentlich daran beteiligt, daß aus den unscheinbaren Samen Pflänzchen geworden sind. Diese sind ein Teil dieser Welt. Die Pflänzchen haben Licht und Wasser aufgenommen und umgewandelt, so daß neues Leben entstehen konnte. Auch Sie sind ein wesentlicher Faktor im Lebensprozeß dieser Welt.

Machen Sie später die Übung 9.3

Übung Kresse 9.3

Material: Eine Untertasse mit ca. 4 cm langer Kresse

Eine Butterflocke, so groß wie eine Messerspitze

Eine kleine Schere

▶ Legen Sie die Untertasse auf Ihre linke Hand. Bei der rechten Hand liegt die Schere und auf einem kleinen Teller die Butterflocke.

▶ Legen oder setzen Sie sich bequem und suchen nach einem Punkt auf.dem Kresseteller, auf den Sie, ohne sich zu zwingen, sehen können. Hören Sie dazu Musik.

▶ Fixieren Sie den Punkt und atmen Sie tief aus. So tief, wie es Ihnen möglich ist. Achten Sie auf Ihren Atem und darauf, daß Sie ohne Unterbrechung langsam ein und ausatmen.

▶ Stellen Sie sich vor, daß der einströmende Atem eine Kraft ist, die Ihnen hilft, etwas Neues zu beginnen.

▶Stellen Sie sich vor, daß der ausströmende Atem alles hinaus-
fließen läßt, was Sie nicht für den nächsten Schritt im Leben
brauchen.

▶Betrachten Sie das Grün der Kresse. Es besteht aus einer Mi-
schung von Blau und Gelb. Die blaue Farbe ist der Kosmos und
die geistige Ebene, das Gelb das Licht der Sonne. Es ist das lebensspendende Element; das Blau die geistige Kraft. Beides hat
sich in den Blättchen der Kresse zu einer Einheit zusammengefunden. Diese Pflanze lebt. Sie wird für Sie sterben, damit Sie
das lebensspendende Element und die geistige Kraft in sich
aufnehmen können.

Das Pflänzchen stirbt, um Ihnen Energie zu geben. Sie erhalten
über es Leben, das Sie als geistige Dimension erleben können.
Sie sind das Wesen, das die Pflanze umwandelt.

▶Sagen Sie nun in Gedanken, daß Sie jetzt das von Ihnen ausge-
suchte Pflänzchen abschneiden werden, um es zu transformieren.

▶Schneiden Sie das Pflänzchen ab und legen es auf die Butterflocke. Nehmen Sie sie in den Mund und zerkauen beides langsam und spüren dem Geschmack nach.

Gehen Sie später an Übung 9.4

Übung Kresse 9.4

Material: Eine Untertasse mit ca. 5-6 Zentimeter langer Kresse

Eine kleine Schere

▶Stellen Sie Untertasse auf den Boden. Bei der rechten Hand
liegt die Schere.

▶Liegen oder sitzen Sie bequem. Suchen Sie nach einem Punkt
auf dem Kresseteller, den Sie ohne Anstrengung fixieren können. Hören Sie dazu (die) Musik.

▶Fixieren Sie den Punkt und atmen Sie tief aus. So tief, wie es Ihnen möglich ist. Achten Sie auf Ihren Atem und darauf, daß Sie
ohne Unterbrechung langsam ein- und ausatmen.

▶Stellen Sie sich vor, daß der einströmende Atem eine Kraft ist,
die Ihnen hilft, Neues zu beginnen.

▶Stellen Sie sich vor, daß der ausströmende Atem alles hinaus-
fließen läßt, was Sie nicht mehr für den nächsten Schritt im Leben benötigen.

▶ Sehen Sie zu den kleinen Pflanzen. Nehmen Sie die Schere und schneiden mehrere Pflänzchen ab und legen sie auf den linken Handteller.

▶ Atmen Sie tief aus und riechen Sie an den Pflänzchen. Legen Sie eines davon auf die Zunge. Empfinden Sie den Geschmack, ohne die Pflanze zu kauen. Danach kauen Sie und genießen die volle Geschmacksentfaltung. Stellen Sie sich davor, wie die in dem Pflänzchen gespeicherte Sonnenenergie in Sie hineinstrahlt und ganz ausfüllt. Sie erhalten über die Pflanze Lebensenergie.

▶ Wiederholen Sie diese Übung dreimal mit frisch abgeschnittenen Pflanzen.

Übung: Kresse

A 11 Meine Vergangenheit?

Übungsdauer: ca. 10 Minuten

Material: Ein Bleistift, ein Bleistiftanspitzer, ein Blatt Papier, ein Teller, Streichhölzer, eine Musikkassette (Entspannungsmusik)

Vorschlag: 1 x monatlich

▶ Hören Sie die Musik

▶ Machen Sie es sich bequem und fixieren Sie einen Punkt, ohne sich zwingen zu müssen.

▶ Atmen Sie tief aus.

▶Konzentrieren Sie sich auf das Ausatmen. Das Einatmen erfolgt von selbst.

▶Atmen Sie so tief, wie es Ihnen möglich ist. Achten Sie dabei auf Ihren Atem und darauf, daß Sie ohne Unterbrechung langsam ein- und ausatmen.

▶Stellen Sie sich vor, daß der einfließende Atem eine Kraft ist, die Ihnen hilft, Neues zu beginnen.

▶Stellen Sie sich vor, daß der ausströmende Atem alles herausläßt, was Sie nicht für den nächsten Schritt im Leben brauchen.

▶Atmen Sie nochmals tief ein und stellen sich vor, daß Ihnen jetzt alles einfällt, was aus der eigenen Vergangenheit nicht mehr notwendig erscheint. Schreiben Sie alles auf, was Ihnen in den Sinn kommt.

▶Wenn Sie damit fertig sind, spitzen Sie solange den Bleistift, bis er nicht mehr zum Schreiben zu gebrauchen ist.

▶Zerreißen Sie das Papier und legen Sie es zusammen mit den Holzspänen auf den Teller und verbrennen Sie es.

▶Atmen Sie tief und ruhig und betrachten Sie die Flamme. Darin verbrennt alles, was Sie auf dem Weg in die Zukunft nicht mehr benötigen.

Machen Sie diese Übung einmal im Monat.

Meine Vergangenheit?

A 12 Mein Tag

Übungsdauer: ca. 10 Minuten

Material: Eine weiche Unterlage

Eine Musikkassette (Entspannungsmusik)

Vorschlag: 1 x wöchentlich

▶ Hören Sie die Musik.

Stellen Sie sich vor, Sie lägen in einem Zelt, das sich wie ein Halbkugel über Ihnen wölbt. Es ist weiß und hell.

▶ Machen Sie es sich bequem und fixieren Sie einen Punkt, ohne sich zwingen zu müssen.

▶ Atmen Sie tief aus.

▶ Konzentrieren Sie sich auf das Ausatmen. Das Einatmen erfolgt von selbst.

▶ Atmen Sie so tief aus wie möglich. Achten Sie auf Ihren Atem und darauf, daß Sie ohne Unterbrechung langsam ein- und ausatmen.

▶ Stellen Sie sich vor, daß der einströmende Atem eine Kraft ist, die Ihnen hilft, Neues zu beginnen.

▶ Stellen Sie sich vor, daß der ausströmende Atem alles hinausläßt, was Sie für den nächsten Schritt im Leben nicht mehr benötigen.

▶ Stellen Sie sich vor, daß an der Halbkugel über Ihnen ein Film zu sehen ist.

Es ist ein Film, der Ihnen alles zeigt, was Sie den Tag über erlebt und getan haben. Betrachten Sie ihn sehr genau. Sie werden feststellen, das Ihr Tun in vielen Teilen so war, wie Sie es vor sich selbst verantworten können.

▶ Stellen Sie sich die Frage: »Was hätte ich noch besser machen können?«

▶ Stellen Sie sich vor, wie Sie es besser machen können.

▶ Sagen Sie sich innerlich deutlich und klar:

»Die Tage, an denen ich mit meinem Tun voll zufrieden sein kann, nehmen zu. Ich habe die Kraft in mir, die dazu notwendig ist.«

▶ Bleiben Sie anschließend noch liegen und hören Sie auf die Musik.

A 13 Mein zentrales Wort

Übungsdauer: ca. 10 Minuten

Material: Eine weiche Unterlage

Eine Musikkassette (Entspannungsmusik)

Vorschlag: 2 x wöchentlich

▶Hören Sie diese Musik

▶Machen Sie es sich bequem und fixieren Sie einen Punkt, ohne sich zwingen zu müssen.

▶Atmen Sie tief aus.

▶Konzentrieren Sie sich auf das Ausatmen. Das Einatmen erfolgt von selbst.

▶Atmen Sie so tief wie möglich aus. Achten Sie auf Ihren Atem und daß Sie ohne Unterbrechung langsam ein- und ausatmen.

▶Stellen Sie sich vor, daß der einströmende Atem eine Kraft ist, die Ihnen hilft, Neues zu beginnen.

▶Stellen Sie sich vor, daß der ausströmende Atem alles hinausläßt, was Sie nicht als nächsten Schritt im Leben benötigen.

▶Stellen Sie sich vor, daß es ein Lexikon gibt, in dem alles gespeichert ist, was Sie in Ihrem Leben erlebt haben. Es gibt in diesem Lexikon ein Wort, das alles symbolisiert, was bis jetzt geschehen ist. Sagen Sie sich:»Ich möchte das Wort erfahren, das für mein ganzes Leben entscheidend ist.«

▶Warten Sie ab, was in Ihnen geschieht.

▶Können Sie das Wort nicht hören oder sehen, dann werden Sie aber einen Gedanken an ein Wort haben. Dieses Wort ist das wichtige für Ihre Vergangenheit. Warten Sie eine Weile und sagen Sie sich:»Ich möchte das Wort erfahren, das für mein zukünftiges Lebens entscheidend ist.«

▶Warten sie, was in Ihnen geschieht.

▶Können sie das Wort nicht sehen oder hören, werden Sie aber einen Gedanken an ein Wort haben. Dieses Wort ist das wichtige Wort für Ihre Zukunft.*)

▶Atmen Sie so tief aus, wie es möglich ist. Stellen Sie sich vor, daß alle Schwierigkeiten mit dem Atem Körper und Seele verlassen.

▶Lassen Sie den Atem ganz langsam wieder in sich hineinfließen. Stellen Sie sich dabei eine große Tafel vor.

▶ Stellen Sie sich vor, Sie schreiben auf der rechten Seite der Tafel das Wort der Vergangenheit auf und links das der Zukunft.**)

▶ Führen Sie das so deutlich wie möglich aus. Verfolgen Sie jeden einzelnen Buchstaben und betrachten Sie mit dem inneren Auge die Worte.

▶ Jetzt nehmen Sie einen Schwamm und wischen das Wort Ihrer Vergangenheit aus. Pressen Sie dabei den Atem aus den Lungen und unterstreichen das Wort der Zukunft.

▶ Atmen Sie wieder tief ein und stellen sich vor, daß Sie dieses Wort ein atmen. Es ist ein Teil Ihrer Zukunft.

*) Das Nichtbewußte kann nur Symbole verstehen. Ein Wort für Ihre Vergangenheit oder Zukunft kann auch ein Symbol sein. Das versteht das Nichtbewußte.

**) Links ist in Träumen und damit in der Symbolik des Nichtbewußten die Zukunft verankert, rechts die Vergangenheit. Selbstverständlich können Sie durch das Tilgen eines Wortes der Vergangenheit Ihre Vergangenheit fortwischen. Es kann nur aus der Vergangenheit das entfernt werden, was Sie nicht mehr gebrauchen können und Sie in Ihrer seelischen und geistigen Entwicklung behindert.

Mein zentrales Wort

A 14 Flamme und Feuer

Übungsdauer: ca. 10 Minuten

Material: Eine Kerze, eine Musikkassette (Entspannungsmusik)

Vorschlag: 1 x wöchentlich

▶ Hören Sie (die) Musik.

▶ Machen Sie es sich bequem.

▶ Stellen Sie die brennende Kerze vor sich auf den Tisch.

▶ Sehen Sie in die Flamme, ohne sich zu zwingen. Betrachten Sie die Bewegungen der Flamme.

▶ Fixieren Sie den Docht und atmen Sie tief aus.

▶ Konzentrieren Sie sich auf das Ausatmen. Das Einatmen erfolgt von selbst.

▶ Atmen Sie so tief wie möglich ist. Achten Sie auf Ihren Atem und darauf, daß Sie ohne Unterbrechung langsam ein- und ausatmen.

▶ Stellen Sie sich vor, daß er einströmende Atem eine Kraft ist, die Ihnen hilft, Neues zu beginnen.

▶ Stellen Sie sich vor, daß der ausströmende Atem alles hinausträgt, was Sie für den nächsten Schritt im Leben nicht benötigen.

▶ Sie sehen die brennende Kerze, die Flamme, die die Kerze in Licht und Wärme umwandelt.

▶ Es ist wie das Feuer, das Menschen seit der Steinzeit besitzen, um sich darum zu versammeln. Stellen Sie sich vor, wie alle Ihre Freunde um die Flamme versammelt sind und durch das Licht gesund werden. Gelingt Ihnen diese Vorstellung nicht so gut, wie Sie sie haben möchten, dann denken Sie an alle Ihre Freunde.

▶ Ist die Runde vollständig, denke an einen Menschen, den Sie als Ihren Feind empfinden. Holen Sie ihn in Gedanken in diesen Kreis, und er wird bald nicht mehr Ihr Feind sein.

▶ Am Ende der Übung atmen Sie tief ein und stellen sich dabei vor, wie Sie das Feuer, die Wärme und das Licht in sich aufnehmen und wie Sie damit andere erwärmen können.

Flamme und Feuer

B Marabi: Übungen mit Zahlenfeld

In den Teilen 1-4 habe ich das beschrieben, was mit dem Kopf zu verstehen ist. Es sind Gedanken, die nur interessant sind, sobald wir dieses Wissen in die Praxis übertragen und dadurch „ausprobieren".

Anders gesagt: „auf den Realitätsgehalt überprüfen".

Würden wir das nicht tun, steht uns frei zu glauben, ob die Theorie stimmt oder nicht. Denken Sie jedoch daran, daß Wissenschaftler weltweit festgestellt haben, daß der Mensch sich seine Wirklichkeit selbst erschafft. Was er denkt, kann sich realisieren. Sollten Sie mehr darüber wissen wollen, dann finden Sie ausführliche Beispiele mit vielen praktischen Erfahrungen in dem Buch von Rainer Binder: »Das Fenster zur Zukunft steht offen«, ISBN 3-8311-0903-6 .

Im diesem Teil 5 werden die für Manchen überwiegend theoretischen Erläuterungen in praktische Übungen und Gebrauchsanweisungen übertragen.

Entscheidend ist also, daß wir die Gedanken eines Denkmodells in die Praxis übertragen, um dadurch feststellen zu können, ob das Denkmodell praktisch nutzbar ist.

Dadurch wird das „Kopfwissen" zum Erfahrungswissen, also dem „Wissen aus dem Bauch".

Vorbemerkungen zum *„marabi"*

In der Esoterikszene gibt es einige „Befragungsmethoden" wie z. B. Tarot. Das Tarot besteht aus einzelnen Karten, wobei nach der Visualisierung einer Frage einzelne Karten aus dem Gesamtspiel gezogen und dann nach bestimmten Legesystemen aufgelegt werden. Wichtig ist dabei zu wissen, daß beim Wählen der Karte nur die Rückseite sichtbar ist und alle Karten denselben Rückseitenaufdruck haben. Die Interpretation kann dann rein gefühlsmäßig, aber überwiegend nach einem beigefügten Handbuch erfolgen. Diese Methode ist oft sehr treffsicher. Die auf den Karten gezeigten Darstellungen sind überwiegend aus der mythisch-symbolischen Ebene. So gibt es z. B. die Karte *„Fünf Stäbe"*. Diese Karte wird in dem Buch „Tarot Spiegel der Seele-Handbuch zum Crowley-Tarot" Seite 86, wie folgt beschrieben:

„Stichworte: Saturn im Löwen; Hemmung, unerfüllte Sehnsucht, Verbitterung, Ängstlichkeit, vergebliches Streben.

Der zentrale Stab ist bleischwer geworden. Die geflügelte Scheibe, die normalerweise den Aufschwung in höhere Spähren darstellt, trägt einen Stern mit der Spitze nach unten. Dieser ist von weiteren fünf sich überlagernden kleinen Scheiben bedeckt: das Auge des Horus hat die Klarheit seiner Sicht verloren. Auch die Schlangen der Regeneration wirken träge und schläfrig. Die Phönixköpfe sind voneinander abgewandt, als wollten sie sich gegenseitig meiden ..."

Gibt es eine Möglichkeit zu erklären, wie es sein kann, daß Gedanken oder Wünsche oder Schicksalskonstellationen den Reiz ausüben, eine bestimmte Karte zu ziehen? Das müßte konsequenterweise bedeuten, daß wir alle Kartenbilder in uns gespeichert hätten und deswegen die Karte mit der *„einzig gültigen Aussage"*, ohne sie zu sehen, finden.

Im ersten Moment ist das für viele Menschen sicher eine abenteuerliche Vorstellung. Auch dazu eine praktische Erfahrung von mir: Wir waren in der Provence im Campingurlaub und mit von der Partie war ein damaliger Freund, der als Verfahrensingenieur arbeitete.

Er war in einem Laboratorium beschäftigt und entwickelte dort Verfahren, um nichtbrennbaren Wärmeschutz herzustellen. Dieses Material wird in der Flugzeugbranche und im Raketenbau gebraucht. Eines der Hauptprobleme war, wie nichtbrennbare Stoffe so miteinander *„verklebt"* oder *„verfilzt"* werden könnten, daß sie sich zu einem festen, jedoch elastischem Material verbinden.

Ich selbst war auf diesem Gebiet ein totaler Laie. Ich erzählte von den Möglichkeiten des Visualisieren und auch vom Tarot.

Er als sehr kritischer *„Realist"*, wollte darauf einen Versuch starten, ich war einverstanden. Er erstellte eine Liste, in der er die elf möglichen Techniken des *„Verklebens"* und *„Verfilzens"* notierte und jede mögliche Lösung bekam eine dreistellige Zahl. Dasselbe machte er mit den dazugehörigen Chemikalien; allerdings benannte er diese mit Buchstaben und Zahlen. Die aufgeführten Chemikalien waren sehr zahlreich, da er selbst noch kaum Erfahrung damit hatte.

Dann schrieb er die einzelnen Zahlen auf Kästchen mit weißer Rückseite und mischte sie. Danach erzählte er mir das technische Problem. Ich atmete tief durch und konzentrierte mich, dann zog ich ein Kärtchen für die Technik und eines für die Chemie. Diese Kästchen wurden mit Nummer eins auf der Rückseite beschriftet. Diese Prozedur wiederholten wir drei Mal.

Nach dem Urlaub ging der Freund nun daran, diese Rezepte auszuprobieren. Es stellte sich heraus, daß ich beim zweiten Versuch die Methode ausgewählt hatte, die am schnellsten zum Erfolg führte. In dem Abschnitt: „Bibel und Gehirnfunktionen" habe ich den Fall Xy, aus Rumänien beschrieben. Xy hat die Karte 21 gezogen und in ihrem Fall war es so, daß sie sich für alle möglichen Menschen „aufgeopfert" hatte und sich selbst vernachlässigte. Der Titel dieser Karte ist: „Richte Deine Aufmerksamkeit auf Dich".

Nochmals die Frage, wie ist das möglich? Wir sprachen im Teil 1 unter „Wahrnehmungsumfang" davon, daß 2 Billionen Informationseinheiten pro Sekunde von den menschlichen Sinnesorganen aufgenommen werden und unter der Rubrik Informationen wird unter „Holistisches System" beschrieben, daß „im kleinsten Teilchen „alle Informationen" gespeichert sind.

Beim Mischen der Karten wird das, was auf der Karte abgebildet ist, gespeichert. Die innere Intelligenz erkennt die Karte, welche die Probleme der nicht bewußten Ebene symbolisiert und deswegen wird genau diese Karte impulsiv gewählt.

marabi

Der Gedanke, den marabi entstehen zu lassen, ist sehr alt.

Ca. 1965 hatte ich für eine Ausstellung surreale Phantasiewesen gezeichnet, und aus vielen dieser Zeichnungen ist dann eine Figur entstanden, die der marabi ist.

Die Idee, den marabi als handelndes Wesen in die Welt zu schikken, hat sich durch unsere Arbeit mit dem **mara**-System entwickelt.

Immer wieder tauchten Fragen auf, die nur aus der inneren unbewußten Struktur des Betreffenden beantwortet werden konnten.

Der marabi ist eine Möglichkeit, Antworten aus der nichtbewußten Ebene in das Bewußtsein zu bringen.

Das geht sehr einfach, denn, jetzt gebe ich dem marabi das Wort:

Vorstellung marabi

Darf ich mich vorstellen: Ich bin der marabi!

Geboren wurde ich vor Tausenden von Jahren. Ich bin unsterblich, denn ich bin in jedem Menschen lebendig.

Ich dachte immer, die Menschen würden mich kennen, doch ich höre viele Menschen sagen, das sei nicht so.

In Wirklichkeit kennen sie mich alle, denn ich bin ein Teil von ihnen, nur die meisten Menschen haben das vergessen.

Sie wissen auch nicht, daß ich ihr ständiger Begleiter bin und sie seit vielen Generationen berate. Denn ich weiß sehr genau, was für jeden Menschen genau das Richtige ist.

Du kannst mich fragen, und ich werde Dir zeigen, daß ich Dir immer hilfreich zur Seite stehe.

Da ich Deine Sprache schlecht verstehe, müssen wir uns über Bilder unterhalten. Ist das für Dich schwierig, weil Du keine Bilder bei geschlossenen Augen sehen kannst, dann machen wir es über Gedanken.

Wenn Du mich ansehen könntest, dann ist ganz klar, daß ich anders aussehe als Du.

Das kommt daher, daß ich keine Frau und kein Mann bin. Das ist wichtig, denn dadurch kann ich ganz neutral sein.

Es kommt auch noch daher, daß ich eine Welt kenne, die so groß ist, daß kein Mensch sich vorstellen kann, wie groß sie ist.

Sie ist größer als alle Weltmeere zusammen, und Du bist wie ein winziges Ruderboot auf einem Ozean.

Natürlich ist es dann schwierig für Dich, bei hohem Seegang über die Wellen hinwegzusehen, aber ich mache das für Dich. Immer dann, wenn Du es möchtest.

Ich habe mir eine Möglichkeit ausgedacht, wie wir das machen können.

Denke an etwas, was für Dich sehr wichtig ist, also z. B. ein Problem, bei dem ich Dich bei der Lösung beraten soll. Nehme das Zahlenfeld.

Dann wähle eine Zahl aus. Lasse Dich von Deinem Empfinden leiten. Dieses Empfinden läßt Dich die richtige Zahl wählen.

Ich, der marabi, ist es, der sich durch Dein Empfinden zeigt.

Sicher hast Du verstanden, daß ich ein Teil von Dir bin. Das ist sehr wichtig, denn dadurch kann ich Dich sehr gut beraten.

Mache einen Versuch, und Du wirst Dich wundern, wie gut das funktioniert.

Es gibt Menschen, die sagen zu mir auch das Nichtbewußte oder auch das Unbewußte.

Dein marabi

Im Text heißt es: Schlage die Seite mit dem Zahlenfeld auf. Nehme einen Gegenstand, der eine runde Spitze hat, also so ähnlich wie eine Stricknadel oder ein Kugelschreiber mit eingezogener Mine, und schließe die Augen.

Stelle Dir vor, Du hast eine wichtige Frage. Die kann aus einem Problem kommen oder auch nur aus dem Wunsch, Hilfe für eine *„neue Sicht"* der Situation zu erhalten. Also Du möchtest eine Hilfe haben, um die bestmögliche Antwort auf diese Frage zu erhalten. Bewege nun die *„Stricknadel"* über das Zahlenfeld bis Du den Impuls hast die Augen zu öffnen. Schaue Dir, die der Nadelspitze am nächsten stehende Zahl an und schlage dann unter dieser Zahl den dazugehörigen Text auf. Merke: „Wähle *niemals mehr als DREI ZAHLEN"*.

1. Vertraue!

Hast Du heute schon eine Fahrt mit dem Auto oder mit einem Bus gemacht?

Hast Du Dich bei dieser Fahrt wohl gefühlt? Schließe die Augen und stelle Dir nochmals diese Fahrt vor.

Du wirst Dich erinnern, daß der Fahrer oft bremsen mußte, durch Kurven fuhr und so weiter.

Hast Du vorher genau kontrolliert, ob die technischen Teile des Autos in Ordnung sind? Jedes Auto hat ungefähr 24 000 Teile.

Natürlich weißt Du, daß Du sie gar nicht kontrollieren kannst.

Wenn Du Auto fährst, hast Du also, ohne es zu wissen, ein tiefes Vertrauen in die Technik, in den Fahrer des Busses, in alle anderen Menschen, die ein Auto zur gleichen Zeit lenken und natürlich auch in Dich gehabt.

Du hast ein genauso großes Vertrauen in die Technik der Verkehrsampeln.

Ohne dieses Vertrauen in viele Dinge Deiner Umwelt könntest Du nicht leben. Dieses Vertrauen ist in Dir; es war Dir bis jetzt nur nicht voll bewußt.

Habe Vertrauen zu Dir selbst!

In Dir ist sehr viel mehr, auf das Du vertrauen kannst, als Du denkst.

Möchtest Du mehr über solche Zusammenhänge wissen?

Möchtest Du wissen, wie Du mehr darüber erfahren kannst, JA?

Dann wähle gleich noch eine Karte und konzentriere Dich dabei auf den jetzt wichtigen Gedanken.

Nehme jedoch niemals mehr als insgesamt drei Karten und übertrage das, was Dir der marabi sagt in den praktischen Alltag.

Meine Frage:

„Was muß ich TUN, daß ich mehr von meinem Vertrauen kennenlerne, und wie kann ich wieder Vertrauen entwickeln?"

2. DA sein ist ALLES

Bist Du DA? Ganz DA? Oder hast Du Deine Gedanken bei irgend etwas, das Dir in diesem Moment wichtig erscheint? Bist Du in Gedanken in der Vergangenheit oder in der Zukunft oder gerade ganz im JETZT ?

Stelle Dir vor, wie DU das letzte Mal mit Deinem Körper eine kleine Sensation erlebt hast.

Du hast einen Körper bekommen, um auf dieser materiellen Ebene mit diesem Körper Erfahrungen zu machen und zu lernen. Dein Körper ist nicht nur dazu da, das Gehirn zu dem Platz zu transportieren, an dem Du denken und arbeiten sollst.

In der althebräischen Sprache, also zur Zeit von Christus, galt für *„Fleisch"*, *„Gott"* und *„Botschaft"* das gleiche Wort.

Was bedeutet das für Dich? Bedenke, daß alles, was Du in der Tiefe Deiner Seele erlebst, DU selbst bist. Deine Seele und Dein Körper sind eng miteinander verbunden, erst am Ende des Strafprozesses trennen sich beide.

Ganz DA zu sein bedeutet, daß Du das nachfühlst, was der alte Bauernspruch *„kochen mit Liebe"* sagen möchte:

Je größer Deine bewußte Zuwendung zu dem ist, was Du tust, um so mehr wird sich in Dir eine satte, warme Zufriedenheit ausbreiten, und Du wirst Dich wohl fühlen und glücklich sein.

Das bedeutet für Dich, ganz DA zu sein.

Schließe Deine Augen und stelle Dir vor, wie Du Deine ganze Aufmerksamkeit einer Blume schenkst. Fühle, wie das ist.

In Dir ist sehr viel mehr, auf das Du vertrauen kannst, als Du denkst.

Möchtest Du mehr über solche Zusammenhänge wissen?

Möchtest Du wissen, wie Du mehr darüber erfahren kannst, JA?

Dann wähle gleich noch eine Karte und konzentriere Dich dabei auf den jetzt wichtigen Gedanken.

Nehme jedoch niemals mehr als insgesamt drei Karten und übertrage das, was Dir der marabi sagt in den praktischen Alltag.

Meine Frage:

„Wo bin ich noch nicht ganz mich selbst?"

3. Dasein zum Leben

Das Leben spielt sich immer nur dann ab, wenn Du es mitbekommst, also wenn es Dir bewußt wird, und dazu mußt Du DA sein.

Du selbst bist Leben. Habe Mut, Dich allem, was Du erleben kannst, hinzuwenden, damit Du sehr tief in Dir fühlst, daß Du erlebst und dadurch lebst.

Schließe die Augen und reibe langsam und mit großer Aufmerksamkeit eine wohlriechende Salbe in die Haut auf Deinem Handrücken. Beachte, wie das riecht und fühle deine Hände, wie sie Deinen Körper berühren. Fühle hinein, wie es ist wenn Deine Hand über eine Wölbung, über feste Muskeln oder weiche Körperteile gleitet. Mache das ganz allein für Dich, damit Du erlebst, wie das ist und wie Du bist.

Spürst Du das, dann bist Du DA und fühlst das Leben.

Mache das mit Deinem ganzen Körper. Pflege ihn, denn er ist der Schlüssel zum Leben und Erleben. Alles was Du spürst, ist immer Dein Körper und dadurch bist es DU selbst.

In Dir ist sehr viel mehr, auf das Du vertrauen kannst, als Du denkst.

Möchtest Du mehr über solche Zusammenhänge wissen?

Möchtest Du wissen, wie Du mehr darüber erfahren kannst, JA?

Dann wähle gleich noch eine Karte und konzentriere Dich dabei auf den jetzt wichtigen Gedanken.

Nehme jedoch niemals mehr als insgesamt drei Karten und übertrage das, was Dir der marabi sagt in den praktischen Alltag.

Meine Frage:

„Liebe ich meinen Körper und was kann ich tun, damit ich ihn ganz annehmen kann?"

4. Das Licht ist auch für Dich da

Wo Licht ist, ist auch Dunkelheit.

Es gibt niemals Dunkelheit allein. Beide Seiten, das Licht und die Dunkelheit, sind untrennbar miteinander verbunden.

Hast Du in Deinem Leben bis jetzt mehr Dunkelheit oder mehr Licht erlebt?

Auch Du hast die Möglichkeit, von der Sonne, von Deinem inneren Licht Wärme zu bekommen.

Vielleicht hast Du Dich längere Zeit auf der dunklen Seite des Lebens aufgehalten? Das brauchst Du jetzt nicht mehr.

Mache Dir bewußt, daß Du die Schattenseite nur deshalb so intensiv erleben konntest, weil Du empfindsam, sensibel bist. Das ist sehr positiv, denn sonst könnte es sein, daß Du hart und kalt wärest. Sensibilität ist wichtig, um tiefe, intensive Erlebnisse zu haben. Aber die gleiche Fähigkeit hast Du erhalten, um die *„Sonnenseite"* auch zu erleben.

Auch Du kannst das Licht, die Helligkeit und Wärme erleben.

In Dir ist sehr viel mehr, auf das Du vertrauen kannst, als Du denkst.

Möchtest Du mehr über solche Zusammenhänge wissen?

Möchtest Du wissen, wie Du mehr darüber erfahren kannst, JA?

Dann wähle gleich noch eine Karte und konzentriere Dich dabei auf den jetzt wichtigen Gedanken.

Nehme jedoch niemals mehr als insgesamt drei Karten und übertrage das, was Dir der marabi sagt in den praktischen Alltag.

Meine Frage:

„Was muß ich TUN, daß ich zu dem Licht komme, das mich wärmt und mich alles klar und deutlich erkennen läßt?"

5. DU bist nicht allein

Das Wort *„allein"* kommt von *„All-eins-sein"*. Du lebst in diesem Moment auf der Erde, und diese Erde ist ein Planet im Weltraum, dem All.

Dort im All ist eine Kraft zuhause, die den Kosmos steuert. Max Planck, der große Atomwissenschaftler, sagt dazu *„Gott"*.

Du bist mit Ihm *„all eins"*. Das ist im Moment für Dich vielleicht noch schwer zu fühlen, aber auch Du hast die Möglichkeit, das zu erleben.

Beobachte, wie es Dir bis jetzt erging, und Du findest sicher Situationen, welche Dir zeigen, daß das, was geschehen ist, für Dich letztendlich positiv war.

Sicher hast Du auch schon festgestellt, daß es keine Zufälle gibt. Immer wieder begegnen Dir Menschen, für die es wichtig ist, Dich kennenzulernen und es auch für Dich wichtig sein kann, gerade ihnen zu begegnen.

Du fühlst auch bei jeder Begegnung entweder eine innere Zustimmung oder Ablehnung. Das ist meistens nur für einen kurzen Moment zu fühlen. Achte darauf und kontrolliere, wie es ist. Du wirst feststellen, daß das fast immer stimmt.

Solche Erlebnisse sind darauf zurückzuführen, daß Du nicht allein bist.

In Dir ist sehr viel mehr, auf das Du vertrauen kannst, als Du denkst.

Möchtest Du mehr über solche Zusammenhänge wissen?

Möchtest Du wissen, wie Du mehr darüber erfahren kannst, JA?

Dann wähle gleich noch eine Karte und konzentriere Dich dabei auf den jetzt wichtigen Gedanken.

Nehme jedoch niemals mehr als insgesamt drei Karten und übertrage das, was Dir der marabi sagt in den praktischen Alltag.

Meine Frage:

„Was muß ich TUN, damit ich fühle, daß in mir diese Kraft wirkt und mir hilft, meine Zukunft positiv zu gestalten? Meine Zukunft ist, das All-eins-sein bewußt zu erleben."

6. Du siehst die Sterne bei Sonnenschein nicht

Und sie sind doch da. Was übersiehst DU?

Es gibt vieles auf dieser Welt, das Du nicht sehen kannst, und trotzdem ist es da.

Denke daran, daß Du immer nur das sehen kannst, was vor Deinen Augen ist. Was hinter Dir ist, kannst Du nicht sehen und dennoch ist es da. Du kannst immer nur sehen, worauf Du Deine Aufmerksamkeit lenkst. Es ist wie mit dem Lichtkegel einer Taschenlampe. Du gehst nachts in den Garten und schaltest die Taschenlampe ein.

Das, was im Moment im Lichtkegel der Lampe sichtbar ist, kannst Du sehen. Im Garten gibt es aber unglaublich viele Pflanzen und Lebewesen. Allein auf einem Quadratmeter leben ca. 300 Tierarten und ca. 2150 verschiedene Pflanzen.

Es ist alles da. Es ist auch für Dich da. Du entscheidest, was DU beleuchtest und worauf Du Deine Aufmerksamkeit richtest.

Sind es die mehr oder weniger schönen Erlebnisse der Vergangenheit, oder sind es die ausgesprochen schönen Erlebnisse Deiner Vergangenheit?

Du bestimmst, welche Erlebnisse für Dich wichtig sind und dadurch Dich bestimmen.

Was ist es, das ich in den Lichtkegel meiner Aufmerksamkeit bringen will? Wo kann ich Erlebnisse erkennen, die mir meinen Blick weiten für die faszinierende Natur, für die Schöpfung, die Schönheiten der Natur?

Gibt es Dinge in Deinem Leben, denen Du bewußt nicht Deine Aufmerksamkeit zukommen läßt?

Gibt es Dinge, die Du immer wieder übersiehst?

Du kannst mehr sehen, als Du denkst.

In Dir ist sehr viel mehr, auf das Du vertrauen kannst, als Du denkst.

Möchtest Du mehr über solche Zusammenhänge wissen?

Möchtest Du wissen, wie Du mehr darüber erfahren kannst, JA?

Dann wähle gleich noch eine Karte und konzentriere Dich dabei auf den jetzt wichtigen Gedanken.

Nehme jedoch niemals mehr als insgesamt drei Karten und übertrage das, was Dir der marabi sagt in den praktischen Alltag.

Meine Frage:

„Was sollte ich noch sehen?"

7. Du kannst mehr, als Du denkst

Du hast in Deinem Leben gelernt, vieles zu TUN. Sicherlich hast Du auch immer wieder mehr oder weniger große Erfolge. In Dir sind alle Erfahrungen, welche Du bis zum heutigen Tag gemacht hast, wie in einem Computer gespeichert. Du kannst nur noch nicht alle Erfahrungen nutzen, aber Du hast die Möglichkeit, diese Erfahrungen besser zu nutzen.

Du kannst mehr, als Du denkst!

Nimm eine Rolle Tesafilm. Sie hat in der Mitte ein Loch. Lege diese Rolle auf ein Blatt einer illustrierten Zeitung und bewege sie ganz langsam über das Blatt und betrachte genau, was im Loch der Tesafilm-Rolle zu sehen ist. Hast Du einen für Dich sehr schönen Ausschnitt gefunden, dann nimm einen Bleistift und markiere diesen Kreis und schneide ihn aus.

Klebst Du diesen Kreis auf ein schwarzes Papier, wirst Du überrascht sein, wie schön dieses, Dein Bild aussieht.

Du siehst: Du kannst mehr, als Du denkst!

Du kannst noch viele faszinierende Erfahrungen mit Dir und dem, was Du siehst, machen.

In Dir ist sehr viel mehr, auf das Du vertrauen kannst, als Du denkst.

Möchtest Du mehr über solche Zusammenhänge wissen?

Möchtest Du wissen, wie Du mehr darüber erfahren kannst, JA?

Dann wähle gleich noch eine Karte und konzentriere Dich dabei auf den jetzt wichtigen Gedanken.

Nehme jedoch niemals mehr als insgesamt drei Karten und übertrage das, was Dir der marabi sagt in den praktischen Alltag.

Meine Frage: „Was muß ich TUN, daß ich weiß, wohin ich in Zukunft zu sehen habe, damit ich meine Erfahrungen noch positiver einsetzen kann als jetzt?

Was sollte ich noch sehen?"

8. Essen ist Leben

Essen ist dazu da, daß Du erleben kannst, welche Köstlichkeiten es auf dieser Welt, in der Du lebst, für Dich gibt.

Es liegt nur an Dir, das Essen und den Geschmack dieser Köstlichkeiten zu erleben. Es ist nicht notwendig, exotische Speisen zu essen, es genügt eine frisch gekochte, warme Kartoffel. Auch dieses Nahrungsmittel ist für Dich in der Erde gewachsen.

Was hast Du bis jetzt in Deinem Leben beim Essen erlebt?

Schließe die Augen und stelle Dir den Geschmack eines Stück Brotes vor. Gelingt es Dir, dann nimm ein Stück Brot und zerkaue es langsam und bewußt.

Du wirst feststellen, daß das Brot einen anderen Geschmack hat, als das, was Du dir vorgestellt hast.

Diese Erfahrung ist wichtig, denn gleichgültig, welche Vorstellung Du Dir machst, die Wirklichkeit kannst Du Dir nicht vorstellen. Deshalb ist es gut, Dir so wenig Vorstellungen wie möglich zu machen.

Die Nahrung ist nicht nur dazu da, Deinem Körper Energie zuzuführen. Nahrung ist dazu da, daß Du genießen kannst und wieder lernst: Essen ist Leben und somit erleben.

Es ist im Moment für Dich vielleicht noch schwierig, das zu fühlen, aber auch Du hast die Möglichkeit, das zu lernen und zu erleben.

In Dir ist sehr viel mehr, auf das Du vertrauen kannst, als Du denkst.

Möchtest Du mehr über solche Zusammenhänge wissen?

Möchtest Du wissen, wie Du mehr darüber erfahren kannst, JA?

Dann wähle gleich noch eine Karte und konzentriere Dich dabei auf den jetzt wichtigen Gedanken.

Nehme jedoch niemals mehr als insgesamt drei Karten und übertrage das, was Dir der marabi sagt in den praktischen Alltag.

Meine Frage:

„Was muß ich TUN, damit ich Essen als totalen Genuß erleben kann?"

9. Fühle, damit DU lebst

Fühlen kannst Du nur mit Deinem Körper und seinen Sinnesorganen.

Es ist wichtig, den eigenen Körper gern zu haben, damit Du besser fühlen kannst.

Lege Deine Hand auf den nackten Bauch und fühle die Wärme Deiner Hand. Frage Dich: „ Wie intensiv habe ich in meinem Leben Körperwärme erlebt?"

Schließe jetzt die Augen und lege wieder Deine Hand auf den Bauch und atme tief in den Bauch hinein und wieder aus, so daß Deine Hand sich stark auf und ab bewegt.

Mache das am Tag mindestens 10 Minuten, und Du wirst entdecken, daß Du wieder Interessantes fühlen kannst. Denke daran, daß es in der Bibel heißt:

„Liebe Deinen Nächsten WIE DICH SELBST!" Was fällt Dir ein wenn Du das liest? Wann hast Du das letzte Mal das Empfinden gehabt, Dich wirklich zu lieben?

So wie Du Deinen Körper liebst, kannst Du ihn und auch anderes positiv fühlen und erleben.

Du kannst diese Fähigkeit wieder entwickeln.

In Dir ist sehr viel mehr, auf das Du vertrauen kannst, als Du denkst.

Möchtest Du mehr über solche Zusammenhänge wissen?

Möchtest Du wissen, wie Du mehr darüber erfahren kannst, JA?

Dann wähle gleich noch eine Karte und konzentriere Dich dabei auf den jetzt wichtigen Gedanken.

Nehme jedoch niemals mehr als insgesamt drei Karten und übertrage das, was Dir der marabi sagt in den praktischen Alltag.

Meine Frage: „Was *muß ich TUN, damit ich meinen Körper besser erfühle und als vollen Genuß erleben kann?"*

10. Geduld

Nimm Dir nur kleine Dinge vor.

Aus vielen kleinen Schritten wird eine lange Wanderung mit vielen schönen Ausblicken. Gleichgültig wie lange eine Wanderung dauert und gleichgültig, was das Ziel ist, sie beginnt immer mit dem ersten Schritt.

Ein Haus ist aus vielen einzelnen Steinen gebaut, und keiner dieser Steine darf fehlen, damit die Festigkeit des Hauses gewährleistet ist.

Auch Dein Glück erreichst DU durch viele kleine einzelne Schritte.

Habe Geduld, kleine Schritte verändern Deine Welt! Auch Du hast die Möglichkeit, zu Deinem inneren Glück zu kommen.

Denke daran, nur das, was Du selbst tust, geschieht!

Möchtest Du wissen, was Deine nächsten kleinen Schritte sind?

Möchtest Du mehr über solche Zusammenhänge wissen?

Möchtest Du wissen, wie Du mehr darüber erfahren kannst, JA?

Dann wähle gleich noch eine Karte und konzentriere Dich dabei auf den jetzt wichtigen Gedanken.

Nehme jedoch niemals mehr als drei Karten und übertrage das, was Dir der marabi sagt in den praktischen Alltag.

Meine Frage:

„Was muß ich TUN, damit ich mein Glück wieder erlebe und den totalen Genuß erleben kann?"

11. Gehe auf den Anderen zu

Du bist in diesem Leben nicht allein.

Wie oft bist Du in Deinem Leben auf andere Menschen zugegangen?

Das Brot, das Du kaufst, wird von einem Bäcker gebacken, und das Mineralwasser, das Du trinkst, wird von Maschinen in die Flasche abgefüllt, und diese Maschinen werden von Menschen bedient. Die Qualität des Wassers wird von Menschen ständig für Deine gesundheitliche Sicherheit kontrolliert.

Du kannst nur in dieser gesellschaftlichen Form leben, weil viele Menschen mitarbeiten, daß all das da ist, was Du brauchst.

Sobald Du den Lichtschalter einschaltest oder eine Kerze anzündest, ist es genauso.

Das ist nur oberflächlich gesehen so. In Deiner inneren Tiefe ist eine unendlich große Erfahrung, eine Superintelligenz, die alle Menschen verbindet.

Vielleicht ist Dir im Moment nur nicht bewußt, daß Du nicht allein bist.

In Dir ist sehr viel mehr, auf das Du vertrauen kannst, als Du denkst.

Möchtest Du mehr über solche Zusammenhänge wissen?

Möchtest Du wissen, wie Du mehr darüber erfahren kannst, JA?

Dann wähle gleich noch eine Karte und konzentriere Dich dabei auf den jetzt wichtigen Gedanken.

Nehme jedoch niemals mehr als insgesamt drei Karten und übertrage das, was Dir der marabi sagt in den praktischen Alltag.

Meine Frage:

„Was muß ich tun, daß ich wieder auf Andere zugehen kann und dadurch merke, daß ich nicht allein bin?"

12. Genieße Dich!

Das Wort „genießen" kommt aus dem germanischen „genuta" und heißt ursprünglich „Fischer". Was ein Fischer einfängt, ist das, was Du genießen kannst. Dabei sind natürlich nicht nur Fische gemeint, sondern alles, was der Mensch „einfangen" kann.

Schließe die Augen und lege etwas, das Du gerne ißt, auf Deine Zunge und warte, bis sich der Geschmack im ganzen Mundraum ausbreitet.

Hast Du das in Deinem bisherigen Leben schon oft erlebt?

Bedenke, es ist Dein Körper, der diesen Genuß ermöglicht. Nur Du hast dieses Geschmacksempfinden. Du bist auf dieser Erde, damit Du Dein Leben genießt.

Ein Genuß ist es auch, Erfolg zu haben. Erfolg hast Du durch TUN. Erfolg kann sich in Geld, aber auch in Glück, Genuß zeigen. Auch Du kannst erfahren, was das Nächste ist, das Du genießen kannst.

In Dir ist sehr viel mehr, auf das Du vertrauen kannst, als Du denkst.

Möchtest Du mehr über solche Zusammenhänge wissen?

Möchtest Du wissen, wie Du mehr darüber erfahren kannst, JA?

Dann wähle gleich noch eine Karte und konzentriere Dich dabei auf den jetzt wichtigen Gedanken.

Nehme jedoch niemals mehr als insgesamt drei Karten und übertrage das, was Dir der marabi sagt in den praktischen Alltag.

Meine Frage:

„Was muß ich TUN, damit ich das finde, bei dem ich den totalen Genuß erleben kann?"

13. Habe Mut zum TUN

Nur das, was Du tust, ist getan.

Hast Du in Deinem bisherigen Leben viel oder wenig Mut gehabt, um etwas für Dich Wichtiges in die Praxis umzusetzen?

Blumensamen, den Du im Gartengeschäft kaufen kannst oder den Du von einer Pflanze nimmst, kann ohne Dein Zutun nie zu einer Blume werden.

Das Mehl, das Du kaufst, kann nie ohne Dein Tun zu einem Pfannkuchen werden.

Und wie gut schmeckt ein Pfannkuchen, wie schön ist es, das Wachsen einer Pflanze zu beobachten!

Dein TUN ist gefragt. Das Samenkorn braucht Dein TUN, damit Pflanzen und Blumen wachsen können, die wieder Hunderte von Samen ergeben, so daß wiederum viele Blumen wachsen und andere Menschen erfreuen können.

Was ist Dein nächstes TUN?

In Dir ist sehr viel mehr, auf das Du vertrauen kannst, als Du denkst.

Möchtest Du mehr über solche Zusammenhänge wissen?

Möchtest Du wissen, wie Du mehr darüber erfahren kannst, JA?

Dann wähle gleich noch eine Karte und konzentriere Dich dabei auf den jetzt wichtigen Gedanken.

Nehme jedoch niemals mehr als insgesamt drei Karten und übertrage das, was Dir der marabi sagt in den praktischen Alltag.

Meine Frage:

„Was muß ich TUN, damit ich den Mut finde, das jetzt WICHTIGE zu tun".

14. Habe Mut zum TUN, es kann nicht falsch sein

Legst Du hundert Mark auf Dein Sparkonto, dann wird es täglich mehr; das kann aber nur geschehen, wenn Du den ersten Schritt dazu TUST.

Wichtig ist, Gedanken in die reale Wirklichkeit umzusetzen. Stelle Dir irgend ein herrliches Foto vor. Zum Beispiel ein Lichtspiel in einem Wassertropfen. Wichtig ist, daß Du Dir genau vorstellst, wie das Foto aussehen soll. Dann gehe dorthin, wo Du meinst, das Objekt zu finden, das Du fotografieren möchtest .

Nimm den Fotoapparat und mache den Versuch, das jetzt Gesehene zu fotografieren. Du wirst feststellen, daß das, was Du gesehen hast, anders ist als das entstandene Foto.

Das Meiste, was Du praktisch TUST, ist anders als das, was Du Dir ausdenkst. Du mußt Deine Gedanken in TUN umsetzen, damit die *„Wirklichkeit"* Deine Gedanken auf das Machbare eingrenzt. Wird das, was Du gemacht hast, anders, als Du es Dir ausgedacht hast, dann weißt Du, was Du das nächste Mal machen mußt, daß die *„Wirklichkeit"* dem entsprechen kann, was Du Dir ausdenkst.

Das, was Du also machst (Dein Handeln), ist kein Fehler, sondern nur ein Hinweis auf das, was Du noch verbessern könntest. Also mit allem was Du tust, bist Du bereit zu lernen und deswegen ist TUN sehr wichtig.

In Dir ist sehr viel mehr, auf das Du vertrauen kannst, als Du denkst.

Möchtest Du mehr über solche Zusammenhänge wissen?

Möchtest Du wissen, wie Du mehr darüber erfahren kannst, JA?

Dann wähle gleich noch eine Karte und konzentriere Dich dabei auf den jetzt wichtigen Gedanken.

Nehme jedoch niemals mehr als insgesamt drei Karten und übertrage das, was Dir der marabi sagt in den praktischen Alltag.

Meine Frage:

„Was muß ich tun, damit ich wieder den Mut bekomme Gedanken zu realisieren, gleichgültig ob die Realisierung gelingt oder nicht"?.

15. Konzentration

Konzentriere Dich auf das Wesentliche, und Du wirst feststellen, daß Du sehr rationell arbeiten kannst.

Ist es Dir in Deinem Leben leicht oder schwer gefallen, sich auf das zu konzentrieren, was Du wolltest?

Konzentration ist wie der Lichtkegel einer Taschenlampe. Was Du beleuchtest, ist für Dich gut sichtbar, und das Andere drumherum ist nicht sichtbar.

So ist es bei allem. Den Teil, dem Du Deine Aufmerksamkeit oder Konzentration schenkst, kannst Du gut erkennen und damit auch etwas unternehmen, um das Erkannte zu erledigen. Je besser Deine Konzentration ist, um so besser gelingt es Dir, Dich mit dem Erkannten auseinanderzusetzen.

Ist das erledigt, dann konzentriere Dich auf das, was dann wichtig ist.

Du kannst Deine Konzentration und Deine Erlebnisfähigkeit durch die Übungen in diesem Buch steigern.

In Dir ist sehr viel mehr, auf das Du vertrauen kannst, als Du denkst.

Möchtest Du mehr über solche Zusammenhänge wissen?

Möchtest Du wissen, wie Du mehr darüber erfahren kannst, JA?

Dann wähle gleich noch eine Karte und konzentriere Dich dabei auf den jetzt wichtigen Gedanken.

Nehme jedoch niemals mehr als insgesamt drei Karten und übertrage das, was Dir der marabi sagt in den praktischen Alltag.

Meine Frage:

„An was und mit was kann ich meine Konzentrationsfähigkeit steigern?"

16. Lasse sterben, damit Du leben kannst

Leben ist Dir bekannter als Sterben. Das kommt daher, daß wir Menschen der Meinung sind, daß Sterben etwas ist, das irgendwann einmal, möglichst spät im Leben, auf uns zukommt. Wir vergessen dabei daß es ohne Leben kein Sterben und ohne Sterben kein Leben gibt.

Sterben ist nichts Ungewöhnliches. Sobald Du zum Frühstück Joghurt ißt, sterben Billionen von kleinen Lebewesen, die notwendig waren, um aus Milch Joghurt entstehen zu lassen. Alle Nahrungsmittel sind von sehr vielen mikroskopisch kleinen Lebewesen besetzt, und diese müssen sterben, sobald Du ißt. Das ist ein alltäglicher, völlig normaler Vorgang. Alle diese Lebewesen müssen sterben, damit Du leben kannst.

Du kannst auch sagen, ohne Sterben gibt es kein Leben. Auch ein neuer Gedanke läßt in Dir eine alte Vorstellung sterben.

Sterben ist Verwandlung.

In Dir ist sehr viel mehr, auf das Du vertrauen kannst, als Du denkst.

Möchtest Du mehr über solche Zusammenhänge wissen?

Möchtest Du wissen, wie Du mehr darüber erfahren kannst, JA?

Dann wähle gleich noch eine Karte und konzentriere Dich dabei auf den jetzt wichtigen Gedanken.

Nehme jedoch niemals mehr als insgesamt drei Karten und übertrage das, was Dir der marabi sagt in den praktischen Alltag.

Meine Frage:

„Was muß ich TUN, damit ich Sterben als eine Verwandlung erleben kann?"

17. LIEBE ist Dasein

Ziehe die Schuhe und Strümpfe aus und stelle Dich mitten ins Zimmer oder auf sonst irgendeine ebene Stelle.

Atme tief durch und stelle Dir vor, Dein Atem fließt in Deinen Bauch und läßt ihn beim Einatmen dick und groß werden, und beim Ausatmen wird er wieder kleiner und verliert einen Teil seiner Rundung.

Atme so weiter und wiege Dich langsam hin und her und fühle, wie Deine Füße den Boden der Erde berühren, auf welcher Du lebst.

Stelle Dir vor, daß in die höchste Stelle Deines Kopfes Sterne aus dem Weltall fließen, sie fließen durch Dich hindurch in den Boden hinein.

Du hast eine tiefe Verbindung zum Kosmos und zur Erde. Du bist dazu da, beides miteinander zu verbinden.

Fühle, wie das für Dich ist. Was Du jetzt empfindest, ist wert, es zu fühlen.

Das, was Du fühlst, bist Du.

Nur Du kannst das empfinden.

Das, was Du empfindest, hat etwas mit Liebe zu tun. Liebe ist ständige Verwandlung.

Du kannst noch mehr über Dich erfahren. Der marabi hilft Dir dabei.

In Dir ist sehr viel mehr, auf das Du vertrauen kannst, als Du denkst.

Möchtest Du mehr über solche Zusammenhänge wissen?

Möchtest Du wissen, wie Du mehr darüber erfahren kannst, JA?

Dann wähle gleich noch eine Karte und konzentriere Dich dabei auf den jetzt wichtigen Gedanken.

Nehme jedoch niemals mehr als insgesamt drei Karten und übertrage das, was Dir der marabi sagt in den praktischen Alltag.

Meine Frage:

„Was muß ich TUN, daß ich die Liebe als eine Verwandlung erleben kann?"

18. Liebe DICH selbst

In der Bibel steht:

„Liebe Deinen Nächsten WIE DICH SELBST."

Das *„wie Dich selbst"* wird in den Predigten oft vergessen. Du darfst es nicht vergessen, damit es Dir wieder gut geht!

Es kann Dir niemals gut genug gehen.

Natürlich ist, daß wir Menschen allein nicht leben können, und deshalb steht in der Bibel:

„Deinen Nächsten wie Dich selbst".

Auch im Austausch mit anderen Menschen erlebst Du, wie Du Dich liebst. Wichtig bist Du, denn Du bist es, der anderen Menschen und Tieren Liebe vermitteln kann.

Du kannst anderen Lebewesen, auch Pflanzen Liebe nur dann vermitteln, wenn Du Dich selbst lieben gelernt hast.

Liebe heißt, den Anderen anzunehmen und ihn spüren zu lassen, daß er, genauso wie Du, nicht allein ist.

In Dir ist sehr viel mehr, auf das Du vertrauen kannst, als Du denkst.

Möchtest Du mehr über solche Zusammenhänge wissen?

Möchtest Du wissen, wie Du mehr darüber erfahren kannst, JA?

Dann wähle gleich noch eine Karte und konzentriere Dich dabei auf den jetzt wichtigen Gedanken.

Nehme jedoch niemals mehr als insgesamt drei Karten und übertrage das, was Dir der marabi sagt in den praktischen Alltag.

Meine Frage:

„Was muß ich TUN, damit ich mit mir und durch meinen Körper Liebe erleben kann?"

19. Nimm DICH an, wie DU bist

Du lebst jetzt schon eine lange Zeit auf dieser Erde. Du hast vieles erlebt, das Dir Freude oder auch Schmerzen bereitet hat.

Zu den Freuden gehört es, immer zu spüren, daß Du etwas kannst, das andere nicht so gut können wie Du.

Jeder Mensch hat seine besonderen Begabungen, und darin ist er einmalig. So kann der eine gut reden, der andere gut schreiben und wieder andere können gut zeichnen, rechnen, kochen oder backen.

Jeder Mensch hat Dinge oder Fähigkeiten, die er besser kann, als andere.

Der Artist auf dem Hochseil im Zirkus macht das, was er kann und Du machst, was Du kannst.

Der eine Mensch ist nicht besser als der andere, er kann nur etwas anders als DU. Du bist auf diese Erde gekommen, um das zu TUN, was DU kannst.

Nimm das, was DU kannst, an!

Nimm Dich an, so wie Du bist!

Lernst Du das, dann kannst Du in Deinem tiefen Inneren erfahren, was Liebe ist.

In Dir ist sehr viel mehr, auf das Du vertrauen kannst, als Du denkst.

Möchtest Du mehr über solche Zusammenhänge wissen?

Möchtest Du wissen, wie Du mehr darüber erfahren kannst, JA?

Dann wähle gleich noch eine Karte und konzentriere Dich dabei auf den jetzt wichtigen Gedanken.

Nehme jedoch niemals mehr als insgesamt drei Karten und übertrage das, was Dir der marabi sagt in den praktischen Alltag.

Meine Frage:

„Was muß ich TUN, daß ich mich und andere ganz annehmen kann?"

20. Nur mit der Ruhe!

Sicher hast Du schon festgestellt, daß Du immer, wenn Du unbedingt etwas schnell erledigen wolltest, Fehler gemacht hast. Das ist völlig normal.

Das Geheimnis, Ruhe zu bekommen, ist das Vertrauen.

Du wachst morgens auf, greifst mit der Hand zur Nachttischlampe, und ohne zu überlegen findet Deine Hand den Druckknopf, um die Lampe anzuschalten oder die Taste, um den Wecker auszuschalten.

Du schaltest das Radio ein und Musik ist zu hören, ohne daß Du verstehen kannst, wie das geht.

Du kannst auch nicht verstehen, wie es möglich ist, daß Du an den Knopf Deiner Nachttischlampe kommst, ohne etwas zu sehen.

Tausende von winzigen Vorgängen in Deinem Gehirn und in Deinen Muskeln sind notwendig, um dieses Wunder zu vollbringen.

Du kannst diesen Vorgängen voll vertrauen! Mache Dir dies wieder bewußt.

Ruhe bekommst Du erst in dem Moment, in dem Du begreifst, daß die meisten Vorgänge, die Du erlebst, ablaufen, ohne daß Du Dich bewußt einschaltest.

Vertraue auf dasjenige, das hinter allem ist und alles ganz präzise steuert. Ob Du dies als *„Unbewußtes"*, als *„Liebe"* oder als *„Gott"* bezeichnest, ist gleichgültig. Vertraue darauf!

Du solltest eigentlich mehr darüber erfahren.

Du kannst durch den marabi mehr darüber erfahren. Auch über die Bücher von Rainer Binder kannst Du mehr über solche faszinierenden Zusammenhänge erfahren.

In Dir ist sehr viel mehr, auf das Du vertrauen kannst, als Du denkst.

Möchtest Du mehr über solche Zusammenhänge wissen?

Möchtest Du wissen, wie Du mehr darüber erfahren kannst, JA?

Dann wähle gleich noch eine Karte und konzentriere Dich dabei auf den jetzt wichtigen Gedanken.

Nehme jedoch niemals mehr als insgesamt drei Karten und übertrage das, was Dir der marabi sagt in den praktischen Alltag.

Meine Frage:

„Was muß ich TUN, damit ich zur Ruhe kommen kann und mein Vertrauen in das stärke, das ich nicht verstehen und sehen kann?"

21. Richte Deine Aufmerksamkeit auf Dich

Du weißt, daß es in der ganzen Welt Not gibt.

Du wohnst hier in einem Teil der Welt, in dem es vielen Menschen sehr gut und anderen schlecht geht.

Natürlich interessiert es Dich, was in der Welt geschieht und wie es den Menschen in den verschiedenen Teilen der Erde geht.

Lege beim Abendbrot ein Stück Brot für die Hungernden dieser Welt auf einen extra Teller. Veränderst Du dadurch etwas? Nein.

Alle Veränderungen, die geschehen können, geschehen immer nur zuerst in Dir:

Du mußt Dir das für Dich Unmögliche vorstellen, damit das Mögliche möglich wird.

Denke an Menschen wie Gorbatschow! Dieser Mann hatte die *„unmögliche"* Vorstellung, daß sich der Ostblock auflösen könnte und hat dann bei sich begonnen, in sehr kleinen Schritten dieser *„Unmöglichkeit"* näher zu kommen. Er selbst war sich dabei der Wichtigste.

Lese auch die Erzählung: *„Der Mann mit den Bäumen"* von Jean Giono, oder sehe Dir den gleichnamigen Film an, dann bekommst Du realistische Vorstellungen darüber, was ein einzelner Mensch bewirken kann.

Möchtest Du Deine Lebenssituation verbessern, dann richte Deine Aufmerksamkeit zuerst auf Dich und überlege, was Du bei Dir ändern mußt, daß Du Dich und dadurch Deine und damit die Welt verändern kannst.

Jeder Mensch, der das Vertrauen in sich und in Gott oder eine sonstige Macht hat, kann die Welt verändern! Und wenn es nur dadurch ist, daß er Samen in die Erde steckt, aus denen dann Bäume wachsen (Giono).

Was kannst Du TUN, daß sich Deine innere Welt und damit auch die äußere Welt verändert?

In Dir ist sehr viel mehr, auf das Du vertrauen kannst, als Du denkst.

Möchtest Du mehr über solche Zusammenhänge wissen?

Möchtest Du wissen, wie Du mehr darüber erfahren kannst, JA?

Dann wähle gleich noch eine Karte und konzentriere Dich dabei auf den jetzt wichtigen Gedanken.

Nehme jedoch niemals mehr als insgesamt drei Karten und übertrage das, was Dir der marabi sagt in den praktischen Alltag.

Meine Frage:

„Was muß ich TUN und bei mir ändern, damit ich die Welt verändern kann, so daß für mich und andere Menschen bessere Lebensmöglichkeiten entstehen?"

22. Richte Deine Aufmerksamkeit auf das Wesentliche

Was ich damit meine, möchte ich Dir durch eine kleine Geschichte deutlich machen:

Es war einmal ein kleiner Zuzelwatz.

Zuzelwatzen sind Tiere, die einen langen Winterschlaf halten.

Der Zuzelwatz Fridolin war sehr fleißig. Als die ersten Blätter vom Baum fielen, war er damit beschäftigt, den Wintervorrat anzulegen. Er entdeckte einen Komposthaufen, auf den die Menschen sehr viel Eßbares warfen. Er rannte unaufhaltsam immer wieder von seiner Wohnhöhle zum Komposthaufen und transportierte die Leckerbissen in das Höhleninnere. Er hatte eine Methode, die Leckerbissen vor dem Verfaulen zu bewahren: Er stellte sich auf die Hinterbeine, so daß er groß und lang war, sammelte Speichel in seinem Mund und spritzte diesen in einem dünnen Strahl auf den Leckerbissen, der vor ihm lag und der dadurch über den ganzen Winter haltbar wurde.

Das war viel Arbeit.

Der Zuzelwatz Ratzensack hatte sich auf die Nüsse des Haselnußstrauches spezialisiert. Er sammelte die Nüsse in der Nähe der Höhle von Fridolin auf und das war alles was er tat. Sie brauchten nicht haltbar gemacht werden. Dadurch hatte Ratzelsack viel weniger Arbeit beim Anlegen des Wintervorrats als Fridolin.

Fridolin rannte immer an den Nüssen vorbei, denn er hatte nur den Komposthaufen im Sinn.

So ist es auch in unserem Leben.

Oft übersiehst Du das Naheliegende und machst Dir viel Arbeit mit dem weit Entfernten.

In Dir ist sehr viel mehr, auf das Du vertrauen kannst, als Du denkst.

Möchtest Du mehr über solche Zusammenhänge wissen?

Möchtest Du wissen, wie Du mehr darüber erfahren kannst, JA?

Dann wähle gleich noch eine Karte und konzentriere Dich dabei auf den jetzt wichtigen Gedanken.

Nehme jedoch niemals mehr als insgesamt drei Karten und übertrage das, was Dir der marabi sagt in den praktischen Alltag.

Meine Frage:

„Was muß ich TUN, daß ich Das Wichtigste, das Nächstliegende entdecke, und dies in praktisches TUN umsetzen kann?"

23. Starte endlich das NEUE

Was ist das Neue? – Das Neue ist Deine Zukunft.

Deine Zukunft ist, daß Du Dich selbst wirst und bestimmst, was Du in diesem Leben zu lernen hast.

Diese Zukunft bestimmt Dein jetziges Leben.

Es gab viele Situationen in Deinem Leben, die Du als sehr belastend erlebt hast.

Was Du jetzt gerade erlebst, also in dieser Minute mit Dir und dem marabi, kannst Du nur so empfinden, weil Du schon viel erlebt hast. Kein einziges Erlebnis dürfte fehlen, um das zu erleben, was jetzt ist.

Betrachtest Du Deine Vergangenheit, dann wirst Du feststellen können, daß es viele Situationen gab, in denen Du Dich wie Deine Mutter oder wie Dein Vater verhalten hast, oder so, wie es andere von Dir verlangt haben. Dabei lebtest Du nicht Dich selbst!

Du mußt lernen, das zu tun, was ganz allein für Dich richtig ist und Du wirst entdecken, daß auch die Anderen an Dir entdecken, daß Du Dich positiv verändert hast. Vergesse aber dabei nie, daß Du auch die Anderen brauchst, um leben zu können, genauso wie sie Dich brauchen.

In Dir ist sehr viel mehr, auf das Du vertrauen kannst, als Du denkst.

Möchtest Du mehr über solche Zusammenhänge wissen?

Möchtest Du wissen, wie Du mehr darüber erfahren kannst, JA?

Dann wähle gleich noch eine Karte und konzentriere Dich dabei auf den jetzt wichtigen Gedanken.

Nehme jedoch niemals mehr als insgesamt drei Karten und übertrage das, was Dir der marabi sagt in den praktischen Alltag.

Meine Frage:

„Was muß ich TUN, daß ich meine Zukunft und dadurch mich selbst besser kennenlerne?"

24. Tief durchatmen und vergeben

Du hast sehr viel erlebt, seit Du auf dieser Welt bist. Was Du erlebt hast, ist einmalig, denn so, wie Du jetzt etwas erleben kannst, ist es nur für Dich möglich.

Alle Einflüsse, die auf Dich eingewirkt haben, bestimmen, was Du jetzt erlebst. Kein Mensch ist in der Lage, das zu beurteilen, was Du erlebt hast. Trotzdem gibt es immer wieder Menschen, die meinen, sie könnten DICH beurteilen.

Diese Menschen müssen lernen, daß eine Beurteilung nicht möglich ist.

Hole tief Luft und vergebe in Gedanken diesen Menschen, denn sie wissen nicht, was sie getan haben oder was sie tun.

Möchtest Du wissen, wie Du selbst vorgehen mußt, um Menschen nicht mehr beurteilen zu wollen?

In Dir ist sehr viel mehr, auf das Du vertrauen kannst, als Du denkst.

Möchtest Du mehr über solche Zusammenhänge wissen?

Möchtest Du wissen, wie Du mehr darüber erfahren kannst, JA?

Dann wähle gleich noch eine Karte und konzentriere Dich dabei auf den jetzt wichtigen Gedanken.

Nehme jedoch niemals mehr als insgesamt drei Karten und übertrage das, was Dir der marabi sagt in den praktischen Alltag.

Meine Frage:

"Was muß ich TUN, daß ich meinen Mitmenschen in Liebe vergeben kann?"

25. Überlasse Dich der Ruhe

Ruhe trägt jeder Mensch in sich, auch DU.

Ruhe ist das Tor zu einer Welt, die nicht von der Logik bestimmt ist. Es ist eine Welt, in der wir das, was uns im Alltag immer wieder beschäftigt, ohne Hektik und ohne Streß durchdenken und erleben können.

Ruhe heißt nicht, nichts zu TUN. Ruhe ist etwas, was tief in Dir ist und das wenig Denkfehler entstehen läßt.

Ruhe ist, die große Dimension in Dir, Deinen inneren Kosmos, Dein inneres All, wieder zu erleben. Gott wieder zu erleben. Mache Deinen Werktag zum All-Tag, und es wird Dir gut damit gehen.

Nochmals: Hole das All, also die große Weite in Dir wieder in den Tag herein und Du wirst feststellen, wie viel Du beim TUN erleben kannst.

In Dir ist sehr viel mehr, auf das Du vertrauen kannst, als Du denkst.

Möchtest Du mehr über solche Zusammenhänge wissen?

Möchtest Du wissen, wie Du mehr darüber erfahren kannst, JA?

Dann wähle gleich noch eine Karte und konzentriere Dich dabei auf den jetzt wichtigen Gedanken.

Nehme jedoch niemals mehr als insgesamt drei Karten und übertrage das, was Dir der marabi sagt in den praktischen Alltag.

Meine Frage:

"Was muß ich TUN, um das All im Tag wieder erleben zu können?"

26. Übe Macht positiv aus

Du kannst durch Deine Macht zerstören oder aufbauen.

Denke an Krieg und Vernichtung. Zerstörung ist es auch, wenn Du ein Radieschen zerkaust; aufbauen bedeutet, zum Beispiel, einen Stein auf den anderen zu setzen, um ein Haus zu bauen. Natürlich ist das symbolisch gemeint.

Macht kannst Du positiv oder negativ anwenden.

Schließe Deine Augen und streichele so sanft, wie es Dir möglich ist, Dich oder einen anderen Menschen und fühle, was das für Dich bedeutet.

Was Du gerade gemacht hast, ist positive Machtanwendung, denn sobald Du Dich entscheidest, Dich zu streicheln, muß die Haut das mit sich geschehen lassen.

So ähnliche Dinge kannst Du bei vielen verschiedenen Gelegenheiten machen. Praktisch bedeutet das, zärtlich mit den momentanen Situationen umzugehen.

Schließe die Augen und warte, welche Möglichkeiten in Dir aufsteigen, Macht positiv anzuwenden. Es gibt so viele! Wenn Du das begreifst, wird es Dir besser gehen.

Macht negativ anwenden ist Zerstörung, Macht positiv anzuwenden ist Aufbau.

Immer wenn Du Macht positiv anwendest, geht es Dir besser, als wenn Du Macht negativ anwendest.

In Dir ist sehr viel mehr, auf das Du vertrauen kannst, als Du denkst.

Möchtest Du mehr über solche Zusammenhänge wissen?

Möchtest Du wissen, wie Du mehr darüber erfahren kannst, JA?

Dann wähle gleich noch eine Karte und konzentriere Dich dabei auf den jetzt wichtigen Gedanken.

Nehme jedoch niemals mehr als insgesamt drei Karten und übertrage das, was Dir der marabi sagt in den praktischen Alltag.

Meine Frage:

"Was muß ich TUN, daß ich meinen Machtanspruch kennenlerne und wie kann ich Macht positiv anwenden?"

27. Vergib!

„*Vergeben*" hat etwas zu tun mit „*geben*".

Ein Mensch, der Dir etwas getan hat, was Du nicht wolltest, kann ein „schlechtes Gewissen" Dir gegenüber haben.

Das wird zur Folge haben, daß er Dir gegenüber unsicher ist.

Vergeben heißt, ihm wieder seine Sicherheit zu geben, so daß er Dir wieder offener begegnen kann. Sobald Du einem Menschen vergeben hast, fühlst auch Du Dich diesem Menschen gegenüber wieder frei und ihr beide fühlt euch sicherer.

In Dir ist sehr viel mehr, auf das Du vertrauen kannst, als Du denkst.

Möchtest Du mehr über solche Zusammenhänge wissen?

Möchtest Du wissen, wie Du mehr darüber erfahren kannst, JA?

Dann wähle gleich noch eine Karte und konzentriere Dich dabei auf den jetzt wichtigen Gedanken.

Nehme jedoch niemals mehr als insgesamt drei Karten und übertrage das, was Dir der marabi sagt in den praktischen Alltag.

Meine Frage:

"Was muß ich TUN, daß ich vergeben kann?"

28. Auch DU hast einen Engel

Engel sind in den Tiefen des Menschen wohnende Wesen. Sie vertreten das Schöne, das Lichte, genau das, das der Mensch als das Göttliche bezeichnet. Sie sind Vertreter des Göttlichen, weil es Dir, wie vielen anderen Menschen auch, schwer fällt zu verstehen, was Christus mit den Worten sagte:

„*Ich bin der Sohn Gottes und Ihr seid die Kinder Gottes*"

Es ist klar: Wenn Jesus der Sohn ist und wir die Kinder des gleichen Vaters sind, dann sind wir natürlich gleich wie Christus, also göttlich.

Lasse das tief in Dich hinein, schließe die Augen und stelle Dir vor, wie Du Arm in Arm mit Christus auf dieser Erde gehst.

In Dir ist sehr viel mehr, auf das Du vertrauen kannst, als Du denkst.

Möchtest Du mehr über solche Zusammenhänge wissen?

Möchtest Du wissen, wie Du mehr darüber erfahren kannst, JA?

Dann wähle gleich noch eine Karte und konzentriere Dich dabei auf den jetzt wichtigen Gedanken.

Nehme jedoch niemals mehr als insgesamt drei Karten und übertrage das, was Dir der marabi sagt in den praktischen Alltag.

Meine Frage: *„Was muß ich TUN, daß ich Arm in Arm mit Christus meine Freunde besuchen kann und wieder die helle Seite dieser Welt erleben kann?"*

„Was muß ich TUN, damit ich mein Vertrauen kennenlerne, und wie kann ich wieder ein Vertrauen zu Gott und seinem Sohn, meinem Bruder, entwickeln?"

29. Was ist MACHT für DICH?

Was empfindest Du beim Eincremen Deiner Haut?

Was fühlst Du beim Schreiben auf einen weißen Bogen Papier?

Wie ist es für Dich, wenn Du eine Zwiebel schneidest?

Bei allen diesen Beispielen hast Du Macht angewendet!

Deine Haut hat keine Chance, sich gegen den Druck beim Eincremen zu wehren.

Genauso ist es beim Schreiben. Das weiße, saubere Papier muß es mit sich geschehen lassen, daß Du es mit einem Stift veränderst.

Genauso hat die Zwiebel keine Möglichkeit, sich gegen das scharfe Messer zur Wehr zu setzen.

In all diesen Situationen bestimmst Du, was geschieht. Dadurch nimmst Du entscheidenden Einfluß auf das, was geschieht, und das ist in Wirklichkeit Machtausübung!

Wie gehst Du mit Deinem Machtanspruch um?

Was mußt Du tun, um besser mit Macht umzugehen?

Wie viel Macht mußt Du anwenden, damit es Dir gut geht?

Sage JA zu Deinem Machtanspruch, denn erst dann kannst Du entscheiden, ob Du Macht positiv oder negativ anwenden möchtest.

Findest Du das heraus, wird es Dir besser gehen.

Möchtest Du wissen, wie Du noch mehr über Dich und Deinen Machtanspruch erfahren kannst?

In Dir ist sehr viel mehr, auf das Du vertrauen kannst, als Du denkst.

Möchtest Du mehr über solche Zusammenhänge wissen?

Möchtest Du wissen, wie Du mehr darüber erfahren kannst, JA?

Dann wähle gleich noch eine Karte und konzentriere Dich dabei auf den jetzt wichtigen Gedanken.

Nehme jedoch niemals mehr als insgesamt drei Karten und übertrage das, was Dir der marabi sagt in den praktischen Alltag.

Meine Frage:

„Was muß ich TUN, damit ich meinen Machtanspruch kennenlerne und wie kann ich Macht positiv anwenden?"

30. Wegfliegen kann eine Bauchlandung bedeuten

Deine Seele hat einen materiellen Körper bekommen, damit Deine Seele auf der materiellen Ebene Erfahrungen sammeln kann.

All diese Erfahrungen kannst Du nur machen, weil Du einen Körper besitzt.

Schließe Deine Augen und lausche allen Geräuschen, die Du hören kannst.

Diese Geräusche hörst Du mit Deinen Ohren, Du hörst sie genauso gut wie Deine Lieblingsmusik.

Schließe Deine Augen und fühle mit der Fingerkuppe Deines Zeigefingers Deine Unterlippe. Bewege die Fingerkuppe über die Unterlippe.

Was Du nun fühlst, wird nur über Deine Empfindungsnerven möglich.

Alle Deine Empfindungsorgane sind aus Fleisch und Blut. Alles, was Du erleben kannst, ist an das Materielle gebunden. Deine Aufgabe ist es, mit Deinem materiellen Körper viele Erfahrungen zu machen. Du wirst feststellen, daß es überwiegend Erlebnisse sind, die positiv empfunden werden.

Denke daran, intensiv zu empfinden, ist Leben.

Bedenke, daß es auch ein Leben vor dem Tode gibt. Mehr darüber kannst Du im gleichnamigen Buch von Rainer Binder erfahren.

Nur in der Phantasie, in Deinen inneren Vorstellungen kannst Du die Gebundenheit an die materiellen Sinne verlassen, also *„wegfliegen"*. Fliegst Du weg, verlierst Du den Boden unter den Füßen, und das kann eine Bauchlandung bedeuten.

In Dir ist sehr viel mehr, auf das Du vertrauen kannst, als Du denkst.

Möchtest Du mehr über solche Zusammenhänge wissen?

Möchtest Du wissen, wie Du mehr darüber erfahren kannst, JA?

Dann wähle gleich noch eine Karte und konzentriere Dich dabei auf den jetzt wichtigen Gedanken.

Nehme jedoch niemals mehr als insgesamt drei Karten und übertrage das, was Dir der marabi sagt in den praktischen Alltag.

Meine Frage:

„Was muß ich TUN, um meine Sinne besser kennenzulernen, und wie kann ich das Leben positiv erfahren?"

31 Wieviel Macht brauchst Du, damit Du Dich wohl fühlst?

Schließe Deine Augen, nimm einen Schwamm in die Hand und drücke ihn langsam zusammen. Drücke ihn so lange, bis er ganz klein in Deiner Hand ist. Beobachte, welche Empfindung Du dabei hast.

Was Du soeben gemacht hast, ist Machtanwendung. In dem Moment, in dem Du Dich entscheidest, den Schwamm zusammenzudrücken, hat dieser keine Chance, sich gegen Deine Kraft und damit gegen Deine Machtanwendung zur Wehr zu setzen.

Dasselbe gilt, wenn Du ein Stück Brot kaust.

Macht auszuüben ist nicht negativ und nicht positiv, es ist einfach so, also völlig neutral. Du mußt nur wissen, daß Du ständig Macht ausübst. Wissen mußt Du nur wo, wie und wann Du Macht ausübst, denn dann erkennst Du Dein Machtbedürfnis. Sage JA dazu, erst dann bist Du in der Lage, die Anwendung der Macht bei Dir zu kontrollieren.

Ob Du überaktiv bist oder passiv, Du übst immer Macht aus. Bewußtes Nichtstun ist auch Machtanwendung.

Jeder Mensch übt Macht aus, nur die meisten Menschen wissen es nicht.

Frage Dich:

„Wieviel Macht muß ich anwenden, daß es mir gut geht?"

In Dir ist sehr viel mehr, auf das Du vertrauen kannst, als Du denkst.

Möchtest Du mehr über solche Zusammenhänge wissen?

Möchtest Du wissen, wie Du mehr darüber erfahren kannst, JA?

Dann wähle gleich noch eine Karte und konzentriere Dich dabei auf den jetzt wichtigen Gedanken.

Nehme jedoch niemals mehr als insgesamt drei Karten und übertrage das, was Dir der marabi sagt in den praktischen Alltag.

Meine Frage:

„Was muß ich TUN, um meinen Machtanspruch kennenzulernen, und wie kann ich Macht positiv anwenden?"

Nachgedanken

Wir Menschen haben ein unglaublich präzise funktionierendes Gehirn. Immer wieder wird behauptet, daß wir nur 10% nutzen würden, das stimmt so nicht. Bei Verletzungen des Gehirns ist sofort zu erkennen, daß Schädigungen die Wahrnehmungen und Reaktionen des Menschen verändern. Also wir können sagen, das Gehirn des Menschen ist eine Art funktionsfähiger Kosmos, der viel mehr wahrnehmen und steuern kann, als wir vermuten.

Aus der Physiologie wissen wir, daß der Mensch 2000000000 Informationseinheiten pro Sekunde aufnimmt. Bedenken wir, daß davon nur 100-200 Informationseinheiten pro Sekunde in unser Bewußtsein kommen, dann erkennen wir schnell, daß die in diesen Übungen und dem marabi-Teil vorgestellten Übungen wirksam sein müssen, denn diese arbeiten auf der Ebene der 2 Billionen Informationseinheiten. Bei der »marabi« Anwendung überlassen wir unserem Unbewußten die Auswahl der Zahl. Bedenken wir, daß alles, was wir in unserem Leben erlebt haben, in unserem Unbewußten gespeichert ist dann erkennen wir schnell, daß die unglaubliche Menge von Erfahrungen einem hohen Erfahrungswissen gleichkommt. Die Kunstfigur »marabi« ist ein Hilfsmittel, um die speziellen Erfahrungen aus dem Unbewußten in das Bewußtsein zu bringen.

Beim Auswählen der Zahlen kennt anscheinend das Nichtbewußte, also die 2 Billionen Informationseinheiten, die Inhalte der Texte und kann dann durch die Art, wie die Zahl gefunden wird, die für die momentane Situation »wichtigen« Erfahrungen und den dazugehörigen Text heraussuchen.

In dem Buch »Das Fenster zur Zukunft steht offen« ist beschrieben, daß Aussagen der modernen Physik Gültigkeit haben. Für die Aussage, daß „im kleinsten Teilchen" alle Informationen enthalten sind, zeigt die Präzision, mit der »marabi« Hinweise gibt, daß dieses Forscheraussage stimmt (Jean.E. Charon Komplexe Relativitätstheorie 1989).

Der Zugang zu der nichtbewußten Ebene ist über das Symbol marabi möglich.

Entscheidenden Anteil an der Ausarbeitung und Realisierung und jahrelangen Erprobung hat meine Frau, der ich sehr herzlich für die Mitarbeit danke.

RAINER BINDER

Weitere Veröffentlichengen des Autors

ISBN 3-8311-0903-6

Zukunft?- Einsichten und Aussichten

In diesem Buch wird der Werteverfall in der heutigen Gesellschaft und die Möglichkeit selbst andere Sichtweisen für die Zukunft zu entwickeln dargestellt. Die Naturwissenschaft zeigt uns faszinierende Ansätze für *„neue Wertvorstellungen"*. Sie lassen sich sehr einfach im alltäglichen Leben praktizieren.

ISBN 3-8311-0904-4

In diesem Buch hat der Autor seinen faszinierenden Weg von der Jugend bis heute beschrieben.

Die Wissenschaftsjournalistin Dr. Ingrid Holzhausen schrieb über den Autor:

„Rainer Binder ist einen faszinierenden Weg gegangen. Vom Schulversager zum gefragten Spezialisten für die praktische Umsetzung der Erkenntnisse der Quantenphysik für den Bereich: Medizin-Psychosomatik. Er zählt zu den kreativen Vordenkern unserer Zeit. Er ist mit seiner Ehefrau zusammen Begründer der BPS-Therapie, die markante Maßstäbe setzte und ungewöhnliche Heilerfolge zu verzeichnen hat. Als anerkannter Fotograf für Landschafts- und Makrofotografie entwickelte er die Mediaramen".

17 Jahre Therapie- und Seminarerfahrung bestimmt en das Denken und Handeln.

Immer wieder wird durch die Lebenssituationen im 2. Weltkrieg bis jetzt deutlich, daß die Aussagen der Quantenphysik - für den Alltag praktikabel sind.

In diesem Buch wird die tatsächliche Freiheitsbreite des Autors beschrieben. Er selbst sagt auf die Frage: *„Warum geben sie erst kurz vor ihrem siebzigsten Geburtstag ihre Bücher heraus?"*

„Es war mir wichtig möglichst viele Erfahrungen darstellen zu können. Dazuhin hat sich über eine „Gehirnentzündung, noch ein weiteres Phänomen im Bereich meiner Gesundung ergeben. Froh bin ich, daß ich dieses Erlebnis in diesem Buch auch noch beschreiben konnte!"

Literatur

Sprenger Christiane: Lexikon. Seite 4937; Wissen Verlag Stuttgart

J.Drever + W.D.Fröhlich: Wörterbuch der Psychologie; 1972 dtv

C.G.Jung: Psychologische Typen, Seite 64

C.G.Jung: Psychologische Typen, Seite 72 ff.

Silbernagel/A.Despoppulus: Taschenatlas der Physiologie, Seite 274

J.C.Smuts in „Metaphysik+Biologie sind eins"; Vortrag Pennsylvania University USA, 7.3.1960

Harad Almanspacher: Die Vernunft der methlis Theorie und Praxis einer integralen Wirklichkeit, Seite 497; Metzler Stuttgart+Weimar 1993

Prof.D.Dr.h.c.Schulz 1935, H.Freyberger: Psychotherapie 1986, Seite 134; Thieme Verlag, Stuttgart

H.Freyberger: Psychotherapie 1986, Seite 134; Thieme Verlag, Stuttgart

K.F.Peters: Gesundheit und Krankheit aus ganzheitlicher Sicht

Dick Shaulders (Santosch): Gesundheit, Seite17; Heilmethoden-Verlag München, 1993

Prof.Dr.Barbara Schott, Assotiate Trainer in N.L.P.

Dr.Randolph Stone: Deine heilenden Hände, Seite18 (1940)

Selva Atanis: Reikimeisterin-Heilmethoden, Seite 27; Graff Verlag 1992

Lexikon 2000, S. 823 (1987)

Burkhard Heim: Realitäten, Seite 233; München 1990

Jane. E.Charon: Komplexe Relativitätstheorie, Seite 137; Goldmann 12/88

Iris M. Owen/Margaret Sparrow: Eine Gruppe erzeugt Philipp; Aurum Verlag Freiburg

Alan Brown +M.Odurith: Yale University Papers 1987

Jean.E. Charon: Komplexe Relativitätstheorie, Seite 147; Goldmann 12/88

S.Silbernagel+A.Despopoulos: Taschenatlas der Physiologie, Seite 275; Thieme Verlag

C.F.Chantary: Neurophysiologie, Seite 77; Santiago 1979

Johnson George + Scheppach Josef: Wissenschaftsredakteur, New York Times 14/92

Ferrero: Les lois psychologues du symbolisme, Seite 180 ff. C.G.Jung: Psychologische Typen, Seite 642)